Gheorghe ȚIGĂU
profesor

LA PÂRÂUL DORULUI

FOLCLOR LITERAR NEMȚEAN

CreateSpace-Amazon
Los Angeles, 2015

Culegere text: ing. Dana Agrigoroae, Dana Popa, Ramona Mancaş, Emilia Pâclea

Tehnoredactare: Bogdan Dănilă/Raluca Sanders
Coperta: Raluca Sanders
Ilustraţie copertă: ing. Attila Farkasz
Editor CreateSpace: Raluca Sanders

Cuprinsul

Prefață   5
Notă asupra ediției   11
POEZIA OBICEIURILOR DE CRĂCIUN ȘI   13
ANUL NOUL
    Colinde   15
    Cântece de stea   42
    Plugușorul   44
    Strigături la urs, la capră, la cerb, la căiuți și 91
    la jocul arnăuților
        Strigături la urs   91
        Strigături la capră   102
        Strigături la cerb   111
        Strigături la căiuți   112
        Strigături la jocul arnăuților 113
    Sorcova   116
POEZIA OBICEIURILOR LEGATE DE   118
MOMENTELE IMPORTANTE DIN VIAȚA
OMULUI
    Cântece de leagăn   119
    Orații de nuntă   122
        Mersul la mireasă   122
        Orații dc colăcărie   134
        Orații de iertăciune   135
        Cântarea la zestre   143
    Bocete   147
    Descântece   172

TEATRU POPULAR	202
CREAȚII EPICE	227
Legende în versuri și în proză	228
Balade și cântece epice	244
DOINE ȘI CÂNTECE LIRICE	262
STRIGĂTURI	344
Strigături la nuntă	344
Strigături-comenzi de joc	351
Strigături de atmosferă și satirice	361
FOLCLORUL COPIILOR	385
NOTA EDITORULUI	400
Mulțumiri	407
Glosar de termeni populari, arhaisme și regionalisme	408
Referințe critice	414
Indicele localităților de proveniență a textelor	420
Indicele numelor folclorofonilor	422
Indicele numelor celor care au cules textele	426
Bibliografie	428

PREFAȚĂ

O mare parte din ce știu despre țăranul român și folclor îi datorez domnului profesor Vintilă Mihăilescu, de la Școala Națională de Studii Politice și Administrative, antropolog și fost Director al Muzeului Țăranului Român. Prin urmare, această prefață este scrisă cu gândul la dânsul.

Cartea domnului Gheorghe Țigău este o colecție de texte folclorice din zona Neamț, unde dânsul trăiește de peste 50 de ani. Am parcurs textele prin perspectiva generației mele, fără legături nostalgice cu folclorul românesc, cu gândul la conexiunile pe care oamenii le formează între folclor și tradiție. Realitatea este că folclorul nu există ca o variabilă suspendată în timp, ci se formează în toate mediile sociale, nu doar in spațiul rural. Folclorul este un produs comun, anonim, al unei societăți, ceea ce înseamnă că nu este doar text poetic, ci vine în multe forme și de cele mai multe ori, în scopuri care acoperă de la educativ și informațional, la expresie sacră și dramatică. Textele din această culegere sunt organizate în capitole introduse de câteva cuvinte ale profesorului Țigău, pornind de la poezia sărbătorilor invernale, până la texte pentru copii.

Ceea ce numim astăzi folclor este o selecție făcută de cei care culeg textele, pe criterii estetice, ci nu întreaga producție culturală a unui spațiu. Însă textele trebuie înțelese pentru ceea ce au fost create – *rostul* lor în viața țăranului. Fiecare formulă, fiecare cântec are un *rost* care primează în fața esteticului în contextul din care a venit. Gheorghe Țigău reușește să identifice episoadele cotidiene în care aceste formule sunt folosite ciclic în zona Neamț.

Este dificil să stabilim cu exactitate cât de veche este o formulă folclorică transmisă oral, așadar ar fi eronat să raportăm autenticitatea la vechimea unui text. Scrierile din această culegere provin în majoritate de la țărani de vârste cuprinse între 20 și 80 de ani. Textele au fost culese între anii 1968-2012. Fiecare text are alături numele persoanei şi locul de provenienţă ca şi coordonate.

Cartea domnului Ţigău este o exprimare a unei identităţi locale, necesare. Preocuparea faţă de pierderea identităţii este normală din punct de vedere sentimental, însă trebuie precizat că folclorul nu se pierde, ci se rearticulează prin eforturile culegătorilor asemeni domnului Gheorghe Ţigău, care reuşesc să documenteze şi să arhiveze nu doar texte, ci şi un limbaj, împreună cu un set de valori.

Este vital să înţelegem că Ţăranul, aşa cum e prezentat în muzee, nu reprezintă cotidianul, viaţa de zi cu zi, ci locuitorul de la sat în portul de sărbătoare, curat, nemuncit, jucând şi chiuind. Pentru a sprijini o dezvoltare sănătoasă a ştiinţelor sociale şi a modului în care ne raportăm la rural, este important să renunţăm la nevoia de a separa sacrul de profan, curatul de murdar şi a înţelege că ele merg mână în mână. Demitizarea Ţăranului şi a Satului joacă un rol esenţial în acest proces. Această demitizare nu înseamnă că ucidem tradiţionalul, ci,

7

dimpotrivă, că înțelegem tendința naturală de a se schimba, de a se transforma și de a se adapta, ca orice organism sănătos, la factorii din jur.

Poetizarea Țăranului și a Satului este, așa cum am menționat, o tendință a urbanului, din nevoia de a păstra o identitate care avem impresia, adesea eronat, că ne definește de la Burebista încoace. Privind lucid, însă, țăranul are dreptul să lupte pentru prosperitate economica la fel de mult ca și urbanul. Și o face. Iar asta nu înseamnă că tradițiile se strică, ci că tradițiile evoluează. Mare parte din ce credem că reprezintă tradiții din vremuri atemporale sunt doar obiceiuri locale revitalizate la nivel național pentru a servi un ideal istoric politizat, ca în cazul comunismului.

Țăranul a fost subiectul industrializării in timpul comunismului, apoi al migrației liberalizate și din ce în ce mai intense după 1989. Deși Romania a intrat în Uniunea Europeană în 2007, ca țara cu cea mai mare concentrație de populație rurală din UE și cele mai promițătoare zone agricole, sistemul economic a eșuat în a le oferi țăranilor mijloace de a-și continua viața ca atare. Motiv pentru care mulți locuitori ai satelor au migrat în străinătate pentru a munci. În egală măsură, puținii locuitori ai satelor care iși duc viața lipsită de semne vizibile ale modernizării, trăiesc în case vechi, fără o serie de utilități și producând în casă mare parte din ce consumă; ei nu văd acest mod de viață ca pe o alegere, ci ca pe un eșec social și economic al sistemului. Mai sunt și tinerii care aleg să se mute la sat și să înceapă o viață departe de corporațiile în care și-au construit un început economic. Acesta este peisajul actual al satului românesc, în contrast cu peisajul idilic lăsat drept moștenire de generațiile anterioare.

Satul este din ce in ce mai des reinventat departe de sat, în diasporele din ce in ce mai mari, care caută obiceiuri vechi, tradiții din familiile și zonele de unde vin, pentru a nu pierde legătura cu locurile de unde vin, și pentru a transmite generațiilor noi elemente identitare importante. Asta înseamnă că există o continuitate, o păstrare a tradițiilor, într-un mod diferit decât ne imaginăm, dar cu nimic mai puțin important. Iar aici culegerile asemeni celei scrise de domnul Gheorghe Țigău au un rol esențial.

Alexandra Coțofană
Cercetător în Antropologie,
Indiana University, Bloomington, USA

Notă asupra ediției

Nu sunt folclorist, specialist în literatură populară, ci doar un iubitor de folclor. Muscelean de origine, trăiesc și muncesc de aproape cinci decenii în spațiul geografic ș i spiritual miraculos al ținutului Neamț. De aceea, m-am simțit dator să consemnez și să transmit celor de azi și celor ce vin măcar crâmpeie din tezaurul folcloric nemțean, care se prezintă ca un fenomen de incontestabilă complexitate, prin bogăție, varietate și împlinire artistică.

Nu întâmplător, din gândirea și simțirea românească, inclusiv din cele ale nemțenilor, cu toții hărăziți iubirilor, răul neputând a fi să prindă rădăcini distrugătoare, s-au ivit ș i cuvintele *colindă, doină* și *dor*, care, singure, pot spune umanității întregi cine suntem, de unde venim și ce vrem.

Antologia de față reunește texte folclorice selectate din trei cărți publicate anterior (*La pârâul dorului*, 2000; *La fântână, la izvor*, 2008; *Floarea de fragă și corbul*, 2013), primele două, la Editura „Adan" din Piatra-Neamț, iar cea mai recentă, în colaborare cu profesoara Ermina Dobreanu, la Editura „Nona", tot din Piatra-Neamț.

Textele au fost culese, între anii 1968-2012 din cele trei bazine folclorice ale județului Neamț: Valea Bistriței, Valea Ozanei, Valea Siretului ș i din împrejurimile acestora, de către autor, de profesoara Ermina Dobreanu, precum ș i de elevi ai acestora, cu care au lucrat ani îndelungați la Liceul „Mihail Sadoveanu" din Borca-Neamț, Școala „Elena Cuza" din Piatra-Neamț ș i, respectiv, Ș coala „Grigore Ghica-Vodă" din Târgu-Neamț.

Cât ne-a stat în putinţă, am notat câteva informaţii importante despre numele folclorofonilor (informatorilor), vârsta lor, localitatea de provenienţă (oraşul, comuna, satul), data culegerii, numele celor care le-au cules. În unele cazuri, nu s-a mai putut identifica numele celor care au cules textele, situaţie în care am folosit siglele **CED** (Colecţia Ermina Dobreanu) sau **CGT** (Colecţia Gheorghe Ţigău).

Autenticitatea acestor texte literare folclorice n-a fost tulburată de nicio intervenţie a celor care le-au cules şi nici din partea autorului, iar cele trei cărţi mai sus-menţionate sunt răspândite pe o arie întinsă, în ţară şi în străinătate, inclusiv în biblioteci universitare de prestigiu.

Gheorghe Ţigău

POEZIA OBICEIURILOR DE
CRĂCIUN ȘI ANUL NOU

Și folclorul literar nemțean, asemenea celui național, este de origine foarte veche, fiind strâns legat și de obiceiurile de iarnă ori de acelea privind momentele importante din viața omului, de muncile agricole ș i de păstorit, de evenimente istorice ș i de fenomene sociale specifice neamului românesc.

Datorită amploarei lor, obiceiurile tradiționale ale sărbătorilor de iarnă ocupă un rol foarte important în viața tuturor românilor, inclusiv în cea a nemțenilor.

Sărbătorile Crăciunului ș i Anului Nou sunt însoțite de un repertoriu fastuos de *colinde, cântece de stea*, urări de belșug și recoltă bogată cu *plugușorul* și cu *buhaiul, jocurile cu măști (ursul, capra, cerbul, căiuții, arnăuții)*, forme ale *teatrului popular* cu tematică haiducească sau istorică și urarea cu *sorcova*.

Prin varietate ș i bogăție, prin frumusețea muzicii și poeziei lor, *colindele* domină sărbătorile Crăciunului. Se colindă, îndeobște, seara și în ziua de Crăciun, cu participarea întregului neam sătesc. Colindă copiii (băieți și fete), flăcăii, bărbații până la o anumită vârstă (însoțiți sau nu de lăutari).

Colindătorii, precum ș i cei care urează cu plugușorul sau buhaiul, cei care dau reprezentații cu jocurile cu măști, sunt organizați în cete. Colindele sunt cântate la unison, la ușă sau la fereastră. După aceea, colindătorii sunt așteptați cu daruri pe masa gospodarului colindat. *Cântecele de stea* conțin, asemenea celor mai multe colinde, elemente creștine și sunt interpretate numai de copii, în ziua Crăciunului.

Plugușorul şi *jocurile cu măşti* domină sărbătoarea Anului Nou. Altădată, acest obicei agrar era însoţit de un plug adevărat, tras de 4 sau 2 boi. Astăzi, pe alocuri, plugul adevărat a fost înlocuit cu un plug simbolic. Textele *plugușorului* descriu muncile agricole în succesiunea lor, de la arat şi semănat până la coptul colacilor din grâul cel nou. Nu lipsesc din texte întâmplări hazlii şi vorbe de duh, folosindu-se ca recuzită fluiere, buhai, vioară, cobză, tălăngi, harapnice.

Ceea ce caracterizează poezia care însoţeşte *jocurile cu măşti* este atmosfera optimistă, costumaţia bogată, agilitatea cu care se mişcă interpreţii. Versurile sunt însoţite de melodii specifice, iar interpreţii imită unele animale (ursul, capra, cerbul, căiuţii, etc.). Aceste jocuri conţin gesturi şi acţiuni care, în credinţa poporului, au şi menirea de a anunţa sosirea primăverii şi reînvierea vegetaţiei.

Sorcova este un colind recitat în dimineaţa zilei de Anul Nou, numai de copii, care urează părinţilor, vecinilor, cunoscuţilor etc., sănătate ş i noroc. Ca recuzită, copiii folosesc o sorcovă, adică un beţişor sau o rămurică împodobite cu flori artificiale, cu care copiii lovesc uşor pe spate pe cei sorcoviţi.

COLINDE

Colo, sus, pe vremea-aceea...

Colo, sus, pe vremea-aceea,
În frumoasa Galileea,
O fecioară viețuia,
Ce Maria se chema;
Nazaret era orașul
Unde își avea lăcașul
Și,-ntr-o zi, Maria sta
Singură în casa sa,
Dar, deodată, ce văzură ?
Casa toată se umplură
De-o lumină lucitoare
Ca lumina de la soare;
Îngerul Gavril intrase
La Fecioara Sfântă,-n casă,
Și din zbor că se opri,
Bucurie îi vesti:
- Bucură-te, Preacurată
Și Preabinecuvântată,
Între femei, pe pământ !
Vei naște pe Domnul Sfânt
Și-L vei naște pe Iisus,
Mântuitorul de Sus;
Și-L vei naște pe Hristos
Mântuitorul de Jos;
Și-L vei naște cu mărire
Pentru-a noastră mântuire !

*Vasile Cosău, 65 de ani; Rătuceşti, 2
aprilie 1970 CGŢ*

În seara fermecată

În seara fermecată,
Maria cea curată
A adus pe lume,
Pentru fapte bune,
Pe Iisus, Copilul Sfânt,
Domnul pe pământ.
Magii, cum zăriră
Steaua, şi veniră
În acel sălaş,
La Sfânt Copilaş,
Şi se închinară
Şi îngenunchiară.
Iisus, Copil Sfânt,
Surâdea plăpând,
Magii-i ofereau,
Daruri ce-aduceau:
Tămâie, aur şi smirnă
Pentru o viaţă senină,
Domnul Dumnezeu
A trimis pe Fiul Său,
Voie-bună pe pământ
Să aducă Domnul Sfânt,
De acum până-n vecie,
Pentru veşnicie !

*Frosinica Tătaru, 71 de ani; Ştefan cel Mare,
19 decembrie 1992; CGŢ*

Praznic luminos ...

Praznic luminos,
Strălucit, frumos,

Astăzi ne-a sosit
Şi ne-a-nveselit,
Că Mântuitorul
Şi Izbăvitorul
Cu trup s-a născut.
Raiul cel închis
Astăzi s-a deschis,
Şarpelui cumplit
Capul i-a zdrobit,
Şi strămoşii iară,
Prin Sfânta Fecioară,
Iar s-au învoit.
Îngerii cântau,
Păstori fluierau,
Magi se-nchinau,
Toţi se bucurau,
Doar Irod tuna
Şi se tulbura
De naşterea Sa.
El Îl căuta,
Voind mort a-L da,
Dar pruncul Iisus
Din ţară S-a dus.
Fie lăudat,
Binecuvântat,
În veacuri, în veacuri !

*Victoria Grosu, 68 de ani; Ştefan cel Mare,1
decembrie 1992 CGŢ*

Ce-aţi văzut, păstori...

- Ce-aţi văzut, păstori,
Sculaţi până-n zori ?

- Văzut-am pe Nou-Născutul,
Prunc Iisus din cer venitul,
Fiu dumnezeiesc.
- Ce palat era,
Unde Domnul sta ?
- Peşteră întunecoasă,
Peşteră de dobitoace
Palatul era,
Palatul era.
- Ce avea de aşternut
Micul Nou-Născut ?
- Ieslea Îi era culcuşul,
Fân şi paie aşternutul
Micului Iisus,
Micului Iisus.
- Cine Îi cânta,
Cine-L preamărea ?
- Îngerii din cer veniră,
Vesele cântări doiniră
Micului Iisus,
Micului Iisus.
- Ce dar I-au adus
Magii, când L-au dus ?
- Aur, smirnă şi tămâie,
Spre mărirea Lui să fie
Acum şi-n vecie !

*Maria Maxim, 74 de ani; Piatra-Neamţ,6
decembrie 1993; CGŢ*

În seara de Ajun

Coborât-a coborât,
    În seara de Ajun,

Domnul Iisus pe pământ,
    În seara de Ajun;
Pe-o scară mare de ceară,
    În seara de Ajun,
Într-o holdă de secară,
    În seara de ajun;
Dumnezeu a întrebat,
    În seara de Ajun:
- Gata-i cina, om bogat ?
    În seara de Ajun.
- Gata-i, gata-i pentru noi,
    În seara de Ajun;
Nu pentru săraci ca voi,
    În seara de Ajun;
Dumnezeu S-a supărat,
    În seara de Ajun,
Şi de-acolo a plecat,
    În seara de Ajun;
La capătul satului,
    În seara de Ajun,
La casa săracului,
    În seara de Ajun;
Dumnezeu a întrebat:
    În seara de Ajun:
- Gata-i cina, om sărac ?
    În seara de Ajun.
- Gata-i, dar cam puţintea,
    În seara de Ajun;
Poftim cu toţii la ea,
    În scara dc Ajun !

Catinca Moroşanu, 71 de ani; Alexandru cel
Bun, Bistriţa,
6 decembrie 1991, CGŢ

Ce vedere minunată ...

Ce vedere minunată
Lângă Betleem s-arată:
Cerul strălucea,
Îngerul venea
Pe-o rază curată !
Păstorilor din câmpie
Le vesteşte bucurie,
Că-ntr-un mic lăcaş,
Lângă-acel oraş,
E Sfânta Maria.
În coliba păstorească,
Vrut-a Domnul să Se nască
Fiul Său cel Sfânt,
Pe noi, pe pământ,
Să ne mântuiască.
Păstorii, cum auziră,
Spre lăcaşul sfânt porniră,
Unde au aflat
Pruncul minunat
Şi Îl preamăriră.
E Iisus, păstorul mare,
Turmă ca el nimeni n-are;
Noi Îl lăudăm
Şi Lui ne-nchinăm
Cu credinţă tare.

Haide, gazdă, să pornim ...

Haide, gazdă, să pornim,
    Floarea mărului,
În oraş, la Rusalim,

Mărul mărului;
Rusalim, oraş frumos,
Floarea mărului,
Unde S-a născut Hristos,
Mărul mărului ;
Iisus Hristos pe pământ,
Floarea mărului,
Lui Iuda i-a fost urât,
Mărul mărului ;
Iuda, iubitor de bani,
Floarea mărului,
S-a vândut la doi tâlhari,
Mărul mărului,
Pe treizeci de greiţari,
Floarea mărului;
Banii-n mână când i-au pus,
Mărul mărului,
Pe Iisus la Pont L-au dus,
Floarea mărului,
L-au dus şi l-au judecat,
Mărul mărului,
De la Ana la Caiafa,
Floarea mărului;
Caiafa L-a ridicat,
Mărul mărului,
Pe-o cruce naltă de brad,
Floarea mărului;
Cu suliţă-n coaste străpuns,
Mărul mărului;
Sânge şi lacrimi au curs,
Floarea mărului;
Sânge viu, nevinovat,
Mărul mărului;
De dat pe jos e păcat,

Floarea mărului;
Luna-n sânge s-a schimbat,
Mărul mărului,
Îngerii s-au speriat,
Floarea mărului;
Stele, stele mititele,
Mărul mărului,
Plângeau şi ele cu jele,
Floarea mărului !

Bună seara, Moş Crăciun ...

- Bună seara, Moş Crăciun,
Spune Maica Celui Bun;
Lasă-mă în patul tău,
Ca să nasc pe Dumnezeu !
Iar Crăciun atunci vorbea:
- Patul meu eu ţi-l voi da,
Eu te las să naşti în pace,
Dar nimica nu poţi face;
Du-te-n grajdul cailor
Sau în ieslea boilor !
Iar Maria-atunci plecă,
Ici şi colo colindă,
Un grajd mare a aflat
Şi în iesle s-a culcat.
Caii-ncep a tropăi
Şi iepele-a nechezi,
Iar Maria le grăi:
- Fir-aţi voi, cai blestemaţi,
Niciodat' să n-aveţi saţ,
Numa-n ziua de Ispas
Şi-atunci numai un ceas;
C-o ulcică de mâncare,

Să n-aveți îndestulare !
Şi Maria-atunci plecă,
Ici și colo colindă,
Un grajd mare a aflat
Şi în iesle s-a culcat.
Boii-nlături se trăgeau,
Loc în iesle îi făceau;
Peste noapte, mai târziu,
Prea-Mărita naşte-un Fiu
Şi năştea pe fân uscat
Dumnezeu adevărat,
De îngeri înconjurat.
Boii-ncep a rumega,
Pe Iisus Îl încălzea
Iar Maria le vorbea:
- Fir-ați, voi, blagosloviți,
Şi de oameni mult iubiți,
De mine, de Dumnezeu,
Şi de Iisus, Fiul Meu !

Agurița Ancuța,57 de ani, Poiana Teiului-
Ruseni,
27 decembrie 1994, CGȚ

Sculați, sculați, boieri mari ...

Sculați, sculați, boieri mari,
Sculați voi, români plugari,
Că vă vin colindători
Noaptea pc la cântători !
Nu vă vin cu nici un rău,
Ci v-aduc pe Dumnezeu,
Dumnezeu cel mic și sfânt,
Îmbrăcat tot în argint.

La tulpina mărului,
Şade Maica Domnului,
C-un pruncuţ micuţ pe braţe;
Iar pruncuţul tot plângea
Şi Măicuţa-l mângâia:
- Taci, pruncule, nu mai plânge,
Ţi-oi aduce două mere,
Două mere, două pere,
Să te joci în rai cu ele,
Şi cheiţa de la rai,
Să ajungi un mare crai !
De-om mai şti, noi v-om mai spune,
Dar să trecem o pădure,
Pădurea-i cu floricele,
Cu copile tinerele.
Rămâi gazdă sănătoasă
Şi la anul tot voioasă !

Maria Tanasă, 58 de ani; Poiana Teiului-
Poiana Răchiţii,
26 decembrie 1993; CGŢ

Iisuse, când te-ai născut ...

Iisuse, când te-ai născut,
Mare jale s-a făcut,
Paisprezece mii de prunci
Au fost omorâţi atunci;
Dar acum sunt mii şi mii
De bărbaţi şi de copii,
Căminele-şi părăsesc
Şi prin lume pribegesc.
Craii s-au dus la bătaie,

Unde om pe om se taie;
Păcătoşi,-ncă nu vin
Să se-nchine-n Betleim.
Deschide uşa, creştine,
C-am venit din nou la tine !
Drumu-i greu şi obosit,
De departe am venit,
Noi la Betleim am fost,
Unde s-a născut Hristos;
Am văzut pe biata mamă,
Pe care Maria-o cheamă,
Ea umblă din casă-n casă,
Ca pe fiul ei să-L nască;
Umblă-n sus şi umblă-n jos,
Ca să-L nască pe Hristos;
Mai târziu, găsit-a-apoi
Un staul sărac de oi
Şi-acolo, pe fân, pe jos,
S-a născut Domnul Hristos.
Îngerii din cer coboară
Şi staulu-nconjoară;
Îngerii cu flori în mână,
Împletesc mândră cunună,
Pe cunună-i scris frumos:
Astăzi S-a născut Hristos,
Care, cu puterea Sa,
Va împărăţi lumea.

Era odat`-o tainică grădină...

Era odat'-o tainică grădină,
În care Domnul se ducea plângând,
Iar faţa lui cea plină de lumină

Era-ntristată până la pământ
Şi se ruga cu lacrimi de nespus,
Să treacă Tatăl, să nu-I dea paharul,
Paharul suferinţei, lui Iisus.
O, Ghetsimani, aş vrea să fiu în tine,
Să văd şi locul unde El a plâns,
Să plâng şi eu cu lacrimi şi suspine,
Să plâng, căci pentru mine-a plâns !
O, Ghetsimani, grădină neuitată,
Tu ai văzut durerea lui Iisus,
Pe când L-a sărutat o dată
Pe Domnul strălucitor de sus !

Aglaia Bozoancă, 80 de ani; Ion Creangă-
Stejaru,
26 decembrie 1993; CGŢ

Bună dimineaţa, la Moş Ajun...

Bună dimineaţa,
La Moş Ajun !
Ne dai
Ori nu ne dai,
Dă-mi un covrig,
Că mor de frig;
Dă-mi o nucă,
Că-mi dau capul de-o ulucă;
Dă-mi o pară,
Că mă fac de ocară
Şi-mi dau capul de scară;
Dă-mi un măr,
Că mă trag de păr !

Colind de bătrân

Icea, Doamne-n ceaste curți,
În ceaste curți, ceaste domnii,
    Ler, Doamne, ler !
În ceaste multe-mpărății,
    Ler, Doamne, ler !
Născutu-mi-au, crescutu-mi-au,
Crescutu-mi-au nouă meri;
La vârfușor de nouă meri,
Arză-mi nouă lumânări;
De la nouă lumânări,
Pică-mi nouă picături;
Ruptu-mi-s-au
Trei râuri, patru pâraie;
Podurele, poveri grele,
Trec pe ele;
Care cum că mi-ș trecea,
Tot mie că-mi mulțumea,
Tot mie și sfinților
Și lui Bunul Dumnezeu.

Ileana Stanciu, 69 de ani; Tarcău, 4 martie
2001
CGȚ

La poarta lui Ștefan-Vodă...

La poarta lui Ștefan-Vodă,
Boierii s-au strâns la vorbă,
Ei s-adună an de an,
Să-l colinde pe Ștefan.
C-asta-i sara de Ajun,

27

De Ajunul lui Crăciun!
Ştefan-Vodă îi binecuvântează,
„La mulţi ani!" el le urează
Şi-anunţă că pe pământ
S-a născut Pruncuţul Sfânt.
C-asta-i sara de Ajun,
De Ajunul lui Crăciun!
El ne-aduce mântuire,
De vrăjmaşi, de pătimire,
Ne curăţă, ne întăreşte
De rele ne izbăveşte.
C-asta-i sara de Ajun,
De Ajunul lui Crăciun!
Ştefan cheamă-n rugăciune
Pe boieri şi pe mulţime
Împreună să se-nchide,
Lăudând Sfânta Treime.
C-asta-i sara de Ajun,
De Ajunul lui Crăciun!

Dochiană, fată dalbă

Tot Ceahlău,-n-lung şi-n lat,
Este-al Dochiei palat;
Păstorii s-au adunat
Pentru rugăciuni şi sfat;
În genunchi, când se-nchina,
O stea, sus, le răsărea...
(Baciul le spune păstorilor):
Este semnul Cel-de-Sus
Cum că s-a născut Iisus;
Haideţi, haideţi să mergem
La biserica de lemn,
Lui Iisus să ne-nchinăm

Să-i dăm daruri şi cosoni,
Ca la Cel Mai Mare Domn!
Dochiană, fată dalbă,
Te coboară mai degrabă,
Treci prin grâie pân' la brâie,
Prin secară, cu-a ta scară;
Treci prin codru, treci prin ape,
Treci prin marele palate
Şi-anunţă că pe pământ:
S-a născut Pruncuţul Sfânt!
Haideţi, haideţi, să mergem
La biserica de lemn,
Lui Iisus să ne-nchinăm,
Să-i dăm daruri şi cosoni
Ca la Cel Mai Mare Domn!

(Text cules de la Izvorul Alb, de profesorul
Petru Cazacu, de la un preot pribeag prin
Masivul Ceahlău) CGŢ

Măruţ Domnuţ

Noi venim să colindăm,
 Măruţ Domnuţ!
Veste mare să vă dăm,
 Măruţ Domnuţ!
C-astăzi, la noi, pe pământ,
 Măruţ Domnuţ!
S-a născut un Prunc Preasfânt
 Măruţ Domnuţ!
Pruncuţ mândru şi frumos
 Măruţ Domnuţ!
Numele lui e Hristos
 Măruţ Domnuţ!

Şi-i trimis de Dumnezeu
     Măruţ Domnuţ!
Să ne mângâie de rău.
     Măruţ Domnuţ!
Şi-acum, gazdă, dumneavoastră,
     Măruţ Domnuţ!
Să plătiţi colinda noastră
     Măruţ Domnuţ!
Să ne daţi colac din grindă,
     Măruţ Domnuţ!
C-am cântat colinda-n tindă
     Măruţ Domnuţ!
La mulţi ani cu sănătate,
     Măruţ Domnuţ!
Să va dea Domnul de toate!
     Măruţ Domnuţ!

Întreabă, întreabă...

Întreabă, întreabă
     Lerui, lerui, Doamne!
Cine s-a născutu,
Când stea s-a pornitu!
Pruncul de iubire,
     Lerui, lerui, Doamne!
Domn de omenire
Pentru mântuire.
Crai din răsăritu,
     Lerui, lerui, Doamne!
De El auzitu,
Şi la El pornitu.
Şi, dacă-l aflară,
     Lerui, lerui, Doamne!

La dânsul intrară
Şi i se închinară.
Lui Hristos Preasfântul
    Lerui, lerui, Doamne!
Dumnezeu Cuvântul,
La noi pe pământu'.
Domn de închinare
    Lerui, lerui, Doamne!
Şi de împăcare
Pentru lumea mare.
Noi, ce-am colindatu,
    Lerui, lerui, Doamne!
Mulţi ani v-am uratu,
Mulţi ani v-am uratu.
Întreabă, întreabă
    Lerui, lerui, Doamne!
Cine s-a născutu,
Când stea s-a pornitu.

Petru Cazacu, 70 de ani; Piatra-Neamţ, 6
martie 2008;
Gh. Ţigău

Trei crai de la răsărit

(Se rosteşte):
Naşterea Ta, Hristoase,
Dumnezeul nostru,
Răsărit-a a Ta lumină,
Din lumină, în cunoştinţă,
De la stea s-a învăţat
Să se-nchine Ţie, Doamne.
Doamne, slavă Ţie,
Doamne, slavă Ţie!

Trei crai de la răsărit
Pe stea au călătorit
Şi-au mers până la Ierusalim.
(Se cântă):
Şi-acolo, când au ajuns,
Steaua lor li s-a ascuns
Şi-au început a colinda
Pe la case a-ntreba:
Unde s-a născut, zicând
Un Crai mare de curând,
Un Crai mare şi frumos,
Ca să-l afle pe Hristos;
Pe Hristos nu l-au aflat,
Domnul Sfânt l-a apărat
Cu daruri şi bucurie,
Hristoase, slavă să-Ţi fie!
(Se rosteşte):
Ascultaţi, ascultaţi,
Dumneavoastră, boieri mari,
Că această stea este închinată
Unui Prunc înfăşat,
În iesle culcat,
Aducând aur, smirnă şi tămâie
Şi mai multă bucurie!

Ionuţ Marian Şoşa, elev, 14 ani; Piatra-
Neamţ, 23 februarie 2008;
Gh.Ţigău

Sus, la poarta raiului...

Sus, la poarta raiului,
    Ziurel de ziuă!
Şade Maica Domnului,

Ziurel de ziuă!
Şade, şade şi suspină
Ziurel de ziuă!
C-un pahar de-argint în mână:
Ziurel de ziuă!
- De ce plângeţi, fiii mei?
Ziurel de ziuă!
- Pe pământ sunt oameni răi,
Ziurel de ziuă!
Se ceartă frate cu frate
Ziurel de ziuă!
Şi se umplu de păcate.
Ziurel de ziuă!
- Faceţi numa fapte bune,
Ziurel de ziuă!
Pentru-a voastră mulţumire;
Ziurel de ziuă!
Uniţi-vă prin iubire,
Ziurel de ziuă!
Pentru-a voastră mântuire;
Ziurel de ziuă!
Găsiţi timp să fiţi mai buni,
Ziurel de ziuă!
Cum o ştim noi din străbuni!
Ziurel de ziuă!

Elena Cristescu, 51 de ani, Târgu-Neamţ
(Ţuţuieni), 1983;
CED

Într-o zi de sărbătoare...

Într-o zi de sărbătoare,
Ziurel de ziuă!

Coborât-au jos, în vale,
Ziurel de ziuă!
În mijlocul satului,
Ziurel de ziuă!
În casa bogatului.
Ziurel de ziuă!
Bună seara, om bogat,
Ziurel de ziuă!
Gata-i cina de cinat?
Ziurel de ziuă!
Gata e, dar pentru noi,
Ziurel de ziuă!
Nu pentru calici ca voi.
Ziurel de ziuă!
Atuncea ne-am supărat,
Ziurel de ziuă!
Altă casă ne-a-ntâmpinat,
Ziurel de ziuă!
La casa săracului,
Ziurel de ziuă!
La marginea satului
Ziurel de ziuă!
Bună seara, om sărac,
Ziurel de ziuă!
Gata-i cina de cinat?
Ziurel de ziuă!
Gata-i, dar e puțintea,
Ziurel de ziuă!
Hai cu toții lângă ea!
Ziurel de ziuă!
Din puținul ce ni-i dat,
Ziurel de ziuă!
O minune s-a-ntâmplat;
Ziurel de ziuă!

Din paharul ce se bea,
Ziurel de ziuă!
Într-una că se umplea;
Ziurel de ziuă!
Din pâinea ce se năştea
Ziurel de ziuă!
Într-una că se mărea.
Ziurel de ziuă!

Varvara Drozman, 86 de ani; Borca -Sabasa,
15 ianuarie 1969;
Gh. Ţigău

Coborât-a, coborât...

Coborât-a, coborât,
Lerui da, lerui Doamne!
Dumnezeu pe-acest pământ,
Lerui da, lerui Doamne!
Ca să vadă şi să creadă,
Lerui da, lerui Doamne!
Ce fac domnii
Lerui da, lerui Doamne!
Şi iobagii.
Lerui da, lerui Doamne!
Luatu-s-a, dusu-s-a,
Lerui da, lerui Doamne!
În mijlocul satului,
Lerui da, lerui Doamne!
La casa bogatului:
Lerui da, lerui Doamne!
Bună cină, om bogat?
Lerui da, lerui Doamne!

Cina-i bună, nu-i de voi,
  Lerui da, lerui Doamne!
Ci-i de boieri ca şi noi.
  Lerui da, lerui Doamne!
Luatu-s-a, dusu-s-a,
  Lerui da, lerui Doamne!
Până-n capul satului:
  Lerui da, lerui Doamne!
Bună cina, om sărac?
  Lerui da, lerui Doamne!
Cina-i bună,
  Lerui da, lerui Doamne!
Da-i puţină.
  Lerui da, lerui Doamne!
Pun o masă s-o cinăm,
  Lerui da, lerui Doamne!
Ca-nmulţit-o Dumnezeu.
  Lerui da, lerui Doamne!
Luatu-s-a, dusu-s-a,
  Lerui da, lerui Doamne!
Zice Domnul către Petru:
  Lerui da, lerui Doamne!
Uită-te, Petre, de-a stânga
  Lerui da, lerui Doamne!
Şi vezi, Petre ce-i vedea:
  Lerui da, lerui Doamne!
Vezi casa bogatului
  Lerui da, lerui Doamne!
În mijlocul iadului
  Lerui da, lerui Doamne!
Toată-n para focului!
  Lerui da, lerui Doamne!
Uită-te, Petre, de-a dreapta
  Lerui da, lerui Doamne!

Şi vezi, Petre, ce-i vedea:
    Lerui da, lerui Doamne!
Vezi casa săracului,
    Lerui da, lerui Doamne!
În mijlocul Raiului!

Tofan Andronic şi Anton Vasiliu; (?), Târgu-
Neamţ;
CED

A cui sunt aceaste curţi...

A cui sunt aceaste curţi
Aşa 'nalte şi-nstărite,
De oameni buni locuite?
Doarme domnul şi domniţa
De cu seară până-n ziuă;
Când era în zori de ziuă,
Din somn, domnul s-a trezit
Şi din gură-a glăsuit:
- Sculaţi, sculaţi, nu dormiţi,
Căci a nins, a viscolit,
În flori dalbe s-a-nvelit;
La doi meri şi la doi peri,
Este-o masă-mpodobită,
Cu prostire-mpodobită
Cu paharăa poleită
Şi-n fundul paharului,
Scrisă-i steaua raiului,
Raiului pământului;
Raiule, grădină dulce,
Eu din tine nu m-aş duce,
De şopotul apelor,
De mirosul florilor;

Da-n această zi-nsemnată,
De la Dumnezeu lăsată,
Să cântăm, să colindăm,
Dumnezeu să lăudăm!
Întru mulți ani să vă fie,
Cu dor și cu veselie,
Cu-n buchet de busuioc,
Da-v-ar Dumnezeu noroc,
Cu-n buchet de mentă creață,
Da-v-ar Dumnezeu viață!

Maria Abonculesei, 72 de ani; Târgu-Neamț,
1981; CED

Din cei zori, din cea tulpină...

Din cei zori, din cea tulpină,
Sunt doi pomi într-o grădină?
    Florile dalbe de măr!
La tulpina pomilor,
Este strunga oilor.
    Florile dalbe de măr!
Badea, flăcău drăgălaș,
Mână turma spre imaș.
    Florile dalbe de măr!
Pe badea să-l însurăm,
Dar de zestre, ce să-i dăm?
    Florile dalbe de măr!
Mii și sute miorele,
Să-și facă nunta cu ele!
    Florile dalbe de măr!
La anul cu sănătate
Să vă bucurați de toate!
    Florile dalbe de măr!

Rătăcind într-o grădină...

Rătăcind într-o grădină,
Florile dalbe!
Mă-ntâlnii cu o albină;
Florile dalbe!
Albina strângea din flori
Florile dalbe!
Ceară pentru sărbători;
Florile dalbe!
Ceara se făcu făclie,
Florile dalbe!
Să le dăm Sfintei Marie.
Florile dalbe!
Porumbeii au zburat
Florile dalbe!
Jos, pe ape, s-au lăsat,
Florile dalbe!
Apa în gură au luat.
Florile dalbe!
Busuioc bătut pe masă,
Florile dalbe!
Rămâi, gazdă, sănătoasă
Florile dalbe!
Şi la anul care vine,
Florile dalbe!
Să ne mai vedem cu bine!
Florile dalbe!

*Paraschiva Coţofan, 56 de ani; Timişeşti -
Plăieşu, 1981;
CED*

Maica Sfântă a pornit...

Maica Sfântă a pornit
Cu păr galben, despletit,
Gazdă bună să găsească,
Unde pe Hristos să nască.
Pe cărare merge-acum
Pân' la curtea lui Crăciun:
- Ce mai faci, Crăciune bune?
La grea muncă mă supune,
Lasă-mă-n palatul Tău,
Ca să-l nasc pe Dumnezeu!
Iar Crăciun îi răspundea:
- Palatul nu ți-l pot da,
Că aștept colindători,
Ce-or să-mi cânte până-n zori,
Iar, din zgomotul ce-or face
N-ai să poți să naști în pace;
Du-te-n ieslea cailor
Sau în grajdul boilor!
S-a luat Maica, s-a dus,
Tot pe Betleem, în sus;
La un grajd de cai sosește,
Acolo Ea poposește;
Caii rod, fac tropot mare,
Maica odihnă nu are:
- Fir-ați, cailor, să fiți
Și de mine-afurisiți,
Și de Domnul, și de Mine,
Și de Fiul care vine;
Zi și noapte să mâncați
Și-apoi să vă săturați!
S-a luat Maica, S-a dus
Tot pe Betleem în sus;

La un grajd de boi soseşte,
Jos, pe pământ, poposeşte;
Boii blânzi la ea priveau
Şi suflând, o încălzeau.
- Boureilor iubiţi,
Binecuvântaţi să fiţi
Şi de Domnul, şi de mine
Şi de Fiul care vine;
Voi o clipă să mâncaţi
Şi-ndat' să vă săturaţi!
Şi, cum naşte Maica Sfântă,
Îngerii din cer îi cântă.

Margareta Ungureanu, 65 de ani; Târgu-
Neamţ (Condreni), 1981;
CED

Iată vin colindători...

Iată vin colindători,
    Florile dalbe!
Noaptea, pe la cântători;
    Florile dalbe!
Am venit şi noi acum,
    Florile dalbe!
Pe la porţi, pe la români;
    Florile dalbe!
Dumneavoastră, dragi stăpâni,
    Florile dalbe!
Ne primiţi pe noi acum,
    Florile dalbe!
C-aşa-i datina la noi,
    Florile dalbe!
Să cântăm de sărbători.

Florile dalbe!
Vă dorim să aveţi parte
Florile dalbe!
De trai bun şi sănătate;
Florile dalbe!
Să fiţi mereu fericiţi,
Florile dalbe!
S-aveţi mereu ce doriţi!
Florile dalbe!
Noi, de-acuma, vom pleca,
Florile dalbe!
Ca-nceput a se-nsera,
Florile dalbe!
Dar la anul, dacă-ţi vrea,
Florile dalbe!
Iarăşi vă vom colinda.
Florile dalbe!

Ileana Mihalache, 58 de ani; Dobreni, 1983;
CGŢ

CÂNTECE DE STEA

Naşterea Ta, Hristoase,
Dumnezeul nostru,
Răsărit-a lumina
Lumina cunoştinţei.
De la stea s-a învăţat
Să se-nchine Ţie,
Soarele dreptăţii
Şi să Te cunoască pe Tine
Răsăritul Cel de Sus !
Doamne, slavă Ţie,
Slavă Tatălui şi Fiului,

Şi Sfântului Duh !
Trei Crai de la Răsărit
Spre stea au călătorit
Şi-au mers, după cum citim,
Până la Ierusalim;
Şi-acolo, când au ajuns,
Steaua lor li s-a ascuns;
Şi le-a fost lor de-ntrebare
Naşterea unui împărat mare:
- Nu ştiţi, n-aţi văzut
Un crai mare, de curând ?
- Noi nu ştim, nici n-am văzut,
Numai steaua ce-am zărit,
Aproape de Răsărit;
După dânsa am venit
Şi Lui ne-am închinat,
Veste lui Irod i-am dat,
Dar Irod, mare-mpărat,
Auzind, s-a-nspăimântat
Şi grea oaste-a ridicat.
Paisprezece mii de prunci,
De doi ani în jos, mai mici,
Toţi sub sabie-au fost puşi,
Ca să-L afle pe Iisus;
Dar degeaba au vărsat
Sângele nevinovat,
Pe Iisus nu L-au aflat;
Aduc dar de-mpărăţi,
Aur, smirnă şi tămâie,
Prccum şi la cartc scric.
O, Hristoase, slavă Ţie,
O, amar şi tânguire !
Merg la rai, dar ce văzui ?
Văzui mesele întinse,

Cu făclii de ceară-aprinse;
Stau toţi îngerii la masă
Şi Maica cu Pruncu-n braţe;
Copiii nebotezaţi
Stau în pomii cei uscaţi;
Toţi plângeau şi suspinau,
Pe părinţi îi blestemau;
Copiii cei botezaţi
Toţi cântau şi veseleau,
Pe părinţi îi miluiau.
Mila Ta, Doamne, să fie
De acum până-n vecie !

Ileana Grigorie, 35 de ani, Piatra-Neamţ, 26 decembrie 1993; CGŢ

*

Cine primeşte
Steaua frumoasă
Şi luminoasă,
Cu colţuri multe,
De la naşterea
Lui Hristos dăruite;
Cu colţuri multe şi mărunte,
Dăruite de Hristos
Ca un soare luminos?

Ileana Stanciu, 69 de ani; Tarcău, 21 martie 2001; CGŢ

PLUGUŞORUL

Aho, aho, copii şi fraţi,

Stați puțin și nu mânați,
Lângă noi v-alăturați,
Cuvântul ni-l ascultați !
S-a sculat, mai an,
Bădica Traian,
Pe ochi negri s-a spălat
Și la grajd a alergat,
Și-a scos un cal înșeuat,
Cum e bun de-ncălecat;
Și s-a dus să caute loc de arat
La măr rotat.
La urechi cu zurgălăi,
Dați cu biciu-n patru boi
Și strigați o dată: Hăi !
Și-a arat cât a arat,
Brazdă neagră-a răsturnat
Și pe brazd-a semănat
Grâu de vară, cu negară,
Să răsară până-n seară;
Până-n seară nu a răsărit,
A treia zi a-ncolțit.
La luna, la săptămâna,
S-a dus jupânul gazdă
Pe-un cal șchiop, pintenog,
Să caute grâu de copt;
Grâul era copt și frumos
Ca și fața lui Hristos;
Pe de-o parte se cocea,
Pe de alta, îl mâncau
Porumbei, de-l prăsădeau
S-a dus acasă, la nevastă:
- Măi, nevastă, măi femeie,
Grâul nostru stă să pieie !
- Măi bărbate, bărbățele,

Dar eu, cum ţi-oi descânta,
Nici un fir nu s-a strica;
Du-te-n târg, la Bârlădel,
Cumpără fier şi oţel
Şi fă seceri mărunţele,
Cu mănunchi de viorele,
Pentru fete tinerele
Şi pentru babe bătrâne,
Care ştiu treaba la pâine !
Jupân-gazda s-a dus
În târg, la Bârlădel,
A cumpărat fier şi oţel;
S-a dus la ţiganul Florii,
În fundul mării;
Era meşter bun,
Făcea seceri mergând pe drum;
I-a făcut seceri mărunţele,
Cu mănunchi de viorele,
Care au secerat cu ele;
Şi s-a dus jupân-gazda
În fundul mării,
De unde a scos nouăşpe iepe
De nouăşpe ani sterpe,
Cu copitele crăpate,
Cu sârme legate;
Cu copitele treierau,
Cu nările vânturau,
Cu urechile în saci turnau
Şi cu dinţii îl coseau.
Au încărcat nouăşpe care mocăneşti
Şi s-au dus la moară, la Zăneşti;
Iară hoaţa cea de moară,
Când văzu atâta cară
Încărcate cu povară,

A pus coada pe spinare
Şi-a plecat în lumea mare;
Dar morarul, meşter bun,
C-o scăciţă de grăunţe
Şi cu una de tărâţe:
- Pru-pru-pru ! şi na-na-na !
Doară moara s-o-nturna;
Şi i-a dat un pumn în splină,
De făcea moara făină;
Dară nu curgea făină,
Ci curgea mărgăritari
Pentru dumneavoastră, boieri mari !
La ureche, ceapă lată,
Ia mai zi-i, gură căscată:
   Hăi , hăi !
Casele scârţâiau,
Porţile hodorogeau,
Iară jupâneasa gazdă
A frământat în covată
Şi-a făcut colac-ndată,
Şi l-a rupt în două,
Şi ne-a dat şi nouă,
Şi l-a rupt în patru,
Şi l-a dat la tot satul.
De urat am mai ura,
Dar ne temem c-o-nsera
Şi nu suntem de ici-colea,
Suntem de la Ciuca-Buca,
Unde-i măliga cât nuca
Şi-o păzesc doişpe cu măciuca;
Mai avem a trece
Pe la o babă ,,fermecătoare",
Cu o căţea muşcătoare
Şi ne temem că baba ne-o fermeca

Şi căţeaua ne-o muşca;
Mai trecem pe la nişte fete frumoase,
Cu gâturile săpunite,
Ca tânjalele de boi pârlite !...
La anul, când vom veni,
Să vă găsim înfloriţi,
Ca merii, ca perii,
În mijlocul verii !
La anul şi la mulţi ani !

Vasile Bejan, 58 de ani; Borca, 5 ianuarie
1972
CGŢ

*

Bună seara, gospodari,
Cavaleri şi fete mari,
De dormiţi sau nu dormiţi,
Eu vă rog să vă treziţi,
Daţi-vă lângă perdele
Şi-ascultaţi vorbele mele !
Iar dumneata, gazd-aleasă,
Sper să ne inviţi în casă,
Să ne dăm pe lângă sobă,
Să mai stăm puţin de vorbă,
Că şi eu, la mine-acasă,
Am lăsat sticla pe masă
Şi plăcintele-n cuptor,
Sfârâind în limba lor,
Cu grijă să nu se ardă
Şi gustul să nu şi-l piardă.
Şi, văzând că s-a-nserat
Şi e timpul de urat,
Am pornit din casă-n casă

Pân'la dumneavoastr-acasă.
Zurgălăi şi clopoţei,
Trageţi roata, măi flăcăi,
Şi strigaţi cu toţii:
Hăi, hăi !
Mai întâi, la început,
Vă cer dreptul la cuvânt,
Să vă-ntreb: - Aveţi parale,
Băutură şi mâncare
Şi-un colac cu viţă groasă ?
(N-am mâncat de ieri, de-acasă).
De mai ieri-dimineaţă,
V-am văzut tăind o raţă,
Dacă nu vă supăraţi,
Nouă dintr-însa ne daţi !
Iar pe masă văd friptură,
De ne lasă apă-n gură;
Printre blide şi tigăi,
Ia mai mânaţi, măi flăcăi,
Şi strigaţi cu toţii:
Hăi, hăi !
Urăturile-s frumoase,
Că-s de la bătrâni rămase,
De la Traian, împăratul,
Care ne-a zidit tot satul;
Vă urăm, vă veselim,
Din bătrâni vă povestim;
Vă urăm şi pentru mâine,
Că la anul, Domnul ştie...
Cine ştie, mai gândeşte
Că la anu' mai trăieşte ?
Nu vezi anii cum se duc,
Unul naşte, unul moare
Şi tot aşa se strecoară

Ca grăunțele la moară ?
La ureche, clopoței,
La picioare, zurgălăi,
Mânați, măi;
    Hăi, hăi !
Și vă spunem tuturor,
Mult belșug și mult spor;
Pentru anu' care vine,
Să vă fie și mai bine !
La mulți ani cu sănătate,
Să vă dea Domnul de toate !
Mânați măi,
    Hăi, hăi !

Gavril Dumitreasa, 72 de ani; Grumăzești-
Topolița, 30 ianuarie 1993
CGȚ

*

Aho, aho, *diniți, diniți,*
Veniți afară, veniți !
Afară-i vară-primăvară,
Patruzeci de pluguri ară,
Bouri, bourei,
În frunte, țintăței,
În coadă, codălbei,
În frâu, cu mii de lei.
S-a sculat, mai an,
Bădica Traian;
Pe ochi negri s-a spălat,
La icoane s-a-nchinat
Și la grajd a alergat;
Și-a scos un cal
Cu șaua de aur,

50

Cu frâu de mătase,
Cât vița de groasă;
El în scări s-a ridicat,
Peste câmpuri s-a uitat,
Ca s-aleagă loc curat,
De arat și semănat.
S-a dus la măr rotat
Și n-a găsit loc de arat;
A coborât la păr rotat
Și-a găsit loc de arat;
A arat și-a semănat,
Câmpul în grija Domnului a lăsat.
La luna, la săptămâna,
S-a dus să vadă semănătura;
Semănătura pe de o parte se cocea,
Pe de alta se topea;
A luat trei spice în buzunar,
A venit acasă la jupâneasă,
Gazdă frumoasă,
Care aștepta cu masa:
- Măi nevastă, măi muiere,
Grâul nostru stă să pieie !
- Taci, bărbate blestemate,
Că eu știu a descânta !
L-oi lega cu-n fir de ață,
Să stea până mâine dimineață;
Dimineață vom merge la târg,
Vom lua zece kile de fier
Și zece kile de oțel
Și vom face secerele mititele
Pentru fetițe ocheșele,
Cu brâu lăsat pe șele;
Și-om face zece mai tari
Pentru secerători mari;

Şi-om face una mai bună
Pentru o babă bătrână.
Aceasta cu dreapta secera
Şi cu stânga lega.
Unde arunca snopul,
Crăpa locul.
Şi-om mai tocmi nouă iepe
Sirepe, de vreo nouă ani sterpe,
Care cu copitele sfărâmau
Şi cu urechile-n sac puneau,
Doamne, nici căuş nu trebuia !
Apoi, hai la moară, la făgădău,
Unde era drumul rău;
Hăis, în loc, la Sfarmă-Piatră,
Unde-am măcinat odată !
Dar hoaţa de moară
Puse coada pe spinare
Şi plecă în lunca mare;
Lunca mare, frunză n-are,
Lunca mică, frunza-i pică,
Stau voinicii de-o ridică
Ca pe-un boţ de mămăligă;
Iar morarul, cam ciudos,
C-un cojoc întors pe dos,
A luat-o la galop
Şi-a adus moara la loc;
I-a mai dat una în splină
Şi-a pus moara pe făină;
Curgea aur şi mărgăritar
Pentru dumneavoastră, gospodari;
Să faceţi colăcei mititei,
Pentru băieţi frumuşei,
De mai mare dragul
Să te uiţi la ei !

De urat, am mai ura,
Dar ni-i frică c-o-nsera,
Iar noi suntem mititei,
Ne mănâncă câinii răi.

*Ion Făgeţel, 53 de ani, Răuceşti, 31
decembrie 1993*
CGŢ

*

De când seara s-a-nserat,
Pluguşor ca al nostru
N-a mai umblat,
Aşa mândru, luminat,
Cu birja din lemn de brad,
Cu grindeiul procopsit,
De buni meşteri făurit,
De feciorul catargiului,
Scos din fundul pământului.
Cu pila îl pilea,
Cu ciocanu-l ciocănea,
El tot mai mândru se-nchina.
            Hăi, hăi !
Şi-a plecat la câmp bogat,
Unde-i bine de arat,
De arat şi semănat,
  În lungiş şi-n curmeziş,
Cât cu ochii cuprinzi;
Grâu de vară, cu negară,
Deie Domnul să răsară
Până-n seară !
Grâu mărunt, fără năut,
A dat Domnul, s-a făcut,

Cum n-am mai văzut de când sunt.
          Hăi, hăi !
Iar jupânul-gazdă
Se duse la lună, la săptămână,
Să vadă grâul de-i frumos;
Era în spice ca vrabia,
În pai, ca trestia.
Badea din şa s-a aplecat,
Trei spice în palmă a frecat,
La vrăbii le-a arătat,
Vrăbiile s-au minunat
Că grâu-i bun de secerat,
La nevastă a spus răspicat
Că grâu-i bun de secerat;
Apoi a făcut seceri noi
Pentru secerători ca voi,
Şi-altele mai mărunţele,
Cu mâner cu floricele,
Cum îi place şi mândrei mele,
Cu miros de busuioc,
Ţineţi-o flăcăi pe loc
Şi strigaţi să m-odihnesc,
Sufletul mi-l prăpădesc !
          Hăi, hăi !
Iar, în dalba semănătură,
Se făcu atâta gură;
Nevestele se suflecau,
Fetele năvală în grâu dau,
Bătrânele de şale se-ndoiau,
Moşnegii din ochi făceau;
Iară hoaţa cea de moară,
Când văzu atâtea care cu povară,
Puse coada pe spinare
Şi plecă în lunca mare,

Luncă mare, frunză n-are
Şi, când pică, se despică,
Mai mână, copilă mică !
    Hăi, hăi !
Iar morarul, meşter bun,
Stă cu luleaua-n dinţi,
(Noi ne prăpădim de râs):
- Stai, morişcă, nu te duce,
Că ţi-oi da făină dulce !
Şi-am plecat la moară, la Cândeşti,
La moară cu trei fereşti;
Acolo, un morar cam nătărău,
Strică bine, drege rău,
Trage morii una-n şele
Şi o-aşază pe măsele.
    Hăi, hăi !
Trage morii una-n splină
Şi o dădu pe făină,
Apoi, după măcinat,
Acasă s-au înturnat
Şi-au chemat pe toţi,
Şi-o sută de bătrâne
Care ştiu rostu' la pâine;
Ele mânecile-au suflecat,
De colaci s-au apucat,
Au făcut colac mare, rotat,
L-au pus în cuiul de mai jos
Pentru cei ce ură frumos.
Iar dumneavoastră,
De nu vă place,
Să daţi colacul încoace,
Să îl rupeţi în două
Şi ni-l daţi nouă !
    Hăi, hăi !

De urat, am mai ura,
Dar nu suntem de ici-colea,
Suntem de la Mitoc,
Unde-ngheață apa-n troc
Și găluștele pe foc.
Vă urăm s-aveți galbeni pe masă,
Câte dranițe pe casă;
În ferești, flori domnești,
La icoane, busuioc,
La mijloc, pară de foc;
Copii frumoși în casă,
Pâine pe masă,
Belșug în ocol,
Spor pe ogor,
La toți, bucurie,
Mulți ani să vă fie !

Maria Moisei, 60 de ani; Cândești, 1
ianuarie 1994;
CGȚ

Și iar verde de mărar,
Bună seara, gospodari,
Gospodari și gospodine
Și voi, tinere copile !
Dați urechea la fereastră
Și-ascultați minciuna noastră;
Dați urechea la perdele
Și-ascultați minciunile mele,
Că nu-i timp de cască-gură,
Ci e timp de-nvățătură,
Și-am venit cu veste bună !
Mânați roată, măi flăcăi:

Hăi, hăi !
Dup-atâta urătură,
Mă suii pe-un deal mai mare,
Să mai număr din parale;
Dintr-o vale-ntunecată,
Iese-o babă gripănoasă,
Cu fesul cârpit,
Cu nasul julit;
Are-n stânga o frigare,
În dreapta, o strecătore;
Se numea că-i vrăjitoare,
La toţi plugarii le-a ghicit,
Doar mie nu mi-a ghicit,
Căci zicea că-s cântărit,
Dar nu-s cântărit
De când eram mic,
Am fost cântărit cu floare de cuc.
Mama când m-a făcut,
Două moaşe mi-a adus,
Una zicea că nu-s bine,
Alta zicea c-am păr moale-n cap
Şi nu-i chip de scăpat.
La ureche, clopoţei,
La spinare, stânjenei,
Roata, măi:
Hăi, hăi !
Am venit în astă-seară
Să urăm o domnişoară,
Prea bătrână nu era,
Şaptezcci dc ani avca,
De-o seamă cu bunică-mea,
Dar ce-are lumea cu ea,
Dacă e iubita mea ?
Toată ziua stă, oftează,

Că ea lunea nu lucrează,
Marți, tot zi nelucrătoare,
Miercurea, capul o doare,
Joi e târg de dobitoace,
Vineri, treabă ea nu face,
Sâmbăta-i de primeneală,
Duminica-i de iubeală;
Pentru-așa fete, flăcăi,
Ia strigați cu toții:
        Hăi, hăi
Foaie verde ca neghina,
Am urat și la vecina;
Cum urai așa, deodată,
Zării doi ochi mari de fată,
Pe fereastra înghețată,
Ochi căprui și plini de foc,
De rămâi trăsnit pe loc;
Glasul mi se bâlbâia,
Inima-mi în piept bătea
Ca un ceas de tinichea;
Când privii ceva mai bine,
Ce să vezi, sărac de mine ?
Nu-i nici fată, nici nevastă,
Ci stă mâța la fereastră.
Datina de pe la noi
E să strigați, măi flăcăi:
        Hăi, hăi !

*Ana Olaru, 46 de ani, Piatra-Neamt, 19
decembrie 1993; CGȚ*

                *

Bună seara, boieri mari,
Și noroc la gospodari;

Ce mai faceți ? Odihniți
Ori cu somnul vă trudiți ?
Nu sta trist și supărat,
Scoală-te frumos din pat,
Scoate lampa, fă-o mare
Și vezi cum ară plugarii,
Și te-apropie de noi,
Să vezi plugul tras de boi !
Vă urăm, vă povestim,
Din bătrâni vă amintim;
Noi suntem din târg - oraș
Și de-ai lui Dragoș urmași,
Plugari de la Câmpulung
Și-avem șase boi la plug,
Din tot satul câte-un bou,
Să lucrăm de Anul Nou;
Urmași de-ai lui Dragoș-Vodă,
Dragoș cel viteaz și mândru,
Ce-a scăpat țara de zimbru,
Căci, cu ghioaga și cu vorba,
El a-ntemeiat Moldova;
Ne-a lăsat așezăminte
Și tradițiile sfinte,
Urăturile frumoase,
De la cei bătrâni rămase,
De la Traian împăratul;
Și, de când e urzit satul,
Noi și astăzi le păstrăm
Și-am venit să le urăm.
La ureche perciuni creți,
Trageți brazda, măi băieți:
        Hăi, hăi !
Trageți brazdă , măi flăcăi,
Trageți brazdă mai la vale,

Pe la oala cu sarmale;
Trageți brazda mai cu foc,
Drept pe lângă poloboc;
Să gustăm din el odată
Că-i pârjol la beregată !
Și tot nouă să ne dați
O bucată de cârnați,
Niște pite aromite
Și câteva găini fripte;
Niște vin din bătătură,
Că ni s-a uscat limba-n gură !
De urat, am mai ura,
Dar vedem de la fereastră
Cum pe masa dumneavoastră
Stă o gâscă în ulei,
Rumenită la urechi,
Botezată cu vin vechi,
Și-un pahar de vin, încât
Ni s-a pus un nod în gât
Și nu vrea să se mai ducă
Fără un pahar de țuică.
Spuneți drept, ați tăiat porcul ?
Ca să faceți o friptură
Pentru cei care vă ură,
Și ceva prune uscate
Pentru aste guri căscate !
Ia mai mânați, măi:
           Hăi, hăi !
Am mai ura, dar ne-oprim
Și ani mulți noi vă dorim,
Ani mulți și cu sănătate
Și cu mult belșug în toate !
Câtă țărnă-n mușuroi,
În ocol atâtea oi;

Câte flori vara-n grădină,
Atâția saci cu făină
Și bucăți mari de slănină;
Câte țigle sunt pe casă,
Atâția musafiri la masă;
Câte pietre pe fântână,
Atâtea oale cu smântână,
Scroafe cu purcei,
Mâțe cu motocei,
Mânați, măi !
　　Hăi, hăi !

*Aglaia Mironescu, 59 de ani; Tarcău, 28
decembrie 1993
CGȚ*

*

Aho, aho, în seara de Sfântu' Vasile,
Mi-a luat căciula vântul
Și mi-a dus-o sus, pe coastă,
Pân-aici, la dumneavoastră,
Și, venind după căciulă,
Să vă spun și-o urătură !
　　Hăi, hăi !
Să nu credeți că sunt
De pe vreo altă cometă
Sau de pe vreo altă planetă,
Sunt și eu pământean,
Am acuma șapte ani.
Moș Crăciun m-a adus
De pe luna cea de sus,
M-a purtat în sacul cu merinde,
Ca să nu mă vadă nimeni;
M-a adus într-o joi,

C-un plug cu doișpe boi
Și m-a lăsat într-un șanț,
Tocmai pe la Piatra-Neamț.
Hăi, hăi !

*Maria Nica, 62 de ani; Girov-Popești, 27
decembrie 1997*
CGȚ

*

Aho, aho, copii și frați,
Stați puțin, nu mai mâncați,
Nici sarmale, nici cârnați
Și nici castraveți murați !
La ureche, perciuni creți,
Trageți roata, măi băieți:
      Hăi, hăi !
C-am tras brazdă tot pe loc,
Tot pe lângă poloboc;
Floricică foi ca focul,
Spuneți drept, ați tăiat porcul,
Ca să dați niște friptură
La acei care vă ură ?
La ureche, zurgălăi,
Trageți roata, măi flăcăi:
      Hăi, hăi !
Am auzit că se fură
Fete multe, când se ură;
Vrem și noi în astă-seară
Să furăm o domnișoară
Frumușică și hazlie,
Așa cum îmi place mie;
De veți da-o după mine,

O voi ține-o foarte bine,
Oi ține-o pe la icoane,
Cu mămăligă și curechi
Înnădite la urechi.
Fetele de-aci, din sat,
Tare s-au mai cocoțat
Pe pantofi cu toc înalt,
Parcă-s stâlpi de telegraf;
Vând vaca pe o rochiță,
Purcica, pe-o căciuliță;
Vând și putina cu brânză
Pentr-un tub de ruj de buze;
Au ele buze boite,
Și de foame-s tot mai rupte,
N-au mâncat de-o săptămână,
Gura li-i de vorbă plină.
Ia mai mânați, măi:
              Hăi, hăi !
S-o vezi pe-a lui 'nea Ilie
Cu mantou și pălărie,
Iar 'nea Ilie, săracul,
A ajuns mai rău ca racul.
Frunză verde de mohor,
M-a pus mama să mă-nsor
Și-am luat fată frumoasă.
De nu știe ce-i prin casă;
De mâncare, n-am ce zice,
Știe proasta să mănânce
Și mănâncă, frate dragă,
Câte-o mămăligă-ntreagă;
Câinele urlă de sete
Și-i fântâna sub perete;
Găinile cotcodăcesc
Și de foame se topesc.

Ia mai mânați, măi:
Hăi, hăi !

*Petru Moisă, 50 de ani, Păstrăveni, 24
ianuarie 1998
CGȚ*

*

Aho, aho, plugușor mititel,
Cu rotițele de fier,
(Trag băieți vârtos la el),
Plugușor cu șase boi,
Cei dinainte, cu coarnele frânte,
Cei de la mijloc, cu coarnele de
busuioc,
Cei de la roată, cu coarnele-n baltă !
 Hăi, hăi !
Hai mai iute cu colacul,
Că fărâmă boii pragul
Și avem jug de putregai,
Cu proțapul de mălai;
Și-avem a trece
Peste-o apă rece,
Unde stau lei paralei
Cu gurile căscate,
Să ne-apuce pe la spate!
        Hăi, hăi !
Hopuri, hopurate,
La mulți ani cu sănătate !
Să trăiți, să-mbătrâniți
Ca merii, ca perii,
În mijlocul primăverii,
Ca toamna cea bogată,
De bucate-ndestulată !

Ia mai mânați, măi flăcăi :
Hăi, hăi !

*Petre Rotaru, 20 de ani, Gârcina- Cuiejdi, 8
februarie 1998
CGȚ*

*

Aho, aho, aho!
Bună seara, la fereastră,
La boieri ca dumneavoastră;
De câte ori am venit,
Tot la masă v-am găsit,
Cu tacâmuri de argint,
Cu straie de mătase
Și cu voie bună-n case;
Plugușor cu clopoței,
Pe spinare, zurgălăi
Și la stânga, trei bătăi,
Mergeți roată, măi flăcăi!
        Hăi, hăi!
A pornit la arat
Fânațele, toate fânațele,
Văile, toate văile,
Clinurile, toate clinurile,
Piscurile, toate piscurile;
La luna, la săptămâna
Și-a umplut cu aur mâna
Și-a văzut de spicul e copt
Sau de-i răscopt;
Era-n pai ca trestia
Și în spic ca vrabia,
Grăunțe cât mazărea.

Hăi, hăi!
Lanul a înconjurat,
Vreo trei spicuri-a apucat
Şi în buzunar drumul le-a dat,
La jupâneasa-gazdă-a alergat;
Jupâneasa-gazdă şedea pe-un pat lat,
Cam pe şale lăsat;
Când se clătină,
Stâlpii scârţîia,
Iar din papuci lipăia,
Din batistă pălăluia
Şi din ochi mie-mi făcea,
Vai de căciuliţa mea,
Ce m-aş face lângă ea!
Pluguşor cu clopoţei,
Pe spinare, zurgălăi,
Şi la stânga, trei bătăi,
Trageţi roată, măi, flăcăi,
Hăi, hăi!
Ea la slugi a poruncit,
Slugile la ea au ieşit,
Unu-i zice că-i prichit,
Altu zice-nspăimântat
Că grâul s-a scuturat;
Caii la car au înhămat,
La târg, la Suliţa au plecat
Şi-au mers pe uliţa mică,
Dar n-au găsit nimică;
Şi-au mer pe uliţa cea mare
Şi-au găsit oţel de vânzare
La o fată mare,
Dinţi în gură nu are.
A mers apoi la feciorul
Gasierului cel mare,

Cu doba în spinare.
Când căsca, mă mânca,
Când rânjea, mă speria,
Dar a spus așa:
- Să n-am parte de țiganca mea,
De nu ți-o face seceri așa și-așa!
Și-a făcut seceri mărunțele,
Cu mănunchi de viorele,
Pentru fete ochesele
Și neveste tinerele;
Seceruca cea mai mică,
Pentru fata ochesică;
Seceruca cea mai tare,
Pentru fata cea mai mare;
Seceruca de mijloc,
Pentru fata ce-am s-o joc.
Plugușor cu clopoței,
Pe spinare, zurgălăi
Și la stânga, trei bătăi,
Mergeți roată, mă, flăcăi!
        Hăi, hăi!
Și-amândoi se sfătuiră:
- Ce ne facem, măi, nevastă,
Să vedem pâinea acasă?
Vom strânge nepoți și nepoțele
Și le-om pune pe scăunele,
Și vreo trei babe bătrâne,
Și moșnegi așa ca mine,
Cu papuci roși-ncălțați
Cu catrințe-mprejurați,
Cu hurmuz de cel bătut,
Cum era portul demult.
Plugușor cu clopoței,
Pe spinare, zurgălăi

Şi la stânga, trei bătăi,
Mergeţi roată, mă, flăcăi!
        Hăi, hăi!
Ei în lan înaintară
Şi clăi multe adunară,
Ce la soare se ususcă,
Din snop în snop,
Din claie în claie,
Până la cea arie.
S-au dus la herghelia lui Sfarmă-Piatră
Şi-au adus zece iepe sirepe,
De vreo nouă ani sterpe,
Cu copite crăpate
Şi cu sârmă legate;
Iară, unde călcau,
Scânteie vărsau;
Unde păşeau,
Pământul prăbuşea,
De parcă lumea pierea!
Cu copitele treierau,
Cu nările vânturau,
Cu urechile-n sat turnau,
Nici căuş nu le trebuiau.
Plugușor cu clopoţei,
Pe spinare, zurgălăi
Şi la stânga, trei bătăi,
Mergeţi roată, mă, flăcăi!
        Hăi, hăi!
Iar, când lucru-au terminat,
Zece care-au-ncărcat,
S-au dus la moara lui Ioan,
C-acolo-au măcinat şi an;
Au trimis vătaf către care,
Un moşneag cu barba rară;

El în boi da, nu da,
Dar în barbă, ştiu că da,
Căci, când mi-o croia,
Barba-n sus sărea,
Iară hoaţa cea de moară,
Când văzu atâta cară,
Încărcate cu povară,
Puse coada pe spinare
Şi-o luă în lunca mare,
Lunca mare frunză n-are,
Lunca mică, frunza pică,
Tot în patru se despică,
Sai, voinice, şi-o ridică
Şi-o ridică-n tăbâltoc,
Să-ţi pară de foc.
Plugușor cu clopoţei,
Pe spinare, zurgălăi
Şi la stânga, trei bătăi,
Mergeţi roată, mă, flăcăi!
        Hăi, hăi!
Iar morarul, cam hoţ,
Era cu ochii ca sticla,
Cu dinţii ca grebla,
Cam stricat de vărsat,
Dar bine-nvăţat;
Luă moara de lăptoc
Şi-o-nturnă în vad, la loc;
Şi-i mai dă un pumn în cap,
Şi-o aşeză pe dulap;
Şi-i mai dă un pumn în şele,
Şi-o aşeză pe măsele;
Apoi, iute ca un moş,
Turna grăunţe în coş
Şi din coş cădea sub piatră,

De sub piatră, în covată,
Cădea făină curată.
Plugușor cu clopoței,
Pe spinare, zurgălăi
Și la stânga, trei bătăi,
Mergeți roată, mă, flăcăi!
      Hăi, hăi!
Traian mult s-a bucurat,
Zeciuiala morii i-a dat,
Pe morar l-a dăruit,
Apoi carele-a-ncărcat;
Boii se opinteau,
Carele scârțâiau,
Flăcăii din harapnic pocneau,
Iar jupâneasa cea frumoasă
Auzea tocmai de-acasă
Chiotul flăcăilor,
Scârțâitul carelor;
În cămară mergea
Și din cui își alegea
Sită mare și cam deasă
Tot cu pânza de mătase,
De nouă meșteri mari aleasă;
Și cernea, mări, cernea,
Ninsoarea se așternea,
Apoi iute plămădea
Și-o lăsa până dospea;
Colacii mi-i învârtea
Pe lopată îi culca
Și-n cuptor îi arunca;
Apoi, iarăși, cu lopata,
Îi scoate rumeni și gata;
Și-mpărțea vreao cinci,
La flăcăi voinici;

Şi-părţea vreo trei,
La copilaşii săi.
Plugușor cu clopoţei,
Pe spinare, zurgălăi
Şi la stânga, trei bătăi,
Mergeţi roată, mă, flăcăi!
                    Hăi, hăi!
Cum a dat Dumnezeu, an,
Holdă mândră lui Traian,
Deie şi la voi,
Ca s-avem parte şi noi;
Să vă fie casa, casă,
Să vă fie masa, masă,
Tot cu mesele întinse,
Cu făcliile aprinse,
Cu buni oaspeţi locuite,
Şi cu suflete tihnite!
Eu vă ur' cu busuioc,
Să vă fie cu noroc;
Eu vă ur'cu sănătate,
Că-i mai bună decât toate!
Hopuri, hopuri, hopurele,
La mulţi ani, cu floricele;
Hopuri, hopuri, hopurate,
La mulţi ani, cu sănătate;
Cinstiţi gospodari,
La anul şi la mulţi ani!

Ion Tulan, 64 de ani; Vânători-Nemţişor,
1979;
Dragoş Dobreanu, elev

*

Bună vreme, bună vreme,
Cinstită gazdă
Şi alese feţe!
Odihniţi, dormiţi
Şi la noi, plugăraţii,
Deloc nu vă gândiţi?
Că, iată, chiar acum venit-am,
Să vă urăm dumneavoastră
An îmbelşugat
Şi roade la pământ frumoase!
Şi, de n-aţi avea bănat,
S-aveţi chef de ascultat,
Doamne, multe-om înşira,
S-aveţi voi ce asculta,
Căci cu drag noi vom ura!
Îndemnaţi, flăcăi!
      Hăi, hăi!
Plecat-am într-o Sfântă Joi,
Cu plugul cu doişpe boi;
Boii dinainte,
Cu coarnele poleite;
Boii din mijloc,
Cu coarnele de foc,
Boii de la roată,
Cu coarnele mascate,
Toţi codălbei,
S-aveţi Domniile Voastre parte de ei,
Iar celor de-aici,
Vârstnici şi mai mici,
Să vă dăruiască Cel-de-Sus
Vite grase,
Roade bogate
Şi multă sănătate!
Îndemnaţi, flăcăi!

Hăi, hăi!
Şi, cum vă spuneam,
Pe drum ne-am tot dus
Spre soare-apus
Cu un plug fermecat;
Şi am mers, şi am mers
Până ce-am ales
Câmp mănos şi mare,
Mângâiat de soare;
Şi, după ce-am arat,
Şi-apoi am grăpat,
Vrăjind să rodească
Dintr-un bob, o mie
Şi-n ceas bun să fie.
Pentru dumneavoastră,
Cinstiţi gospodari,
În anu' care vine,
Toate cele bune
La voi să s-adune
Şi de cele rele
Pe toţi să vă spele!
Îndemnaţi, flăcăi!
        Hăi, hăi!
Dup-o vreme bună,
Măi, ce văzurăm,
Când noi numărarăm
La câmpul rodit?
Grâu în pai cât trestia,
Mare-n spic cât vrabia
Şi în bob cât mazărea.
Aşa vă dorim,
Cu urări venim
La fel să rodească
Câmpul dumneavoastră;

Şi, în anul care vine,
Slăvitul Sfântul Vasile
Să vă înstărească,
Să vă întărească,
Să vă veselească!
Îndemnaţi, flăcăi!
　　　Hăi, hăi!
Nouă nepoţei, nouă nepoţele
Cu dreapta tăiau,
Cu stânga pologeau,
Unii grâul hăpcuiau;
Alţii secerau,
În snopi îl legau,
Jumătăţi făcând,
Clăi, girezi clădind
Cât munţii de mari.
Noi l-am treierat
Şi l-am vânturat
Grâul auriu
Şi-n saci l-am băgat,
Şi l-am încărcat;
La moară-am plecat,
Pentru măcinat;
Aici ajungând,
Boii-am dejugat,
Grâu am descărcat,
La morar l-am dat
Şi am cuvântat:
Bade măcinar,
Dacă eşti morar,
Ne vei măcina
Grâul aista;
Ni-l vei făina
Mai alb ca spuma,

Mult mai măruntea
Decât pulberea;
Mertice, mertice;
Noi ți-om da
Pân-ăi zice ba.
Îndemnați, flăcăi!
　　Hăi, hăi!
Cine-a măcinat
Ne-a și minunat;
Făină am dus
În saci de cânepă pus;
Din gură și suflet,
Noi vă hărăzim,
Prea bine o știm,
Pâini albe, colaci,
Cât de cât, pitaci
La toți ne veți da!
Îndemnați, flăcăi!
　　Hăi, hăi!
De urat, am mai ura,
Dar să iertați!
Poate vă veți supăra
Că lungim cuvântul și sporovăim,
În loc să scurtăm vorba
Și s-o șterpelim!
Până una-alta,
Noi toți vă dorim
Multă sănătate
Și un trai deplin!
Din datini, mai zicem:
Câte cuie sunt pe casă,
Atâția pitaci pe masă;
Cât porumb pe leasă,
Atâția feciori în casă;

Cât fân şi nutreţ,
Atâţia porci în coteţ;
Capre, oi, din belşug
Şi vite bune de jug;
Busuioc în casă,
Flori mândre pe masă,
Rămâi, gazdă, sănătoasă!
Să trăiţi, să înfloriţi,
Să sporiţi
Şi de noi, plugarii,
Să vă milostiviţi!
Îndemnaţi, flăcăi!
  Hăi, hăi!

*Neculai Roşu, 55 de ani; Târgu-Neamţ
(Humuleşti), 1975;
Delian Dobreanu, elev*

*

Cinstită gazdă,
Nu sta trist şi supărat,
Scoală cătinel din pat
Trage lampa, fă-o mare
Şi vezi cum ară plugarii;
Plug bătrân, cu şase boi,
Ia mai îndemnaţi, flăcăi!
      Hăi, hăi!
Noi suntem de pe la Neamţ,
De-ai lui Dragoş vechi urmaşi;
Am pus şase boi la plug,
Din tot satul, câte-un jug
Şi mergem de Anul Nou,
Urmaşi de-ai lui Dragoş-erou,
Dragoş cel vestit şi mândru,

Ce-a scăpat ţara de zimbru,
Căci, cu ghioaga şi cu vorba,
El a-ntemeiat Moldova
Şi-a lăsat aşezăminte
Şi tradiţiile sfinte,
De la daci de la romani,
Urate de mii de ani;
Noi şi azi le mai păstrăm
Şi venim să vă urăm,
Vă urăm, vă-nveselim,
Din bătrâni vă amintim.
Plug bătrân, cu şase boi
Ia mai îndemnaţi, flăcăi!
    Hăi, hăi!

Elena Irimia, 71 de ani; Urecheni, 1982;
CED

*

Foaie verde de mărar,
Bună seara, gospodari,
Gospodari şi gospodine
Şi voi, tinere copile!
La fereastra dumneavoastră,
Scoală, doamnă jupâneasă,
Cu paharul plin pe masă,
Cu paharu-mpodobit,
Cu trei stele aurit,
Iar o stea mai luminoasă,
Din coroană varsă rază,
Varsă rază la mormânt,
Unde-i Domnul răstignit!
Bucura-ţi-vă cum s-a bucurat

Machedonul împărat!
El coroana a luat de pe cap,
De haine s-a dezbrăcat,
Faţa albă şi-a spălat,
La icoană s-a-nchinat
Şi a luat o carte-n mână;
A citit cât a citit
Şi în minte i-a venit
Că ceasurile au trecut
Şi plugurile încă n-au pornit;
A pus cartea în dulap
Şi-a ieşit afară-n prag:
- La picioare vă-ncălţaţi
Şi la grajd vă adunaţi
Şi scoateţi doişpe boi,
Boi, bourei,
În coadă, codălbei,
La cap, ţintăţei!
Ia mai trageţi, măi flăcăi,
Roată bună şi bătăi!
        Hăi, hăi!
Toată ziua a arat,
Brazdă neagră-a răsturnat
Şi prin brazde-a semănat
Grâu mărunt şi grâu de vară
Să bea Domnul să răsară!
Ia mai trageţi, măi flăcăi,
Roată bună şi bătăi!
        Hăi, hăi!
Când s-a dus la luna,
A văzut semănătura,
Grâul era frumos
Ca faţa lui Hristos;
Şi-atunci, ce s-a gândit:

Să treacă prin Vânători,
S-aducă secerători
Şi secere mărunţele,
Pentru fete ocheşele.
Ia mai trageţi, măi flăcăi,
Roată bună şi bătăi!
        Hăi, hăi!
Fetele secerau,
Moşnegii încărcau,
Încărcau nouă care mocăneşti,
Să le macine la Timişeşti.
Ia mai trageţi, măi flăcăi,
Roată bună şi bătăi!
        Hăi, hăi!
Asta-i urătură nouă,
Să ne daţi colacul nouă,
Pe deasupra, încă cinci,
Ca să cumpărăm opinci!
Ia mai trageţi, măi flăcăi,
Roată bună şi bătăi!
        Hăi, hăi!

Costică Pintilie, 77 de ani; Târgu-Neamţ
(Blebea) 1984;
Delian Dobreanu, elev

                    *

Aho, aho, am venit cu Anul Nou,
Am venit să vă-ntrebăm:
Ne primiţi să vă urăm?
An bun şi îmbelşugat
Tot aşa cum s-a mai dat?
Ca-ntr-o coajă de bostan
Ce-a crescut la vale-n lan

E-o babă fermecătoare,
Cu mii de diavoli pe cuibare
Şi-a văzut că anu-i mare;
Şi feciorii ei, cei trei,
Din trâmbiţă au sunat
Şi plugari au adunat,
Şi pe unul l-a-ntrebat:
- Ce ţi-e ţie, flăcăoane?
- Ce să-mi fie, căpitane?
Am scăpat moara la vale,
C-a văzut ce roadă are!
- Hai, fă cruce, pe baltag
Şi opreşte moara-n vad,
Că la anu-om măcina
De s-o cruci moara,
Şi-om lega-o de un brad,
Să nu mai fugă din sat!
Ia-ndemnaţi, măi flăcăoani,
Să trăim întru mulţi ani!

Ioan Savinescu, 82 de ani; Târgu-Neamţ
(Humuleşti), 1979; CED

*

Aho, aho! las' să steie,
Că s-au rupt patru răsteie,
Ca să vă spunem veşti bune
Despre tânărul împărat
Care s-a sculat,
Pe ochi negri s-a spălat
Şi din grajd a scos
Un cal mândru şi frumos,
Negru ca corbul,
Iute ca focul,

Cu pripoane de argint,
Ce sunt spornici la fugit;
Şi-au alergat, la un măr rotat,
Unde-i pământ negru de arat;
Şi-a arat, şi-a semănat
Grâu în pai ca trestia
Iar la bob cât vrabia;
Apă-n gură a luat
Holdele-a-nrourat,
Roadă-n grâu e pân' la brâu
Şi-n oveze pân' la mese
        Hăi, hăi!
La lună, la săptămână,
Şi-a umplut cu aur mână
Şi se duse ca să vadă
De e spicul înverzit
Sau chiar de e aurit;
Spice-n mână a luat,
În palme le-a frecat,
La păsări le-a arătat;
Ele-au zis că-i galben şi uscat,
Numai bun de scecerat.
Traian pinteni calului i-a dat,
La Tighina-a alergat
Şi oţel a cumpărat
Ca să facă seceră mare
La fiecare secerătoare,
Şi-altele mai mărunţele
Pentru fete ocheşele
Şi neveste tinerele,
Ce se pot pleca din şele,
Ca să facă snopurele.
Aurei cu stânjenei,
Ia mai uraţi, măi!

Un buhai şi biciu-n spate,
La anul, cu sănătate!

Mihai Iosub, 67 de ani; Bălţăteşti -Valea Seacă, 1978;
CED

*

Bună seara, fraţi plugari,
Şi noroc la gospodari,
Nu fiţi trişti şi supăraţi,
Sculaţi iute, nu mai staţi,
Trageţi lampa, - o faceţi mare,
Să vedem cum ar' plugarii!
Ia mai îndemnaţi, măi!
                    Hăi, hăi!
Noi suntem de la târg, de la oraş,
De-ai lui Dragoş-Vodă urmaşi,
Din tot satul câte-un bou,
Să urăm de Anul Nou;
Vă urăm, vă povestim,
Din bătrâni vă amintim,
Urăturile-s frumoase,
De la cei bătrâni rămase.
Ia mai îndemnaţi, măi!
                    Hăi, hăi!
De la Traian, împăratul,
De când este zidit satul,
De-atunci a rămas uratul.
În seara lui Vasile Sfântul,
Mi-a luat căciula vântul
Şi-o găsii la dumneavoastră,
Aruncată sub fereastră
Şi, venind după căciulă,

Voi trage şi-o urătură.
Ia mai îndemnaţi, măi!
          Hăi, hăi!
Hai să tragem brazda lin
Prin paharele cu vin
Şi să facem arătură
Prin sarmale şi friptură;
Hai, flăcăi, să dăm cu grapa,
Acum, cât e masa gata;
Acum este rostul nostru
Că s-a isprăvit şi postul.
Hopuri, hopuri, hopurele,
Şi-un mănunchi cu viorele,
La urechi cu clopoţei
Ia mai îndemnaţi, măi!
          Hăi, hăi!

Gheorghe Adiaconiţei, 68 de ani; Timişeşti,
1979;
CED

                    *

Scoală, dalbă jupâneasă,
C-am ajuns pân' la fereastră,
La palatul dumneavoastră,
Cu paharul plin pe masă;
Iar deasupra, pe pahar,
Luceafărul lui Traian
Când răsare, luminează,
Din coroană, varsă raze.
Duce-veţi şi îmi aduceţi
Mânza mea din herghelie
cea cu coama castanie
Şi cu coada vişinie!

Trei, la scări, mi-o aduceți,
Trei coda s-o împletiți
Cu cercei și cu mărgele,
Cum îi place mândrei mele!
Că vom porni la arat,
La arat și semănat,
Să aveți roadă bogată
Anul ist' ca niciodată!
De urat, am mai ura,
Dar nu suntem de ici-colea
Și avem de trecut
Niște punți glodoase,
La fete frumoase,
Niște munți stâncoși,
Rămâneți, gospodari, sănătoși!

Maria Gomoană, 55 de ani; Răucești -
Oglinzi 1980;
CED

*

Aho, aho, iată am pornit și noi,
Cu-n plug cu doișpe boi,
Boi, boureni,
În coadă, codălbei,
În frunte, țintăței,
Fac doar zece mii de lei;
Roată-n brazdă, măi flăcăi,
La ureche, stânjenei
Și la stânga, trei bătăi;
Ia mai îndemnați, măi!
        Hăi, hăi!
Unul ură, altul fură,
Unul cotrobăie-n șură,

Iară altul, şarlatan,
Haţ, cocoşul, de gâtlan
Şi-l aruncă sub suman!
Mă dusei la ceea-acasă,
C-are-o fată mai frumoasă;
Pus-o mă-sa la ţesut
Şi jurai că n-a văzut;
Pe sulul de dinapoi,
Şapte mii de lătunoi,
Iar pe cel de dinainte,
Holera-i mai ţine minte;
Între iţe şi-ntre spată,
Şade-o iapă împiedicată,
Între iţe şi fuştei,
Paşte-o scroafă cu purcei.
Roată-n brazdă, măi flăcăi,
La ureche, stânjenei
Şi la stânga, trei bătăi;
Ia mai îndemnaţi, măi!
  Hăi, hăi!
De urat, am mai ura,
Dacă dumneavoastră-aţi da
Şoldul porcului
Din fundul polobocului
Şi-o bucată de slănină
Cât de-aici, pân' la fântână,
S-o avem pe-o săptămână,
Şi-ncă una de cârnaţi,
Cât de-aici pân' la Galaţi.
Noi nu suntem de ici-colea,
Suntem din Ciuca-Buca,
Unde-i mămăliga cât nuca.
Roată-n brazdă, măi flăcăi,
La ureche, stânjenei

Şi la stânga, trei bătăi;
Ia mai îndemnaţi, măi!
        Hăi, hăi!
De urat, am mai ura,
Dar ne temem c-om însera
Şi-avem de trecut munţi stâncoşi,
Aşa că rămâneţi sănătoşi!

Constantin Cotârgăşanu, 76 de ani; Borca-
Sabasa, 10 ianuarie 1969;
CGŢ

*

Seara asta, pe-nserat,
Noi cu plugul ne-am luat,
Tocmai de la Timişeşti,
Să v-aducem un sac de poveşti,
Veşti din ţară adunate
Şi la noi în sat băgate
        Hăi, hăi!
Şi v-am spune, tot v-am spune,
Şi mai rele, şi mai bune,
Dar se vede pe fereastră,
Cum, pe masa dumneavoastră,
Şade-o gâscă pe curechi,
Rumenă pân' la urechi,
Botezată cu vin vechi
        Hăi, hăi!
Gâsca asta, bat-o sfântul,
Mi-a-nnodat în gât cuvântul,
Geaba-ncerc, geaba icnesc,
Nu pot să mai povestesc;
Geaba-ncerc şi geaba-ncerc,

Mă tot uit şi-nghit în sec.
La urechi cu zurgălăi,
Ia mai îndemnaţi, flăcăi!
     Hăi, hăi!
Măi flăcăi, de cinci parale,
Trageţi brazda mai la vale,
Pe la oala cu sarmale,
Trageţi brazda mai cu foc,
Drept pe lângă poloboc,
Să sorbim din el odată,
Că-i pârjol pe beregată,
Că, pe unde am mai fost,
Tot de bine am dat rost;
Bunăoară, la vecina,
Când s-a fost aprins lumina,
Am tras plugul şi-am arat
Cum din vechi am apucat,
Însă, cum aram aşa,
Cu gândul tot la ulcea;
Iată, mări, că s-arată,
Prin fereastra îngheţată,
Nişte ochi frumoşi de fată,
Mari, verzui şi plini de foc,
De-am rămas uimit pe loc;
Glasul mi s-a bâlbâit,
Limba mi s-ampleticit,
Inima-mi în piept bătea
Ca un ceas de tinichea;
Aoleo, cum aş fi vrut,
Ochii fetci să-i sărut,
Însă, când privii mai bine,
Ce văzui, sărac de mine?
Nici vreo fată, nici nevastă,
Ci mâţa de pe fereastră,

Sta mâţa şi se uita
Cum mă-ndrăgosteam de ea.
La urechi cu zurgălăi,
Ia mai îndemnaţi, flăcăi!
Hăi, hăi!
Foaie verde iarbă deasă,
Gospodari din astă casă,
Ocrotească-vă norocul,
C-auzii c-aţi tăiat porcul;
Gâscă friptă, porc tăiat,
Fie Domnul lăudat,
Se găseşte de mâncat!
Daţi-ne câte-o bucată,
(Să venim şi altă dată),
O bucată de slănină,
Cam de-aici, pân' la fântână;
Lung-aşa, ca o prăjină,
Să ne-ajung' o săptămână.
La urechi cu zurgălăi,
Ia mai îndemnaţi, flăcăi!
Hăi, hăi!
Gospodină, gospodare,
Să vă spun o întâmplare:
Mai demult, am dat cu zor,
Biata mamă să mă-nsor,
Am plecat din Şoimăreşti,
Am trecut prin Drăgăneşti,
Pe la Brusturi, în Orţeşti
Şi m-am lăudat şi eu
Cum c-aş fi, de neamul meu,
Dintr-un soi vestit şi-aş vrea
Să mă-nsor cu cineva...
La o casă mai bogată,
Am găsit şi eu o fată

Frumoasă ca o floare
Și la ochi fermecătoare,
Însă, când se cere lucru,
Fata asta-i ca butucu',
Iar, la somn, aflați, măi frate,
Nu-i ajung o zi și-o noapte;
Și, când sforăie pe nas,
Parcă-i struna de la bas;
Și, când suflă matahala,
Pare goarna și țambalul.
La urechi cu zurgălăi,
Ia mai îndemnați, flăcăi!
          Hăi, hăi!
Fata asta, când se-mbracă,
Rămâne țara săracă:
Și-a făcut un cojocel
Din opt piei de mielușel,
Și i-a pus și-un guleraș
Din opt piei de iepuraș;
I-a mai pus un buzunar
Dintr-o piele de măgar
Și, când s-a-mbrăcat copila,
Era soră cu cămila.
La urechi cu zurgălăi,
Ia mai îndemnați, flăcăi!
          Hăi, hăi!
De Crăciun, ieșim la joc,
Ocupă cinci metri-n loc,
Și, Când a-ncepe să joace
Au prins boii toți a rage,
Scroafele a covița,
Iepele a râncheza
De credeai, Doamne ferește,
Că și lumea se sfârșește;

Am lăsat-o şi m-am dus
Şi păţania v-am spus.
La urechi cu zurgălăi,
Ia mai îndemnaţi, flăcăi!
        Hăi, hăi!
De urat, am mai ura,
Dar ni-i că om însera
Pe aici, prin sat străin,
Fără pâine, fără vin,
Fără vreun colac rotund,
Cu traista spartă în fund;
S-avem de trecut păduri,
Văile şi munţii suri
Şi-o dumbravă blestemată,
De Ştefan-Vodă arată,
Unde fetele nebune
Tot aruncă cu alune
Şi se leagă de feciori,
Ca albinele de flori.
Am mai sta, am mai ura,
Că ni-i drag de dumneata;
Am mai sta pe la fereastră,
Că ni-i drag de dumneavoastră,
Însă-i frig de tot şi noapte
Şi plăcintele nu-s coapte.
Hopuri, hopuri, hopurate,
La mulţi ani, cu sănătate!

Vasile Preutu, profesor, 72 de ani;
Drăgăneşti -Şoimăreşti, 14 martie 2008;
Gh. Ţigău

STRIGĂTURI LA URS, LA CAPRĂ, LA CERB, LA CĂIUȚI ȘI LA JOCUL ARNĂUȚILOR

STRIGĂTURI LA URS

Bună seara, gospodari,
Venim cu ursul din deal,
Să vă urăm sănătate,
Mulți ani, și bucurie-n toate !
Ursul nostru-i mare domn
Și mereu, mereu i-i somn,
Și, dacă i-oți da sarmale,
Ursul v-o călca pe șale,
V-o mângâia pe obraz,
Ca să uitați de necaz;
Dați-ne câte-un covrig,
Ursului i-i tare frig !
Hai, Gavrile, la pământ
Și ascultă-mă ce-ți cânt !
Când erai mai mititel,
Erai tare frumușel,
Dar de când ai crescut mare,
Mă dai jos de pe picioare,
Te-ai făcut atât de rău,
Că nu am ce-ți face eu;
Dar eu tot nu m-oi lăsa,
Cu bâta te-oi mângâia.
Joacă, joacă, măi Gavrile,
Că-ți dau pâine și măsline !
Joacă, joacă, tropotit
Ca Frăsina la prășit !
Astă-noapte n-am dormit,
Toată casa am lipit,

Nici la noapte n-am să dorm,
Ca să pun lutul pe horn,
Căci se văd nuielele
Şi mă râd muierile.
Ia mai saltă din suman
Ca Ileana, la spital !
Ea, când trece prin salon,
Parcă trece un tractor,
Şi, când spune-o vorbuliţă,
Zici că bate o meliţă.
Mergi încet şi mergi pe loc
Ca ţiganii-n iarmaroc,
Care umblă-n buzunare
Şi fură mereu parale !
Saltă, saltă tot mai sus,
Că Anul Vechi ni s-a dus,
Să ne faci cu voinicie,
Iute câte-o plecăciune
La toţi cei ce ne privesc
Şi daruri ne pregătesc !
Noi vă urăm la mulţi ani,
Sănătate, spor la bani !

*Petre Rotaru, 20 de ani, Gârcina, Cuiejdi, 8
februarie 1998
CGŢ*

*

Vine ursul de la munte,
Numa-n coate şi-n genunche,
Şi ursoaica-n urma lui,
Călare pe coada lui,
Coada lui este stufoasă
Şi-a ursoaicei răpănoasă.

Frunză verde untdelemn,
La pământ să ne lăsăm,
La pământ cu talpa goală,
Să lăsăm zeama din oală,
Să rămâie oasele,
Să le roadă fetele !
De trei săptămâni trecute,
Vine ursul de la munte,
Numa-n coate şi-n genunche.
La tulpina bradului,
A fătat ursoaica pui,
S-a dus ursul să-i sărute,
Dumnezeu să nu-i ajute;
Numai când m-oi duce eu,
Să-mi ajute Dumnezeu !
Colo-n vale, la Zăneasa,
Mi-au mâncat lupii nevasta;
Şi m-am dus cu lumânarea,
Şi-am găsit numai spinarea.
Noi venim de la Paşcani,
Cu droaga cu doi măgari,
Şi-am ajuns la Târgu-Neamţ
Şi-a venit o ploaie-n lanţ,
Şi-a venit Ozana mare,
Şi-a luat cortul la vale;
Săracii măgarii mei,
O făceau pe marinei.
Ursul meu de la Durău,
El munceşte şi eu beu,
El munceşte cu ţapina
Şi eu beu cu săptămâna;
Ursul meu din Tupilaţi
L-am adus să vă miraţi;
Nu era chip de lăsat,

Mânca toţi porcii din sat,
Porcii şi găinile,
La toate vecinele.
Saltă, saltă, Moş Martine,
Că eu ştiu să conduc bine;
Aruncă-te, Neculai,
La ciomagul care-l ai !

Constantin Grigoraş, 14 ani; Răuceşti, 27
decembrie 1969
CGŢ

*

Frunză verde de mohor,
Bună seara, tuturor,
Doamnelor şi domnilor,
Şi voi domnişoarelor !
Iacă vin şi iară vin,
Călare pe Moş Martin,
Cât călare, cât pe jos,
Bine că sunt sănătos !
Mai întâi şi la-nceput
Să vă spun eu cine sunt:
Sunt Ion din Valea Seacă,
Unde urşii aprig joacă,
Am venit cu urşii mei
Să vă arăt ce ştiu ei.
Urşii mei sunt din Durău,
Când îi vezi, îţi vine rău;
La vatra cu trei cărbuni
Urşii fac închinăciuni
Şi strigă la vânător:
- Nu mă împuşca, eu mor,
Că, de când nu te-am văzut,

Mare urs te-ai mai făcut,
Mare şi morocănos,
Dar nu dai nici un folos.
Ursul meu nebun mai e,
A plecat de dimineaţă
Pe pârâu, după verdeaţă;
Pe pârâu, bade Costică,
Este-o fată frumuşică,
S-a dus ursul s-o sărute
Dumnezeu să ne ajute !
Când o săruta mai bine,
Hop, şi popa lângă mine !
Vai de mine, ce-am păţit,
Ursul meu s-a-mbolnăvit !
Ori ţi-e foame, ori ţi-e sete,
Ori ţi-e dor de codru' verde,
Ori ţi-e gândul doar la fete.
Nu ştiu, Doamne, ce să fac:
Să-i iau sânge de la cap,
De la cap, de la picioare,
Dar mă tem că ursul moare ?
A mâncat la carne crudă
Până s-a umflat la burtă;
Chem o babă vrăjitoare
Să scoale ursu-n picioare,
Sânge negru noi i-am dat,
Ursul meu s-a vindecat.
Scoală, scoală, Moş Martine,
Ţi-oi da pâine cu măsline !
Dac-aţi făcut vin, toamna,
Scoateţi iute damigeana,
Damigeana cu vin dulce,
Că de-aici nu m-aş mai duce !
Suie ursul pe ciomag

Ca fasolea pe harag;
Saltă ursul măruntel
Ca frunza de pătrunjel.
Hopuri, hopuri, hopurele,
La mulți ani cu viorele;
Hopuri, hopuri, hopurate,
La mulți ani cu sănătate !

*Cristian Butuc, 23 de ani, Tazlău, 8 ianuarie
1997 CGȚ*

*

La o parte, faceți loc,
Să intre Martin în joc !
La o parte, mai în dreapta,
Pentru că de joc îi gata !
Bună seara, gospodari,
Gospodari și gospodine
Și voi tinere copile !
Am venit la dumneavoastră
Să vă spun povestea noastră:
Îi ursoaica din Văleni
Și ursul din Rădeni;
Ăsta-i ursul urșilor,
Ursul moldovenilor,
L-am adus legat în lanț
Pân-aici, la Piatra-Neamț.
Pe pârâu, cu tufele,
Spală baba rufele
Și le-ntinde pe nuiele,
Morăie ursul la ele.
Tot târâș, târâș,târâș,
Când pe burtă, când pe brânci.
Nu știu, Doamne, ce să fac ?

Să-i iau sânge de la cap,
De la cap, de la picioare,
Dar mă tem că ursul moare.
Sus, pe dealul cel mai mare,
Şade-o babă vrăjitoare:
- Babă, cu vrăjile tale,
Scoală-mi ursul în picioare;
Babă, cu toiagul tău,
Vezi ce are ursul meu !
Măi Martine, mofturos,
Ia mai saltă tu de jos
Şi mai joacă pe nuiele,
Nu mai morăi la ele !
Scoală, gazdă, tu, din pat
Şi-mi dă mie un colac !
Măi Martine mofturos,
Ia şi tu de-aici un os !
La anul şi la mulţi ani,
Să trăiţi o mie de ani !
Rămâi gazdă sănătoasă
Ne ducem şi noi acasă !

*Ioan Crăciun, 67 de ani, Piatra-Neamţ
(Sarata), 19 decembrie 1995; CGŢ*

*

Frunză verde de mohor,
Bună seara tuturor,
Doamnelor şi domnilor!
        Na, na, na, Martine, na!
Iaca vin şi iacă vin
Călare pe Moş Martin,
Cât călare, cât pe jos,
Bine că sunt sănătos!

Na, na, na, Martine, na!
Ursul meu, din Valea Seacă,
Unde urşii aprig joacă;
La vatra cu trei cărbuni
Îşi fac urşii-nchinăciuni.
Na, na, na, Martine, na!
Şi strigă la vânător:
- Nu mă împuşca că mor!
Na, na, na, Martine, na!
Că, de când nu te-am văzut,
Mare urs te-ai mai făcut,
Mare şi morocănos,
Dar nu dai nici un folos!
Na, na, na, Martine, na!
Suie ursul pe ciomag
Ca fasolea pe harag;
Saltă ursul mărunţel
Ca frunza de pătrunjel.
Na, na, na, Martine, na!
Hopuri, hopuri, hopurele,
La mulţi ani cu viorele!
Hopuri, hopuri, hopurate,
La mulţi ani cu sănătate!

Gheorghe Darie, 74 de ani, Dragomireşti,
Borniş 5 decembrie 2001; CGŢ

*

Şapte săptămâni trecute,
Vin cu ursul de la munte,
Numa-n coate şi-n genunche,
De la muntele cel mare,
De la bradul din cărare;
La tulpina bradului,

A fătat ursoaia pui
Şi m-am dus încetişor,
Şi-am furat un puişor,
Şi l-am dus la mine-acasă,
Şi i-am pus nume Năstasă.
Măi, Năstasă, pui de urs
Aruncă-te-o dată-n sus,
Aruncă-te cât pădurea,
Să te vadă toată lumea!
Ăsta-i ursul de la Neamţ,
Cu verigă şi cu lanţ,
Cu căpăstrul de curea,
Legat de cureaua mea.
Sub Cetatea Neamţului,
Stă mândria târgului,
Unde Ştefan a domnit
Şi pe Turci i-a biruit;
Şi pe turci, şi pe tătari,
Timp de patruzeci de ani.
La Vadu' Moldovei-n jos,
Mi s-a pus haramu' jos:
- Măi, Năstasă, fătul meu,
Ce-ai căzut aşa de rău;
S-a umflat în tine splina,
Dinţii i-a mâncat rugina;
Te-ai împiedicat de-o cioată
Ş-ai rămas gură căscată?
Aoleu şi vai de mine,
Cade ursul lângă mine
Şi mă face de ruşine,
În atât-amar de lume!
Măi, ciobane, cobănaş,
Ia adu un cuţitaş
Cu mânerul aurit

Şi cu vârful ascuţit,
Să iau sânge ursului
De la dreava gâtului;
De la gât, mă tem că moare,
Dar i-l iau de la picioare.
- Stai, bade, Costică,-aşa
Şi pe urs nu te-nerva;
Cât îmi dai pentru un tors
Şi să-ţi scol ursul de jos?
- Dacă-mi dai ursul cu totul,
Să-i jupesc pielea şi botul,
Din piciorul dinapoi,
Să-mi fac un frumos cimpoi,
Să doinesc, vara, la oi,
Şi de foame, şi de sete,
Şi de dor de codrul verde.
Vai săracul, pui de urs,
Grele zile a ajuns;
Ursul din Agapia
Se dădea cu sania.
Ia mai zi-i cu cântecul,
Să ne treacă urâtul;
Joacă bine, pui de urs,
Şi te-arunc-o dată-n sus,
Şi te-arunc cât pădurea,
Să te vadă toată lumea!
Fugi de-aicea, nu mai sta,
Că mă dau în urma ta
Şi pun mâna pe nuia;
Numai una de ţi-oi da
Şi ţi-oi rupe inima!
Vin' la mine, când te chem
Că te bag în dobă ghem;
Ursule fără noroc,

Mai erai un porc
Şi te tăiam de Crăciun
Şi-alegeam ceva mai bun!
Frunzuliţă de trifoi,
Asta-i datina la noi,
De la daci, de la romani,
La anul şi la mulţi ani!

*Vasile Preutu, profesor, 72 de ani;
Drăgăneşti -Şoimăreşti, 14 martie 2008;
Gh. Ţigău*

*

La o parte, faceţi loc,
Să intre Martin în joc,
Cât călare, cât pe jos,
Bine că e sănătos!
Îmi mai calcă şalele,
Rău mă dor picioarele;
Ia, te saltă cât pădurea,
Să te vadă toată lumea!
De trei săptămâni trecute,
Vine ursul de la munte
Şi s-apropie de sat,
La femeie, la bărbat.
Iaca vin şi iaca vin,
Călare pe Moş Martin,
De la muntele cel mare,
De la bradul din cărare;
Ursul pleacă în pădure,
Baba pune barabule,
Barăbule s-a-năcrit,
Ursul meu s-a-mbolnăvit;
Vino, babă vrăjitoare,

Şi vezi ursul meu ce are;
Spune-i cu ghiocul tău
Să se scoale ursul meu!

*Vasile Păsălău, 24 de ani; Târgu-Neamţ
(Humuleşti), 1985; CED*

STRIGĂTURI LA CAPRĂ

Ţa-ţa-ţa, căpriţă, ţa
Da' deseară ce-i mânca ?
Îi mânca ce s-o-ntâmpla
Şi te-om vinde-n Gârcina;
Ş-oi mânca cât oi mânca,
Pân' ce burta ţi-o crăpa.
Ţa, căpriţă, de la munte,
Cu steluţă albă-n frunte;
Ţa-ţa-ţa, căpriţă, ţa,
Sai în sus şi nu mai sta !
Unde joacă căpriţa,
Clocoteşte Moldova,
Unde joacă iedutul,
Clocoteşte pământul,
Clocoteşte şi tot geme
De opinci şi de obiele,
De hurmuz şi de mărgele
Şi de fete frumuşele.
Ţa-ţa-ţa, căpriţă, ţa,
Sai în sus şi nu mai sta !
Ţapul meu din Spania,
L-am adus cu sania
Şi-am să-l vând în joia mare
Pentru-o oală cu sarmale

Şi-un butoi ca din poveşti,
Cu vin alb de Odobeşti.
Foaie verde foi negară,
Ia poftim, căpriţă,-afară,
C-ai jucat de-ajuns în casă
Şi-ai luat răsplată grasă !
Ţa-ţa-ţa, căpriţa, ţa,
Am o capră, n-am o sută,
Dar mi-e dragă, că m-ascultă;
Altă capră n-aş căta,
Pe tine nu te-oi lăsa,
C-aşa-i capra dorului
De la capul satului.
Astă capră o joc eu
Şi-a jucat-o moşul meu,
Moşul meu cu comănac
A jucat-o de-a crăpat.
Am o capră jucăuşă,
Stă ascunsă după uşă,
N-am o capră deşălată,
Desculţă şi dezbrăcată.
Eu cu capra unde-ajung
O joc cu un bun gând,
Şi degeaba, şi pe bani,
La anul şi la mulţi ani !
Stai o ţâră, stai pe loc,
Ca să intre alţii-n joc !

Vasilică Vamanu, 16 ani, Gârcina-Cuiejdi, 7
februarie 1998
CGŢ

*

Foaie verde busuioc,
Ieşi, căpriţă, la mijloc,
Cu ieduţul la un loc.
    Ţa, ţa, ţa, căpriţă, ţa!
    Ţa, ţa, ţa, căpriţă, ţa!
Unde joacă căpriţa,
Logodeşte Bistriţa;
Unde joacă ieducu',
Logodeşte pământu'
    Ţa, ţa, ţa, căpriţă, ţa!
    Ţa, ţa, ţa, căpriţă, ţa!
De la munte te-am adus,
Cu cercei şi cu hurmuz;
Ţi-am dat paie, n-ai mâncat,
Ţi-am dat fân, n-ai rugumat;
Te-am dus în prund să te mulg
Şi mi-ai dat un chil de unt.
    Ţa, ţa, ţa, căpriţă, ţa!
    Ţa, ţa, ţa, căpriţă, ţa!
De la munte te-am adus
Într-o coajă de harbuz,
Într-o coajă de bostan,
Să te aperi de duşmani.
    Ţa, ţa, ţa, căpriţă, ţa!
    Ţa, ţa, ţa, căpriţă, ţa!
Asta-i capră de la munte,
Cu steluţă albă-n frunte
Şi-i trebe parale multe.
    Ţa, ţa, ţa, căpriţă, ţa!
    Ţa, ţa, ţa, căpriţă, ţa!
Mânca-ţi-ar lupu' coada
Şi urechea din stânga!
Pe deal iarbă nu mai este,
Fânu-n pod mucigăieşte,

Laptele ți s-a iuțit
Şi eşti bună de belit.
   Ța, ța, ța, căpriță, ța!
   Ța, ța, ța, căpriță, ța!
Stai căpriță, să te mulg,
Ca să-mi dai un kil de unt!
Vai, mânca-te-ar lupişorul,
Mi-ai vărsat tot lăptişorul!
   Ța, ța, ța, căpriță, ța!
   Ța, ța, ța, căpriță, ța!
Capra noastră cea fudulă
S-a-necat c-o barabulă
Înain' de s-o culca,
Am s-o-ntreb şi eu ceva:
Un pahar de vin îi bea
Ori puțin zahar îi vrea?
   Ța, ța, ța, căpriță, ța!
   Ța, ța, ța, căpriță, ța!
Şi la anul care vine
O să ar tot eu cu tine,
Iar, de lapte nu mi-i da,
Am să ar doar cu blana.
   Ța, ța, ța, căpriță, ța!
   Ța, ța, ța, căpriță, ța!

Mihai Albescu, 64 de ani, Bârgăoani-
Ghelăeşti, 6 decembrie 2003
CGȚ

*

Asta-i capră de la munte,
Cu steluță albă-n frunte.

Ța, ța, ța, căpriță, ța!
Ța, ța, ța, căpriță, ța!
Asta-i capră de la stână,
Bună de lapte și lână.
   Ța, ța, ța, căpriță, ța!
   Ța, ța, ța, căpriță, ța!
Capra mea e din Banat,
Șapte mii pe ea am dat.
   Ța, ța, ța, căpriță, ța!
   Ța, ța, ța, căpriță, ța!
Capra mea e din Suceava,
Nu dă laptele degeaba.
   Ța, ța, ța, căpriță, ța!
   Ța, ța, ța, căpriță, ța!
N-am capră de la Almaș,
Că i-aș pune guleraș.
   Ța, ța, ța, căpriță, ța!
   Ța, ța, ța, căpriță, ța!
Și-aș juca-o cum știu eu,
Cum m-a-nvățat moșu-meu.
   Ța, ța, ța, căpriță, ța!
   Ța, ța, ța, căpriță, ța!
Am o capră, n-am o sută,
Dragă mi-e când mă ascultă.
   Ța, ța, ța, căpriță, ța!
   Ța, ța, ța, căpriță, ța!
Dacă nu m-ar asculta,
Altă capră mi-aș lua.
   Ța, ța, ța, căpriță, ța!
   Ța, ța, ța, căpriță, ța!
Tu, căpriță cu mărgele,
Pune capul la podele!
   Ța, ța, ța, căpriță, ța!
   Ța, ța, ța, căpriță, ța!

Tu, căpriţă cu hurmuz,
Ia ridică capu-n sus!
    Ţa, ţa, ţa, căpriţă, ţa!
    Ţa, ţa, ţa, căpriţă, ţa!
Vine capra din pădure,
C-a fost la cules de mure.
    Ţa, ţa, ţa, căpriţă, ţa!
    Ţa, ţa, ţa, căpriţă, ţa!
Hai, căpriţă, după mine
Nu mă face de ruşine!
    Ţa, ţa, ţa, căpriţă, ţa!
    Ţa, ţa, ţa, căpriţă, ţa!
Căpriţa, când se-nvârteşte,
Nicidecum nu oboseşte.
    Ţa, ţa, ţa, căpriţă, ţa!
    Ţa, ţa, ţa, căpriţă, ţa!
Hai, căpriţă, să jucăm,
Cu toţi să ne bucurăm!
    Ţa, ţa, ţa, căpriţă, ţa!
    Ţa, ţa, ţa, căpriţă, ţa!
Sări, căpriţă, pe picioare,
Să cântăm câte-o urare!
    Ţa, ţa, ţa, căpriţă, ţa!
    Ţa, ţa, ţa, căpriţă, ţa!
Sări, căpriţă, pe-un picior,
Bucuria tuturor!
    Ţa, ţa, ţa, căpriţă, ţa!
    Ţa, ţa, ţa, căpriţă, ţa!
Belşugul să vă sporească
Şi copiii mari să crească!
    Ţa, ţa, ţa, căpriţă, ţa!
    Ţa, ţa, ţa, căpriţă, ţa!
Şi la anul care vine,
Să ne întâlnim cu bine!

Ța, ța, ța, căpriță, ța!
Ța, ța, ța, căpriță, ța!

*Paul Potolincă, 36 de ani, Gârcina, Almaş, 8
decembrie 2003
CGȚ*

*

Săi, căpriță, tricăli,
Că de-ndat îți voi vorbi!
    Ța-ța-ța, căpriță, ța!
Hai căpriță, după mine,
Că eu ştiu calea mai bine!
    Ța-ța-ța, căpriță, ța!
Eu ştiu calea codrului,
Şi viața haiducului;
    Ța-ța-ța, căpriță, ța!
Eu ştiu turme cu berbeci,
Izvoare cu ape reci;
    Ța-ța-ța, căpriță, ța!
Cu oițele la strungă,
Ciobănaşul să le mulgă;
    Ța-ța-ța, căpriță, ța!
Să le mulgă iar strungaru'
Să avem brânză tot anu';
    Ța-ța-ța, căpriță, ța!
Care dau şi care nu,
Care dau cu picioru';
    Ța-ța-ța, căpriță, ța!
Picioruşul viorea,
Hai cu toții, la stânga
Şi la dreapta, tot aşa!
    Ța-ța-ța, căpriță, ța!
Eu ştiu turme, miorele

Şi fetiţe frumuşele,
        Ţa-ţa-ţa, căpriţă, ţa!
Şi la ele, când te uiţi,
Îşi vine să le săruţi;
        Ţa-ţa-ţa, căpriţă, ţa!
Şi la ele când priveşti,
Îşi vine să le iubeşti.
        Ţa-ţa-ţa, căpriţă, ţa!
Şi-am trecut prin Valea Seacă,
Şi-am uitat s-o dau la apă;
        Ţa-ţa-ţa, căpriţă, ţa!
La steajuri cel frumos,
Mi s-a pus căpriţa jos;
        Ţa-ţa-ţa, căpriţă, ţa!
Las-o, la pământ, să moară,
Pân' ce-a da de primăvară;
        Ţa-ţa-ţa, căpriţă, ţa!
Primăvara cea mănoasă
Ia zăpada de pe casă
Şi roua de pe fereastră.
        Ţa-ţa-ţa, căpriţă, ţa!
Frunză verde cucuruz,
Ia mai săi, căpriţă sus,
Să vezi ţapul un' s-a dus.
        Ţa-ţa-ţa, căpriţă, ţa!

Bogdan Humă, 14 ani, elev; Crăcăoani -
Cracăul Negru, 15 martie 2008; Gh. Ţigău

∗

        Ţa-ţa-ţa, căpriţă, ţa,
Joacă, joacă, joacă-aşa!
Fugi, babă, de lângă mine,
Că reped cu bâta-n tine!

- Măi, moşnege, barba ta,
Face-s-ar o badana,
Badana de văruit,
Barba ta, de zgâlţâit!
    Ţa-ţa-ţa, nu sta pe loc,
Treci, căpriţă, la mijloc;
    Ţa-ţa-ţa, unde te tragi,
Că ţi-o da moşu' mulţi franci;
    Ţa-ţa-ţa, unde te duci,
Că amuşi ţi-oi da doi drugi!

Nicolae Archir, 51 de ani; Târgu-Neamţ
(Humuleşti), 1977;
CED

*

Negustorul: Moşule, ţi-i de vânzare
capra?
Moşul: Mi-i de vânzare, măi băiete...
Negustorul: Şi cât ceri pe ea?
Moşul: O mie şi-un leu,
C-aşa mi-a zis tătuţul meu.
Negustorul: Lapte... lapte dă?
Moşul: Ia să vezi:
Şşşt, şşşt, şşşt!
Negustorul: De-mpuns, împunge?
Moşul: Na-na-na, căpriţă, ţa,
Dă în el cu coarna ta!
Negustorul: Destul... hooo!
Moşul: Ţa-ţa-ţa, căpriţă, ţa,
Stai cuminte, uite-aşa!...
Negustorul: Din copită dă?
Moşul: Aaa... încă ce dă!
Negustorul: Să joace, ştie?

110

Moşul: Ia să vezi:
Ţa-ţa-ţa, căpriţă, ţa,
E cu lapte şi-a făta
Şi-i cu ied alăturea;
Capra mea îi din Bejeni
Şi-i hrănită cu strujeni;
La cireşul retezat,
Capra mea s-a dat culcat;
La cireşul din cărare,
Capra mea s-a dat sculare.

Ioan Salomir, 69 de ani; Răuceşti -Oglinzi,
1982; CED

STRIGĂTURĂ LA CERB

Vine cerbul din Carpaţi
Şi mai are şapte fraţi;
Joacă cerbul cum îi spun,
Că-i mai dau un braţ de fân;
La păscut, la rugi de mure,
Vine cerbul în pădure;
Hai, cerbule, la stăpân,
Că ţi-oi da un braţ de fân!
Cerbul cu pinteni bălţaţi
Coboară de prin Carpaţi;
Îl jucăm, îl lăudăm,
În Carpaţi iar îl urcăm;
Cerbul e-mbrăcat cu flori
Şi joacă prin Vânători;
Joacă cerbu-n Nemţişor,
Ca să placă fetelor.
Cerbule cu stea în frunte,

Hai te urcă iar în munte!
    Na-na-na, cerbule, na,
    Na-na-na, cerbule, na!

STRIGĂTURĂ LA CĂIUȚI

Hai, la rând, la rând,
Cu căiuții alergând!
Calul meu îi lucitor
Şi l-am săcelat cu spor;
Eu mi-l iau de dimineață
Şi mi-l duc la iarbă creață,
Ca să-l satur burdușel,
Şi să-ncalec iar pe el.
Foaie verde mentă creață,
Caii noştri, față-n față;
Foaie verde, fori de nucă,
Dați-i drumul să se ducă!
Se uită lumea la ei,
Caii mei ca nişte zmei;
Şi tot ies muieri în prag,
Şi mi-i tot privesc cu drag.
Dați cordelele pe spate,
La anul cu sănătate;
Foaie verde lemn sucit,
Caii mei au obosit!

Vasile Marcu, (?) Urecheni, 1980
CED

STRIGĂTURI LA JOCUL ARNĂUȚILOR

Hai, la rând, la rând, la rând,
Ca cucoarele la cârd;
Cine nu se dă la rând,
Rămâne, seara, flămând,
Dimineața-ntotdeauna,
Peste zi, într-una-ntr-una.
Foaie verde lemn de brad,
Cernuta pe scuturat!
Vai de mine, ce-am uitat,
Trilișește n-am jucat,
Înapoi să ne-nturnăm,
Trilișește să jucăm;
Trilișește ca la munte,
Aș juca și nu știu unde;
Trilișește ca la câmp,
Aș juca, dar nu știu când!
Sus piciorul, ăsta-i dorul,
În grădină, ca bujorul;
Sus piciorul, dat-ai sorții,
Că ne-apucă miezul nopții!
Las'-așa, s-o iau și eu,
Urcai dealul pe pârău,
Dealul urcă și coboară,
Dorul mândrei mă omoară;
Dorul mândrci ccl dorit
Stă în tindă-ngrămădit;
Și m-am dus și eu aseară
Dar m-a dat din tind-afară.
Față-n față, roșiori,

Că vin fetele cu flori,
Seara, pe la şezători;
Şi-o veni şi-a mea mândruţă
Dezbrăcată şi desculţă,
C-o poală de scânteiuţe.
Hai, mândruţo, după mine,
Că tare ţi-o merge bine;
La moară nu te-oi mâna,
Nu te-i duce, n-oi mânca!
Şi iar verde, mentă creaţă,
Arnăuţii, faţă-n faţă!
Şi iar verde baraboi,
Arnăuţii, câte doi,
Înainte şi-napoi;
Şi iar verde linte creaţă,
Arnăuţi, din nou, în faţă!
Şi iar verde bob mărunt,
Arnăuţi, din nou, la rând,
Să vă spun câte-un cuvânt,
Cu leşeasca la pământ!
Şi iar verde solz de peşte,
Patruzeci'patru leşeşti,
Patruzeci de ungureşti;
Şi iar verde fir ovăz,
Dorul mândrei m-a dat jos;
Şi iar verde de secară,
Dorul mândrei mă omoară,
Aş juca până la vară;
Şi iar verde spic de grâu,
Aş juca, dar nu mai ştiu;
Şi iar verde de măr copt,
Aş juca, dar nu mai pot.
Voi, voinici, de la Carpaţi,
O comandă mi-ascultaţi

Şi jocul să-l încetaţi!

Vasile Irimia, 67 de ani; Urecheni, 1980;
CED

*

Vai de mine, ce-am uitat,
Trilişeşte n-am jucat,
Iar acuma să-ncercăm
Trilişeşte să jucăm,
Trilişeşte şi-o-nvârtită,
Ce stai lele-ngrămădită,
Grămădită-ntr-un ungher,
De frica unui oier!
Foaie verde baraboi,
O-nvârtită şi-napoi;
Şi iar foaie de una,
Hei, întoarnă la stânga;
Şi iar foaie lemn de prun,
Arnăuţi, stânga-mprejur;
Şi iar foaie mentă creaţă,
Arnăuţi, faţă la faţă,
Răsucind câte-o mustaţă,
Învăţăm a strânge-n braţe
Câte-o copilă isteaţă!
Decât în braţe strângeai,
Mai bine-o boală zăceai,
Că de boală zaci, te scoli,
De urât, te-ataci şi mori.
Foaie verde măr mustos,
Arnăuţii, cum aţi fost;
Şi iar foaie solz de peşte,
Cinzeci, sus; cinzeci, leşeşte;
Iar acum, când vor veni,

Numai cinzeci om sări!

(Se execută săriturile după comandă, pe muzică, apoi arnăuții se orientează spre dreapta, reluând dansul lor cu altă comandă):

Solz de peşte, solz de peşte,
După mine-arnăuţeşte;
Lemn de prun, lemn de prun,
Arnăuţi, stânga-mprejur;
Untdelemn, untdelemn,
Mână cu mână să dăm,
Horă mare să facem,
S-aratăm ce minte-avem!
Măr mustos, măr mustos,
După mine, cum aţi fost!

Ioan Agăpescu, 85 de ani; Bălţăteşti –Valea Seacă), 1984;
CED

SORCOVA

Sorcova,
Vesela,
Peste vară,
Primăvară,
Să-nfloriţi,
Să mărgăriţi
Ca un măr,
Ca un păr,
Ca un fir
De trandafir,

Tare
Ca piatra,
Iute
Ca săgeata,
Tare
Ca fierul,
Iute
Ca oțelul!
La anul
Și la mulți ani!

*

Sorcova,
Morcova,
Dă-mi, jupâne,
Roșcova,
Stele,
Mărunțele,
Tranca,
Fideleașule!
Sâc,
Fâstâc,
Dă-mi paraua
Să mă duc!
Anul Nou cu fericire
Vă dorim
Și cu-nflorire,
Ca merii,
Ca perii
În mijlocul verii!

Ion Negru, 78 de ani, Tarcău, 19 aprilie,
200;
CGȚ

POEZIA OBICEIURILOR LEGATE DE MOMENTELE IMPORTANTE DIN VIAŢA OMULUI

Momentele importante din viaţa omului (naşterea, nunta, moartea) sunt însoţite ş i acestea de numeroase obiceiuri, antrenând întreaga comunitate sătească.

Cântecele de leagăn iau forme simple, au puternică forţă emotivă, sunt senine, duioase, exprimând aşteptările şi năzuinţele părinţilor cu privire la viitorul copiilor.

Şi în comunităţile nemţene, *nunta* constituie o manifestare artistică exuberantă, însoţită de o bogată producţie literară. Acest eveniment ia forma unui spectacol, în care personajele principale sunt mireasa şi mirele, socrii, nunii, vorniceii, druştele ş i starostele (vornicul, stolnicul), fiecare cu un rol bine stabilit.

Momentele importante ale nunţii sunt însoţite de specia literară numită *oraţia de nuntă*, care cunoaşte mai multe subspecii: cea care se referă la *mersul la mireasă, oraţia schimburilor, oraţia de colăcărie* şi *oraţia la masa mare*, toate rostite de staroste, când mirele ş i mireasa schimbă daruri între ei, când cei doi îşi iau rămas-bun de la părinţi, când alaiul mirelui soseşte la poarta miresei ş i, în cele din urmă, când starostele (vornicul, stolnicul) stimulează oferirea darurilor ş i apoi le mulţumeşte nuntaşilor pentru ele, în numele mirelui.

În colectivităţile tradiţionale nemţene, şi *moartea* îi priveşte pe toţi. Despărţirea de cel mort se face aici printr-un ceremonial amplu şi prin *bocete*, lamentaţii improvizate, nu totdeauna versificate, pe o melodie jalnică. În satele nemţene care păstrează încă forme de viaţă tradiţională, nu se poate concepe o înmormântare fără bocete, rostite, pe alocuri, de bocitoare profesioniste.

Descântecele datează din vremuri imemoriale, acelea ale creării miturilor, când omul trăia într-o lume a enigmelor. Vrăjile, farmecele, desfacerile sunt practicate încă şi în ţinutul nostru, fiind însoţite de formule verbale, cărora li se atribuie o forţă magică de mare eficienţă.

CÂNTECE DE LEAGĂN

Dormi, fetiţă somnoroasă,
Să-mi creşti mare şi frumoasă,
Să fii dragă orşicui!
Nani, nani, pui!
Dormi cu mama, băieţel,
Să-mi creşti 'nalt şi subţirel,
Şi frumos cum altul nu-i!
Nani, nani, pui!
Somnul dulce şi cuminte
Vine-ncet să te-alinte,
Fără ştirea nimănui!
Nani, nani, pui!

Paraschiva Coţofan, 56 de ani; Timişeşti -Plăieşu, 1981;
CED

*

Nani, nani, puişor,
Să creşti mare, dor-o-dor,
Ca un tânăr brădişor,
Că mama te-o legăna
Şi în floare te-o scălda,
Şi la soare te-o purta,
Ca să-ţi dea sclipirea sa;
Şi la Cer te-oi ridica,
Ca să-ţi dea blândeţea sa;
Şi pe munte te-oi urca
Ca să-ţi dea tăria sa!
Nani, nani, puişor!

Maria Savin, 64 de ani; Târgu-Neamţ, 1978;
CED

*

Nani, nani, puiul mamii,
Că mama te-o legăna
Şi din gură ţi-o cânta!
Nani, nani, puişor,
Dormi cu mama somn uşor,
Să creşti, puiule, voinic,
Să n-ai teamă de nimic!
Nani, nani, voinicel,
Dragul mamei băieţel,
Să creşti mare, puişor,
Să fii mamei de-ajutor!
Nani, nani, puiul mamii!

Maria Stănoaie, 49 de ani; Pipirig, 1982;
CED

*

Nani, nani, puiul mamii,
Nani, nani, copilaş,
Dragul mamei îngeraş,
Să trăieşti, să te faci mare
Ca domnul Ştefan cel Mare;
Să fii vrednic la război,
Să scapi ţara de nevoi!
Nani, nani, puiul mamii,
Nani, nani, copilaş!

*

Nani, nani, na,
Dormi, copila mea!
Nani, nani, na,
Dormi copila mea!
După scaldă-n flori de duzi,
În somn adânc te scufunzi!
Nani, nani, na,
Dormi copila mea!
Dormi, copiliţă şi visează frumos,
În somnu-ţi duios!
Nani, nani, na,
Dormi copila mea!
Cântecul veşnic şoptindu-ţi aşa,
Vise plăcute te-or legăna.
Nani, nani, na,
Dormi, copila mea!

Elisabeta Roşu, 97 de ani;
Târgu-Neamţ (Ţuţuieni), 1978; CED

*

A-a-a-a-a,
Somn uşor,
Scump odor,
Lângă tine voi sta
Toată noaptea;
Cu dor
Eu te-oi legăna!
A-a-a-a-a!

Ioan Savinescu, 82 de ani;
Târgu-Neamţ (Humuleşti), 1980;
CED

ORAŢII DE NUNTĂ

MERSUL LA MIREASĂ

Bună ziua, bună ziua, socru mare,
Te cunoşti după-nsemnare
Că eşti socru mare,
Că, de n-ai fi,
Aşa de tare nu te-ai mândri;
Dar despre noi, poţi să te mândreşti,
Te-om vedea la urmă ce plăteşti
Şi cât de mare socru eşti !
Că noi suntem noi,
Nu de-o pănură cu voi,
Noi suntem cu puştile-ncărcate,
Nu ca voi, cu gurile căscate
Şi pălăriile-n fund sparte.
Noi tot răsăritul l-am colindat.,
Pustiuri mari am călcat,
Munţi cu piatră,

122

Pârâuri cu apă,
Livezi cu păpuşoi
Şi-am ajuns aici, la voi.
De ce vă uitaţi urât la noi ?
Că cine sunteţi dumneavoastră,
Să luaţi sama noastră ?
Iară, dacă vreţi să ştiţi
Cine suntem
Şi ce cătăm,
Noi samă avem să dăm,
Dar să ne-ntrebaţi omeneşte,
Să vă răspundem gospodăreşte;
Să ne întrebaţi încet
Şi vom spune şi noi drept;
Să nu ne luaţi vorba-n grabă,
C-aşa nu-i lucru de treabă;
Că, de vi-ţi grăbi,
Nimică nu-ţi folosi;
Că, de multe ce-s şi dese,
Nu le-om mai spune alese.
Şi-acum să vă dăm de ştire
Despre a noastră venire,
Că jupânului nostru mire
I-a venit vremea de-nsurat.
În zori de zi s-a sculat,
Faţa albă şi-a spălat,
La icoane s-a-nchinat,
Apoi frumos s-a-mbrăcat
Cu cojoc mare, frumos,
Ca Vodă din Ţara de Jos,
Şi cu cuşmă ţărănească,
Fetele să-l îndrăgească,
Oamenii să-l omenească
Şi în pace să trăiască.

Apoi flintă şi-a-ncărcat,
Din bucium a buciumat,
Văile au răsunat,
Munţii capu' şi-au plecat
Şi la dânsu' s-a-nchinat;
Apele s-au tulburat,
Soarele s-a arătat,
Mulţi voinici s-au adunat,
De prin munţi şi de prin sate,
Trei sute şi jumătate,
Toţi cu puştile-ncărcate,
La brâu cu pistoale bune.
Feţi-Frumoşi ca din cea lume
Am ieşit l-a lui chemare
Şi, în răsărit de soare,
Am plecat la vânătoare
Şi-am vânat în Ţara de Jos,
Că prin munţi şi pe poteci
Vânasem fără de nici un folos;
Găseam numai capre mici,
Prin văgăuni şi hârtopi,
Găseam numai iepuri şchiopi,
Veveriţe cu ochi mici,
Prin gârle, numai arici;
Apoi iară ne-am întors
Printr-un codru-ntunecos
Şi cu dorul de vânat
Toată lume-am colindat;
Şi-am cutreierat
Cerul cu stele,
Văi cu viorele,
Păduri mari şi înverzite
Câmpuri multe şi-nflorite,
Dumbrăvi cu izvoară,

Cine bea pe loc să moară
Şi, de nu se-nsoară, piară
Şi jupânul nostru mire !
Fiind tare însetat,
La un izvor s-a plecat
Şi setea şi-astâmpărat.
Dar, aproape de izvor,
S-a poticnit de-un picior
Şi-a zărit o urmă de fiară;
Toţi vânătorii se speriară,
De asta-s galbeni ca ceară
Şi se ţin de gard, să nu moară.
Atunci, mirele, supărat,
Mult pe gânduri n-a mai stat,
Bucium la gură a pus,
Pe noi la un loc ne-a strâns,
Ca să stăm, să dezlegăm:
Poate nu-i urmă de fiară,
Poate-i urmă de fecioară,
Care pe noi ne-a pocit
Şi-n codru ne-am rătăcit.
Unii-au zis c-o fi de fiară
Şi pe noi vrea să ne piară;
Alţii, că-i de fecioară,
Mirelui de soţioară,
O frumuseţe din rai
Şi mirelui de bun trai;
Că-i urmă de fată mare
Că s-a prefăcut în floare
Şi creşte-ntr-o grădină
În altă ţară străină,
Şi tot creşte şi-nfloreşte
Dar, de rodit, nu rodeşte
Şi mai rău se veştejeşte,

Că nici locul nu-i prieşte.
Cei mai buni cunoscători,
Dintre vânători,
Am spus cu drept,
Cu mâna la piept,
Că-i urmă de huhurez,
Dar pe dânşii să nu-i crezi.
Atunci, nunul mare,
Cu grija-n spinare,
Călare pe-un cal
Ca un Ducipal,
S-a ridicat în scări,
Şi s-a uitat în zări,
Şi-a făcut ochii roată
Peste oştirea toată;
Din degete a plesnit
Într-un picior s-a-nvârtit
Şi ne-a poreclit
Cu nas turtit,
Mici de stat,
Buni la sfat,
Şi ne-a poruncit, răstit,
Pe cai să-ncălecăm,
La dumneavoastră s-alergăm,
Floricica s-o căutăm,
Lui să i-o aducem.
Pe cai am încălecat
Şi am plecat pe aripa vântului
În jurul pământului,
Pe lumina soarelui
Şi semnele cerului,
Cântând şi chiuind,
Din pistoale pocnind,
Caii nechezând,

Din potcoave scăpărând
Şi ca ziua luminând.
Aici, când am ajuns,
Semnele ni s-au ascuns;
Pe loc am descălecat
Floricica am căutat
Şi-am văzut-o la fereastră,
La casă, la dumneavoastră;
Acum floricica să ne-o daţi,
Că, de nu, de noi nu scăpaţi;
Că noi n-am venit cu mânie,
Nici cu arme de sfâşie,
Am venit cu hârleţe de-argint,
Să scoatem floricica din pământ,
S-o scoatem cu rădăcină,
S-o punem la noi în grădină,
Ca să fie gospodină.
Acolo o şi înflori
Şi, de rodit, o rodi,
Şi pământul i-o prii
Şi tare bine i-o fi.
Poate dumneata, socru mare,
Cu grija-n spinare,
Crezi că suntem hoţi
Şi tâlhari ne socoţi,
Dar noi avem întâlnire
De la jupânul mire.
Cine ştie carte
Să steie deoparte,
Cine nu, să nu citească,
De noi să nu se ferească,
Că, de nu, o fi ruşinea noastră
Şi ocara dumneavoastră.
Vrem un cărturar mintos,

Ca să nu citească pe dos;
Vrem unul cu sprâncene sure,
Să nu ne țină până mâine,
Să fie cărturar înțelept,
Să ne citească cartea drept;
Să știe carte nemțească,
Cam așa să ne-o citească:
- Buți cu vin, care cu fân,
Vaci lăptoase, câmpuri mănoase,
Zestre frumoasă,
Câte-o năframă de in
Ca să ne fie voia deplin,
Ca s-o legăm la beție,
Să ne ștergem la mustață,
Dar să fie de aici, din casă,
De la jupâneasa mireasă,
Să nu fie împrumutate,
Să pățim vreo nedreptate,
Că noi suntem noi,
Nu de-o pănură cu voi !
Voi veți rămâne cu sfatul
Și noi vom mânca colacul;
Decât să ne mâniem,
Mai bine să ne-mpăcăm
Și colacul să-l schimbăm,
Și la urmă să-l rupem,
Să-l mâncăm
Și la alții să nu dăm,
Pofta să le-o stricăm.
Să ne dai o traistă de prune uscate,
S-o azvârlim în cele guri căscate;
Mai dă-ne și o găluşcă,
Că se-ngrămădesc la uşă;
Să ne omeneşti tare bine,

Sătul să nu iasă nimeni;
Să nu ne dai băutură,
Că se-ncurcă limba-n gură;
Nu ne-ndemna cu mâncare,
Că ne strici mestecătoarea !
Noi am sta şi-am mai ura,
Că mai ştim câte ceva,
Dar n-avem unde descăleca
Şi nici la cai ce le da;
Noi suntem oameni vestiţi,
De toată lumea iubiţi
Şi suntem vreo două sute,
Cu jupânul mire-n frunte;
Să ne aşterneţi lăicere
Să descălecăm ca boierii;
Să ne aşterneţi scoarţe,
Să descălecăm ca gospodarii;
Pe jos presăraţi busuioc,
Să fie-ntr-un ceas cu noroc !
La cai să daţi otavă
Cosită-n dumbravă,
Cosită-n joia verde,
Adunată-n sărbători
De două fete, surori !
Caii să mănânce,
Din cap să nu miște,
Apă să beie,
Din cap să nu deie !
Poftim paharul,
Cinsteşte, socru mare,
Să nu-ţi fie cu supărare,
Că ce s-a făcut
Nu-i de desfăcut;
Că, dacă-i tăcea,

Să dai boi şi cai câte-o pereche,
Zestre bună şi trei vaci,
Să strângi din umeri, să taci,
Bucluc nu-i avea,
Tare bine te-ai ţinea
Cu vin din butoi,
De care cinstim şi noi;
De bei un pahar,
Îţi pare amar,
De mai bei câteva,
Îţi vine a juca,
Zi-i să-nceapă muzica !
Să băgăm hora în casă
Că-i destul de azi-dimineaţă,
S-o-ncepem încetişor,
Să ne legănăm uşor;
Uşurel ca să călcăm,
Să nu ne împiedicăm,
C-aici, unde am intrat,
E gunoiul cam înalt,
Că de mult nu-i măturat !
Astăzi, nuntă, mâine, hram,
Poale la cămaşă n-am;
De mai ţine şi poimâine,
Dau cămaşa de pe mine,
Să cânt, să mă veselesc,
Să uit greul ce-l trăiesc;
Şi, dacă nu scap de tot,
Să uit atâta cât pot !
Când joc şi când mă petrec,
Parcă şi grelele trec.
Urâtă-i femeia mută,
Care nu cântă la nuntă,
Nici nu cântă, nici nu joacă,

Numai şade şi se-ndoapă,
Dar eu beau, şi joc, şi cânt,
Că de asta-s pe pământ,
Că rachiul n-are câlţi,
Să rămână printre dinţi.
De s-ar ţese pânza-n baltă,
Fără iţe, fară spată,
Bine-ar mai fi măritată,
Dar spata şi iţele
Îţi mănâncă zilele.

Gheorghe Catană, 68 de an;
Borca-Sabasa, 4 ianuarie 1975
Gh. Ţigău

*

- Bună ziua, cinstiţi socri mari!
- Mulţumim, dumneavoastră,
cinstiţi gospodari!
- Ce umblaţi, ce căutaţi?
- Ce umblăm, ce căutăm?
La nimeni sama nu dăm,
Căci, prin câte case şi sate am colindat,
La nimeni sama n-am dat;
Cine sunteţi dumneavoastră,
Să ne luaţi sama noastră?
Fiindcă ne-aţi luat cu încetul,
Laăsaţi-ne, încet, încet, încetişor,
Ca să vă spunem cuvintele cu adevăr,
Că, de multe ce sunt şi dese,
Vi le-om spune toate, pe fir alese:
Tânărul nostru împărat
De dimineaţă s-a sculat,
Faţă albă a spălat,

131

Haină nouă-a îmbrăcat,
Calul a încălecat
În trâmbiţă a sunat,
Mare oaste-a adunat
Şi, la răsărit de soare,
Au plecat la vânătoare,
Să vâneze în satul de sus,
Dinspre apus,
În văile cu floricele,
În satul cu fetele.
Când ieşiră la drumul cel mare,
Dădură de-o urmă de fiară;
Unii dintre vânători,
Fiind buni cunoscători
Au zis că ar fi urmă de zână,
Să-i fie împăratului cunună;
Alţii au zis că ar fi urmă de căprioară,
Să-i fie fiului de împărat soţioară;
Şi socrul cel mare, cu grijă mare,
Stând călare pe cal, ca pe-un Ducipal,
Se ridică în scări, se umflă în nări,
Încoace privi şi-aicea zări,
O floricică foarte frumoasă;
Văzând că nu rodeşte,
Că locul nu-i prieşte,
Ne-a ales pe noi, şase bărbaţi tari,
Călare pe armăsari,
Chiuind şi din pistoale pocnind,
Cu bucurie la voi sosind:
Ori floricica ne-o daţi,
Ori de noi nu scăpaţi;
Am venit cu sape de argint,
Să scoatem floricica din pământ;
S-o scoatem cu rădăcină,

S-o ducem la împărat, în grădină;
Acolo să rodească, locul să-i priască;
Să nu se mai ofilească.
Ascultă, socrule mare,
Dacă crezi că suntem nişte tâlhari,
Avem carte de la-mpărăţie;
Cine ştie limba latinească,
Să poftească, s-o citească!
Dacă nu, aduceţi un popă cu barba rară,
Ca să ne ţineţi aici până diseară;
Să fie barba ca fusul
Şi să ne daţi cât mai curând răspunsul,
Căci dorinţa noastră este să ne daţi
Şase pahare cu vin, şase năframe de in,
Cusute toate cu fir;
Toate să fie cusute şi cu mătase,
Dar să fie de-aicea, din casă,
De la prea frumoasa mireasă;
Să nu fie de la vreao vecină,
Să mai păţim vreo ruşine,
Că, atunci, ar fi ruşinea noastră
Şi ocara dumneavoastră.
Ascultă, socrule mare:
Ce-am făcut nu mai este de desfăcut,
Lărgeşte casa, întinde masa,
Taie repede un tăuraş
Şi dă mâncare la nuntaşi!
Cinstiţi socri mari,
Vă închinăm doi colaci de grâu,
Frumos împletiţi
Pentru dumneavoastră pregătiţi,
Şi-o butelcă de vin de la Odobeşti,
Ca să te veseleşti;
Mai închinăm şi-o casâncă de mătase

Pentru soacra cea mare aleasă!
Poftiți, primiți și nu bănuiți!

Vasile Bejan, 84 de ani;
Borca, 10 februarie 2009;
Gh. Țigău

ORAȚII DE COLĂCĂRIE

(Este rostită de stolnic, în prag, la mireasă.)

- Bună ziua și bine v-am găsit,
Luminate împărate!
Bănuiesc că nu v-am supărat,
Că aici, în curtea dumneavoastră, am intrat,
Dar noi n-am făcut pe prostul,
Să venim de capul nostru,
Ci al nostru fiu de împărat
(La care arată spre mire.)
Aseară, când s-a culcat,
A visat că la această casă
Este floarea lui aleasă
Și de aceea, s-a păstrat
Nebăut și nemâncat,
Numai bun de însurat.
Dumneavoastră să nu bănuiți,
În casă să ne poftiți,
Floarea să ne-o dăruiți
Și-ntru mulți ani să trăiți!

*

Prin păduri, bumbacul roș,
Ne-am luat ce-a fost frumos;

Prin păduri, bumbacul alb,
Ne-am luat ce ne-a fost drag.
Ia te uită cum se uită,
Parcă n-a văzut o nuntă!
Uiu-iu, uiu-iu, uiu-iu,
Floare-aleasă-a căutat
Şi cu ea s-a cununat,
Apoi în faţa dumneavoastră s-a prezentat;
Dumneavoastră, dragi părinţi,
Vă rugăm să nu bănuiţi
Şi-acuma să îi primiţi,
După tradiţie, cu pâine şi sare,
Cu vorbe dulci şi cu iertare!

Maria I. Ghiuzan, 74 de ani; Tămăşeni -Adjudeni,
5 decembrie 2008;
Gh. Ţigău

ORAŢII DE IERTĂCIUNE

Frunzuliţă, foi şi-o fragă,
Uite ce mireasă dragă,
Cu beteală-mpodobită
Şi spre soţul ei pornită!
Părăseşti mamă şi tată
După neica ce ţi-e drag;
Părăseşti fraţi şi surori,
Şi grădiniţa cu flori;
Zâmbetul dispare-ndată,
Inima, înlăcrimată,
Când de sat tu te desparţi
Şi de noi vă-nstrăinaţi.
De ţi-am greşit noi, vreodată,

Te rog, surioară, iartă,
C-aşa este între fraţi:
Tot te cerţi şi iar te-mpaci;
Nu mai suntem împreună,
Să muncim cu voie-bună;
De azi soarta ne desparte,
Tu mereu, aşa departe;
Mică tu când erai
Şi în leagăn de plângeai,
Mama mi te legăna
Şi din gură îţi cânta:
- Dormi, fetiţo, dormi în pace,
Tu, mare când te vei face,
Vei fi dragă orişicui
Şi, mai ales, soţului !
Împreună am trăit
Şi cu drag noi te-am iubit,
Iar acum te-ndepărtezi,
Altă cărare-ţi urmezi.
Sufletele, sfărâmate,
Inimile-nlăcrimate,
Lângă noi tu nu mai eşti,
Te măriţi, ne părăseşti.
Surioară, tu, cea mare,
Ai deschis o nouă cale;
După tine, în curând,
Vom păşi şi noi, pe rând;
Viaţa-aşa este făcută:
Cin-se naşte se mărită;
Noi trebuie să aşteptăm,
Dorul drag ca să-l luăm.
Ai lăsat în urma ta
Părinţi care lăcrima,
Că fiica cea mai mare

Se îndepărtează tare.
Gospodină bună fii
Şi la socri tu să ţii,
Că ţi-au dat şi-un soţ frumos,
Mândru, vrednic şi mintos;
Copilaşii, de-or veni,
Tu cu drag îi vei griji.
Să-ţi iubeşti mamă şi tată
Şi pe socri totodată;
Să-ţi iubeşti şi soţul tău,
Că-i ales de Dumnezeu !
Să trăiţi în fericire
Şi mereu în bucurie;
Voi să nu vă-ndepărtaţi,
Că pe viaţă-aţi fost legaţi !

Anişoara Jimborean, 32 de ani; Poiana Teiului,
Poiana Răchiţii, 26 decembrie 1994
CGŢ

*

Să vă ajungă voie-bună,
Cinstiţi socri mari !
Vi se roagă tinerii, dumneavoastră,
Vi se roagă cu plecăciune
Ca să le daţi iertăciune !
Vi se roagă ca să-i iertaţi
Şi să-i binecuvântaţi,
Că mai-marele şi puternicul
Dumnezeu, luni, zi întâi,
A făcut soarele şi pământul;
Marţi, a făcut moşiile
Şi toate câte sunt într-însele;
Miercuri, a făcut soarele şi luna

Ce-o vedem totdeauna;
Joi, a făcut Dumnezeu
Pe strămoşul Adam,
Cu trupul din lut,
Cu sângele din mare,
După chipul şi asemănarea
Sfinţiei sale.
Şi, văzând Dumnezeu,
Că omul nu poate trăi singur,
I-a dat seamăn
Strămoşului nostru, Adam,
Şi, după ce l-a adormit,
I-a rupt o coastă
Din partea stângă
Şi-a făcut din ea
Pe strămoaşa noastră, Eva.
Apoi a aşezat-o lângă Adam
Şi, când s-a trezit acesta,
Groaznic a strigat:
- Ce este asta, Doamne ?
 Dumnezeu a zis:
- Nu te-nspăimânta, Adame,
Că asta este
Carne din carnea ta
Şi os din osul tău,
Ce-ţi va fi soţie,
Şi veţi fi un trup !
Apoi i-a blagoslovit
Să se înmulţească.
Şi se înmulţiră;
Ca iarba pământului,
Ca frunzele codrului,
Ca nisipul mării,
Ca stelele cerului,

Până când veni rândul
Şi acestor doi tineri,
Ce stau cu frunţile plecate,
Cu feţele ruşinate
Şi vi se roagă dumneavoastră
Să-i iertaţi
Şi să-i binecuvântaţi,
Aşa cum a binecuvântat
Dumnezeu pe Adam,
De i-a-nfrunzit toiagu-n mână !
Aşa cum a binecuvântat Dumnezeu
Pe cei doisprezece patriarhi,
De le-a-nfrunzit coroanele
Pe capetele lor,
Tot aşa şi dumneavoastră,
Cinstiţi părinţi,
Să-i iertaţi şi să-i binecuvântaţi !
Căci binecuvântarea părinţilor
Întăreşte viaţa fiilor,
Căci Dumnezeu a lăsat
Ca feciorul sau fecioara
Să lase pe toate şi pe mama sa,
Să se lipească de soţul sau soţia sa
Şi să fie amândoi un trup.

Ion Cajban, 90 de ani,
Borca, 10 aprilie 1972
CGŢ

*

- Bună ziua, cinstiţi socri mici şi socri mari!
Se roagă fiii dumneavoastră,
Se roagă cu plecăciune,

Să le dați iertăciune
Şi să-i binecuvântați!
Mai marele şi puternicul nostru Dumnezeu,
Luni, a făcut cerul şi pământul;
Marți, a făcut marea şi toate câte sunt în ea;
Miercuri, a făcut soarele şi luna,
Pe care le vedem întotdeauna;
Joi, a făcut pe strămoşul nostru Adam,
Cu trupul din lut, cu sângele din mare,
După chipul şi asemănarea Sfinției Sale.
Şi, văzând Dumnezeu că omul
Nu poate trăi singur pe pământ,
I-a dat somn strămoşului Adam
Şi, după ce l-a adormit,
I-a scos o coastă din partea stângă
Şi a făcut din ea pe strămoaşa Eva,
Şi a aşezat-o lângă Adam.
Când Adam s-a deşteptat,
Groaznic s-a înspăimântat
Şi a zis că ce este aceasta, Doamne;
Iar Dumnezeu a zis că aceasta este os
Din osul tău, carne din carnea ta,
Sânge din sângele tău, soție se va chema
Şi veți trăi amândoi o veşnicie.
Şi i-a blagoslovit Dumnezeu să se-nmulțească
Şi s-au înmulțit ca florile câmpului,
Ca nisipul mărilor, ca stelele cerului,
Până când a venit rândul şi acestor tineri,
Care stau cu genunchile plecate
Şi fețele ruşinate;
Şi se roagă să-i iertați, să-i binecuvântați,
Fiindcă binecuvântarea părinților
Întăreşte casele fiilor,
Iar blestemul părinților risipeşte casele fiilor.

Să-l rugăm pe Dumnezeu
Să dea bine-n loc de rău!
Aşa a lăsat Dumnezeu,
Ca fata să lase pe mama şi pe tatăl său
Să se întâlnească cu alesul inimii ei
Şi să trăiască amândoi
Până la adânci bătrâneţi.
De la cinstita mireasă,
O băsmăluţă de mătase
Şi câteva pahare de vin,
C-aşa-i de la Hristos,
          Amin!

(În timpul iertăciunii, mirele şi mireasa stau în genunchi, cu capul în braţele părinţilor. După iertăciune, ei sărută mâna părinţilor şi aruncă, în formă de cruce, orez sau grâu, ca semn al belşugului.)

Vasile Bejan, 84 de ani; Borca, 10 februarie 2009;
Gh. Ţigău

*

Ascultaţi, cinstiţi nuni mari,
Cinstiţi socri mari,
Puţinele cuvinte
De rugăminte
De la fiii dumneavoastră,
Care se roagă,
Cu smerenie se roagă,
Cu genunchii-ngenuncheaţi
Cu feţele plecate,
Să-i iertaţi,
Să-i binecuvântaţi,

Că binecuvântarea părinţilor
Întăreşte casele fiilor,
Iar blestemele părinţilor
Risipesc casele fiilor.

Varvara Drozman, 86 de ani; Borca (Sabasa), 15
ianuarie 1969;
Gh. Ţigău

*

(Rostite la casa mirelui.)

A venit vremea să se despartă
Fiul dumneavoastră de fraţi, surori, mamă şi tată.
Până acum, poate v-am greşit vreodată,
Cu gândul, cu vorba, cu vreo faptă,
Dar nu s-a pomenit copil să crească
Şi-naintea părinţilor să nu greşească;
Pentru toate greşelile ce vi le-am făcut
Vă cer acum să mă iertaţi şi să mă binecuvântaţi!
Scumpi părinţi, fraţi şi surori
Şi voi, dragi ascultători,
Iată, aceşti copii ai dumneavoastră,
În genunchi căzând,
Din ochi lacrimi curgând,
Vă cer iertare
De greşeli, supărări
Şi celelalte întristări;
Iar dumneavoastră să nu bănuiţi,
Iertare să le dăruiţi,
Ca părinţii să le fiţi,
Întru mulţi ani să trăiţi!

*

(Rostită de stolnic în biserică, după celebrarea căsătoriei.)

Preacucernici părinţi,
Iată, aceşti tineri,
Care au primit al şaptelea sacrament
Al sfintei căsătorii,
În semn de dragoste şi de recunoştinţă,
S-au prezentat la a Sfinţiei Voastre locuinţă,
Aducând câte un mic dar:
În primul rând, un colăcel alb şi frumos,
Atât Sfinţia Voastră cât şi dânşii
Să-l aveţi toată viaţa de prinos;
În al doilea rând, o sticluţă cu băutură spirtoasă,
Care, când serviţi, trece repede prin oase;
Aşa, în casa lor să treacă ura,
Cearta şi mânia,
Iar gândul lor către Dumnezeu să fie!
Iar al treilea dar, o năframă albă şi curată,
Ca, în vieţii grea povară,
Să vă ştergeţi faţa de lacrimi şi sudoare.

Albert M. Meluţ, 79 de ani; Tămăşeni -Adjudeni, 5
decembrie 2008;
Gh. Ţigău

CÂNTAREA LA ZESTRE

(Rostită la plecarea miresei de acasă.)

Taci, mireasă, nu mai plânge,

Ladoi laţi!
Că la mă-ta tot te-om duce,
Ladoi laţi!
Când o face plopul pere,
Ladoi laţi!
Şi răchita, vişinele;
Ladoi laţi!
Înc-atunci şi nici atunci,
Ladoi laţi!
Când o face plopul nuci
Ladoi laţi!
Şi răchita, mere dulci,
La doi laţi!
Nici atunci şi nici atunci!

Maria I. Ghiuzan, 74 de ani; Tămăşeni-Adjudeni, 5 decembrie 2008;
Gh, Ţigău

(Refrenul „Ladoi laţi!" a fost comentat, între alţii, de Dimitrie Cantemir şi Costache Negruzzi, dându-i-se diverse interpretări. Cât ne priveşte, l-am preluat întocmai de la informatoare, care ne-a spus că termenul laţi ar veni de la cerguţa de pe pat care-i din doi laţi de palmă, iar ladoi este lada de zestre a miresei.)

*

Bună seara, bună vremea,
Nuntă frumoasă, horă voioasă!
Ascultaţi, dumneavoastră,
Cinstiţi nuni mari,
Cinstiţi socri mari,
Puţinele cuvinte

De rugăminte:
Iată, se roagă fiica dumneavoastră,
Se roagă cu plecăciune,
Se roagă cu smerenie
Ca să-i dați sfântă blagoslovenie;
Și se roagă cu plecăciune
Să le dați iertăciune,
Să-i iertați,
Să-i binecuvântați
Precum a binecuvântat Dumnezeu pe Avram,
Căci binecuvântarea părinților
Întărește casa fiilor,
Iar blestemul părinților
Risipește casa fiilor!

Veronica Luca, 89 de ani,
Borca-Sabasa, 10 iunie 2001
CGȚ

*

Ascultați, cinstiți nuni mari,
Și gospodari, socri tari,
Puține cuvinte de rugăminte:
Se roagă finii și fii dumneavoastră,
Cu smerenie și blagoslovenie,
Să-i iertați, să-i binecuvântați,
Căci Marele, Puternicul Dumnezeu,
Luni, a făcut cerul și pământul,
Marți, a împodobit cu stele, luceafăr și lună,
Joi, a făcut pe strămoșul nostru, Adam,
Cu chipul din piatră, cu sânge de mare,
Frumusețe de soare, chipul și asemănarea Sfinției
Sale.
Văzând Domnul că nu este bine a locui

Omul singur pe pământ,
I-a dat somn lui Adam,
A rupt o coastă din stânga sa
Şi-a făcut pe strămoaşa noastră, Eva.
Sculându-se Adam din somn şi văzând acestea,
A strigat cu glas tare:
- Ce s-a întâmplat, Doamne?
Domnul i-a răspuns:
- Sunt oase din oasele tale, carne din carnea ta,
Sânge din sângele tău şi se va chema ţie, soţie...
Domnul a blagoslovit să se înmulţească
Ca nisipul mării, ca iarba pământului, ca florile
codrului,
Până va veni vremea acestor tineri,
Care sunt cu genunchile plecate şi cu feţele
ruşinate;
Se roagă să-i iertaţi, să-i binecuvântaţi,
Căci binecuvântările părinţilor întăresc casele
fiilor,
Iar blestemul părinţilor, dezlipesc casele fiilor;
Căci feciorul, fecioara vor lăsa pe mama şi pe
tatăl său,
Vor fi amândoi un trup şi Domnul îi va însoţi,
Ca omul să nu se despartă unul de altul.
De la nunul mare, un ban mare,
De la nuna mare, o basma de mireasă,
Şi de la socri, pahare cu vin,
Că aşa-i de la Hristos, amin!

Ion Agafiţei, 87 de ani,
Mărgineni, 11 februarie 2001
CGŢ

BOCETE

Scoală, dragă, de-aici scoală,
Că s-a făcut ziuşoară!
Scoală, vezi cum te-au gătit,
Nu te-au gătit de trăit,
Ci te-au gătit de pornit,
De pornit pe cale lungă,
Dor de mata să ne-ajungă;
Te-au pornit pe-o cale mare,
De la locul dumitale!
Mândru-i codru şi-nfrunzit,
Tare s-a mai ofilit,
L-ai lăsat şi te-ai pornit;
Mândru-i codru' şi-mpănat,
Tare el s-a mai uscat,
L-ai lăsat şi ai plecat.
Cât ăi mândră lumea,
Cum te-nduri de a pleca?
Când ţi.a fost lumea mai dragă,
Tu te duci în ţărna neagră;
Când ţi-a fost lumea mai dulce,
El ne lasă şi se duce
Şi mi-a pus mâna pe masă,
S-a jurat că el mă lasă;
Şi mi-a pus picioru-n prag
Şi-a jurat că îmi dă larg,
Dar mori, dragă, mori cu bine,
C-om veni şi noi ca mâne
Şi ne-om întâlni toţi odată,
La Înalta Judecată;
Ne-o judeca Dumnezeu,

C-am făcut bine sau rău;
Eu te cânt, tu ne-ai lăsat,
Eu la timp nu m-am culcat,
Tot am plâns şi-am aşteptat,
Nici la masă n-am mâncat.
Pun masa ca să mănânc,
Mă trezesc pe drum plângând;
Când mă pun seara la masă,
Mă trezesc plângând prin casă.
Mai vino, noaptea, prin vis,
Să-mi mai treacă de plâns;
Vino până la pârleaz
Şi mai vezi de-al meu necaz!

Ioan Savinescu, 82 de ani;
Târgu-Neamţ-Humuleşti, 1956;
CED

*

Scoală, drăguliţă, scoală
Şi mai ieşi pe prispă-afară,
Vezi cum plugurile ară!
Scoală, dragă, nu te duce,
Că-napoi nu te-or mai duce!
Ăsta drum cine îl face,
Înapoi nu se întoarce;
Cine pleacă-n ceea ţară,
Tot se-ntoarce-acasă iară,
Cin' se duce-n ceea lume,
El acasă nu mai vine.
Lung îi drumul prin pădure,
Dar mai lung în ceea lume!
Bună casă-ai mai avut,

Mă mir că nu ţi-a plăcut,
Alta nouă ţi-ai făcut,
Fără uşi, fără fereşti,
Mă mir cum ai să trăieşti,
Că n-ai uşă de umblat,
Nici fereastră de uitat;
Nu-i nici soare, nu-i nici vânt,
Numai aburi de pământ;
Pe noi ne-a mânca urâtul,
Iar pe dumneata, pământul.

Casandra Azoiţei, 74 de ani;
Vânători- Mănăstirea Neamţ, 1980;
CED

*

Dragul meu, gospodarul meu,
Cui mă laşi?
C-ăstai drum înşelător,
Nu mai e întorcător;
M-ai lăsat între străini,
Ca pe-o floare între spini;
M-ai lăsat singură-n lume,
Nu mai am milă la nime';
Ăsta-i drum înşelător,
Nu mai e întorcător.
Plângeţi uşi, plângeţi fereşti,
Fără stăpân rămâneţi!

Maria Amarei, 70 de ani;
Târgu-Neamţ (Ţuţuieni), 1983;
CED

*

Mamă, cum te-ai îndurat
De pe mine m-ai lăsat?
M-ai lăsat de mititică,
M-ai lăsat şi singurică,
Că eu nu mai am mămucă.
Cine are mamă, tată,
Nu-i supărat niciodată,
Nu ştie scârba cum îi
Şi-i e dragă viaţa lui.
Eu n-am nici mamă, nici tată
Şi am inimioara arsă...
Mamă, eu te-aş mai ruga
Să faci tu cum îi putea,
Să mai vii şi pe la mine,
Că sunt singură pe lume
Şi n-am milă de la nime',
Dar inima-i arsă în mine
Şi n-am scârba cui o spune
Şi n-am scârba cui o spune!

Maria Stănoaie, 49 de ani; Pipirig, 1984;
CED

*

Toate sunt deşertăciune,
Toate-s praf şi stricăciune,
Căci nici nu ne naştem bine,
Val de necazuri ne vine
Şi-notăm fără-ncetare,
Ca un vâslitor pe mare.
Cu cât vârsta noastră creşte,
Grija încă se-nmulţeşte

150

Şi muncim, şi asudăm,
Ca multe să adunăm,
Iară moartea cea urâtă
Râde de a noastră trudă
Şi de sudoarea cea multă;
Tocmai atunci când gândim
Că mai fericiţi trăim
Şi, după multe nevoi,
Ne trimite înapoi
În pământul ticălos,
De unde am fost noi scoşi
Şi zidiţi de Dumnezeu
După însuşi chipul Său;
Pe toţi, pe rând, ne adună
La acel loc împreună,
Pe unii la bătrâneţe,
Pe alţii, la tinereţe.
Moartea e-n în lume mai mare
Şi pe nimeni prieten n-are,
La bătrâni nu-i e ruşine,
La cei tineri încă vine;
Nu-i e frică de-mpăraţi
De oştiri înconjuraţi;
Nu se teme de voinici,
Nu-i e milă de pruncii mici;
Moartea toate stăpâneşte
Şi peste toate domneşte;
Toate pier, se mistuiesc
Şi nu se mai pomenesc;
Piere ticălosul om
Precum se usuc-un pom;
Rămân cele adunate
Prin osteneli necruţate
Şi îl ducem în mormânt

Cu mai puținel veșmânt,
Cu care ne învelim
Când de toți ne despărțim
Și ne dăm spre putrejune,
O! ce mare-nșelciune!
Cine nu o vrea să creadă
Meargă-n cimitir să vadă,
Unde zac nenumărați
De la-nceput îngropați;
Și să-mi spui adevărat
Care-a fost cel mai bogat,
Care sărac și lipsit
În viață cât a trăit;
Care a fost cel urât
Și de lume ocărât;
Care tânăr și frumos
Și care neputincios...
Toți într-un chip putrezesc
Și-ntr-un chip se mistuiesc;
Unde-i frumusețea care
Multora făcea mirare?
Unde este voinicia,
Unde-i slava și mândria?
Oameni tari, oameni bogați,
Prinți, regi și împărați
Putrezesc ca cei lipsiți,
Depotrivă muriți;
O piatră sau foișor
Acoperă slava lor...

*

Nu mai gândească omul
C-o trăi cât pământul,
Că viața omului

E ca floarea câmpului,
Astăzi este, mâine nu-i,
Căci numai pe neașteptate
Vine Domnul într-o noapte
La casa inimii bogate
Și ne-ntreabă ce-am făcut
În viața ce-o am trăit
Și dac-am împlinit
Din câte-am făgăduit
La botez când l-am primit.
Atunci ne cutremurăm
Și nimic nu răspundem,
Căci în lume cât trăim,
Nimic bun nu săvârșim,
Cu vecinii ne sfădim,
Pe străin nu îl primim,
Pe flămând nu îl hrănim,
Pe-nsetat nu-l adăpăm,
Pe cel gol nu-l îmbrăcăm,
La bolnav nu alergăm.
Fapte bune nu avem,
Străini de Domnul suntem,
Mă mir ce mai așteptăm?!
Dac-am sta și ne-am gândi,
Niciodată n-am râde,
Tot am sta și am plânge,
Căci oricât noi am trăi,
Noi pe-o ușă om veni
Și pe alta om ieși,
Și nimic n-om dobândi;
Și atunci e vai și-amar,
C-am trăit viața-n zadar.
Jale multă-n zbor îmi vine,
C-am avut doi frățiori,

153

Amândoi ca două flori;
Când mai mândru-au înflorit
Şi le era drag de trăit,
Ordin atunci le-a venit
Şi la război au pornit
Şi în luptă au intrat,
Cu duşmani s-au înfruntat
Şi-ntr-un nemilos atac,
Mulţi voinici au mai picat;
Între cei mulţi seceraţi
Au fost şi ai mei doi fraţi;
Ştiu sigur, adevărat,
Că cel mic mort a picat,
Scris în carnet a lăsat
Ca să fie transportat
De pe-acel pământ spurcat
În România-n regat,
Pentru care a luptat
Şi viaţa prea mult şi-au dat;
Şi iar scris el a lăsat
Ca să fie-nmormântat
Lângă-ai lui părinţi, în sat.
Dumnezeu l-a iertat
Şi dorinţa i-a-mplinit,
Căci el aici a venit
Şi rău inima i-a fript,
Când l-am băgat în mormânt,
Dar acum ce se fac eu?
Mulţumesc lui Dumnezeu,
Că-l ştiu în satul meu;
De el dor când m-o ajunge,
La mormântul lui m-oi duce,
Tot oi plânge ş-oi ofta,
Mi-oi răcori inima

Şi oi pune pe mormânt
Câte flori sunt pe pământ;
De la cap pân' la mijloc,
I-oi semăna busuioc
C-a murit în mare foc;
Din mijloc pân' la picioare,
I-oi semăna viorele,
Că a murit de ghiulele,
Unde-au fost lupte mai grele.
Şi de-ai doilea frăţior,
Cel cu părul gălbior,
Tot aşa am auzit
C-a căzut şi el rănit,
Dar mai multe nu mai ştiu
Nici că-i mort, nici că e viu,
Lacrimi îmi curg pân' la brâu;
Câte un oştean când văd
Eu la dânsul mă reped,
De frăţior îl întreb.
Nimeni răspuns nu mi-o da?
Toţi îmi zic mereu aşa:
- Poate o fi undeva...
Mă tem c-o fi în mormânt,
Sub nişte glii de pământ,
De-o ghiulea în piept lovit...

Varvara Drozman, 86 de ani;
Borca -Sabasa, 15 ianuarie 1975;
Gh. Ţigău

*

Hai, bradule, hai,
Cum am să te tai

155

C-o bardă tăioasă,
Să te fac o masă
Şi cu-n fierăstriu
Să te fac săcriu,
Cu săcriu pe masă,
Că e mare jale-n casă,
C-a murit tătuca (mămuca),
L-a luat năluca
Şi l-a dus, l-a dus,
De-aici tot mai sus,
Căci oameni când mor,
Merg în lumea lor,
Din lumea cu dor
În cea fără nor,
Unde nu-i durere
Şi nici întristare,
Ci e veşnicie fără suspinare.
Ia-l, Doamne, la Tine,
C-a făcut mult bine,
Aşază-l la loc luminat,
De sfinţi apărat!

Petru Cazacu, profesor, 70 de ani;
Piatra-Neamţ, 6 martie 2008;
Gh. Ţigău

*

Draga mea, dar ce-ai gândit
De-aşa frumos te-ai gătit?
Nu te-ai gătit de nuntit,
Te-ai gătit de putrezit.
Draga mea, nu te-ndura,
Cuibuşorul nu-l lăsa,
În care-ai crescut pui...

Nu-i lăsa ai nimănui!
Că, Doamne, mult s-or uita
Să te vadă undeva.
Nici satul nu ți-l lăsa,
Că oriunde s-or uita
Nicăieri nu te-or afla!
Draga mea, tu să mai vii,
Ca să te mai uiți la fii,
Vezi, seara, cin' i-o hrăni,
Noaptea, cin' i-o veni,
Dimineaț', când s-or scula,
De mâncare cin' le-o da,
La școală cin' i-or purta!
Vai de fiii fără mamă,
Nimeni nu-i bagă în seamă!
Dac-ar fi ai orșicui,
Ca o mamă nimeni nu-i.
Scoală-te, draga mea, scoală,
Că-i destul somnul de-aseară,
De-aseară, de-alaltăseară,
De când n-ai ieșit afară!
Roagă-te la Dumnezeu
Să deschidă glasul tău,
Ca să-i rogi pe clopotari
Să tragă clopote mari,
Să răsune văile,
Să se-adune rudele,
Rudele și lumea toată,
Care vrea să te mai vadă
Azi, pentru ultima dată!

Elisabeta Bujuraş, 76 de ani;
Pipirig -Boboieşti, 12 ianuarie 2010;
Elena Bujuraş, învăţătoare

*

Scoală, Ană, scoală, scoală,
Că-i destul de-alaltăseară,
Scoală şi nu mai dormi
Că somnul l-oi mai găsi !
Ană, azi-săptămână,
Se plimba moartea-n grădină,
C-un buchet de flori în mână.
Câţi oameni nu a-mbiat
Niciunul nu a luat,
Numai tu te-ai înşelat
Şi florile i l-ai luat;
Ai întins mâna peste prag,
Ca să pleci de un' ţi-e drag;
Ai întins mâna peste masă
Şi ai zis că pleci din casă.
- Ană, Ană un' te duci ?
- Unde-s codri plini de cuci
Şi păsările, cântătoare,
Ce-au venit să mi te-nşele,
Şi te-au luat din astă lume
Şi te-au dus în altă lume.

Natalia Ruscanu, 90 de ani,
Borca, 19 ianuarie 1970
CGŢ

*

Dragul meu, nu te-ndura
Şi de-acasă nu pleca;
Nu-ţi lăsa casa frumoasă
Pentru alta fioroasă,
C-a bătut vântul din jos,

Stâlpul casei ți l-a scos;
A bătut vântul din sus,
Stâlpul casei ți l-a smuls!
Plânge casa și ograda
Ultoanele și livada;
Plâng nepoatele-n ogradă,
Că n-au cum să te mai vadă.
Ieși, măicuță, pân' afară,
S-auzi clopotul cel mare!
Nu sună a nuntă, mamă,
Sună de înmormântare.
Intră, măicuță, în casă
Pune-mi straie de mireasă,
Rochia cea de mireasă
Pune-mi-o doliu la casă,
Iar năframa cea de nună,
Pune-mi-o doliu în mână;
Banii de la lăutari
Să mi-i dai la clopotari;
Druștele să mă bocească,
Vorniceii să jelească,
C-am plecat din lumea voastră,
Că cine pleacă la moarte
Înapoi nu se întoarce!...

Maria Agapie, 62 de ani;
Pipirig-Pluton, 12 ianuarie 2010;
Oana Stănoae, învățătoare

*

Acum o săptămână,
Moartea se plimba-n grădină,
Cu două pahare-n mână;
Și pe toți îi îmbia,

Dar nici unul n-o ştia;
Doar pe Ion l-a găsit
Singurel şi mititel;
S-a îmbiat să le ieie
Crezând că-i o jucărie;
Le-a luat şi a băut
Şi-a căzut jos la pământ,
Ca să nu-l mai bată vânt
Dar nici să nu-l ardă soare,
Numai abur şi răcoare.

*

Scoală-te, femeie, scoală,
Şi-ţi ia mâinile din sân,
Să nu şezi ca un străin;
Ia-ţi ia mâinile de pe piept
Căci te duci şi nu te mai văd !
Cine drumul ăsta-l face
Înapoi nu se întoarce;
Şi de-ai mei mulţi l-au făcut
Şi-napoi n-au mai venit.

*

Frunză verde de-un gutui,
La curţile Garoafei,
Beau boieri şi lipoveni,
La Garoafa, peţitori.
Joi-seara, a logodit,
Dar vineri s-a-mbolnăvit
Şi sâmbătă a murit.
Alior duminic-a venit
Şi la poartă a strigat:
- Ieşi, Garoafă, până-n prag !
Mama Garoafei a ieşit

Cu păr galben, despletit,
Deşirat până-n pământ:
- Alior, fecior de domn,
Pe Garoafa geaba strigi,
Că Groafa-i moartă-n casă,
Aşezată pe o masă,
Gătită ca o mireasă;
Tu pe mine nu mă crezi,
Du-te în casă şi vezi !
În casă, când a intrat,
Ochi spre masă a ridicat,
Jos la pământ a picat
Şi din gur-a cuvântat:
- Vinde, maică, patru boi
Şi ne-ngroapă pe-amândoi;
Vinde, maică, oile
Şi ne fă pomenile,
Plăteşte prohodurile !

Varvara Drozman, 86 de ani;
Borca – Sabasa, 13 ianuarie 1970 *CGŢ*

*

Scoală, megieşă, scoală,
Scoală şi trezeşte-te,
Că ţi-au venit neamurile,
N-au venit să te jelească,
Au venit să îţi grăiască !
Dumneata tăcută eşti,
Cu dânsele nu grăieşti;
Scoală-te din acest pat
Şi haide pe celălalt,
Că acela-i mai frumos,
Ăsta-i rece, friguros !

Scoală-te şi te trezeşte
Şi-i vedea în cas' ce este,
Tot norodul te jeleşte !
Cin' te jeleşte mai tare ?
Copilele dumitale.
Tot zic aşa din guriţă:
- Scoală, scoală, măiculiţă,
Lasă-ne oleacă de miluţă,
S-o răsădim în grădină
Să zicem că avem milă !
Dulce-i, dulce-i frăguţa,
Dar mai dulce-i măicuţa;
De frăguţă te hrăneşti,
Dar măicuţa des doreşti;
Le-ai crescut mari pe copile
Şi le-ai lăsat cu străinii;
Măcar că-s mari şi cuminţi,
Tot li-i greu fără părinţi.
Scoală, megieşă, scoală,
Scoală-te să mai grăim,
Că îndat' ne despărţim;
Nu ştim cum ne-om despărţi,
De mare jale ce-o fi,
De plânsul copilelor,
De mila băieţilor !
Megieşă, mămucuţă,
La ce te duci de-acăsuţă ?
Scoală-te şi te-i uita
Că-ţi rămâne grădina !
Grădina şi livada
De-acum cine le-o lucra,
În ele cin' s-o plimba
Frumuşel ca dumneata?
C-ai fost floare de grădină

Şi cinstită gospodină;
Ai fost floarea florilor,
Cinstea gospodinelor.
Megieşă, ce-ai făcut,
La toţi inima ne-ai rupt ?
Ruptă-i, ruptă-i la oricare,
La copilă-i ruptă tare.
Roagă-te cui te-i ruga,
Roagă-te lui Sfântu' Soare
Să fie ziua mai mare !
Asta-i ziua dumitale,
Zi de toţi despărţitoare,
Zi de lună, zi de soare,
Zi de băieţii matale,
Zi de soare şi de lună,
De toată lume-mpreună.
- Plângeţi-mă, megieşi,
Eu de-acum mă duc pe veci !
Şi plângeţi şi voi, copile,
De-acum nu-ţi mai avea milă,
Nici milă şi nici măicuţă,
Nici de nicăieri umbruţă !
Draga noastră megieşă,
N-am gândit că te-om petrece,
Noi gândeam de viaţă lungă,
Nu la groapă să te ducă.
Ai fost megieşă bună,
Pe nimeni n-ai avut ură;
Dumneata, cât ai trăit,
Cu mine nu te-ai sfădit;
Tu ai râs, ai şuguit[1],
Nu ştiu cin' te-a sfătuit

Pe-acest drum de ai pornit;
Te-ai pornit pe drum de flori,
Te desparți și de feciori;
Te-ai pornit pe drum de pietre
Și te desparți și de fete.
Vino-ți în fire, nevastă,
Ia-ți capacul de pe raclă
Și vezi cum te duc la groapă !
Și cu prapuri și cu cruce,
De-acum de la noi te-or duce
Cu căruța cu doi boi,
Că ne-ai făcut mare-amar,
Ne-ai umplut casa de jele,
Inimile, de durere.
Megieșă, trup de flori,
Nu ți-a fost vremea să mori,
Departe vei pribegi,
Țărână și lut vei fi !
Roagă-te cui te-i ruga,
Roagă-te groparului
Să-ți facă grădiniță-n față,
Să mai vii odat'-acasă !
Noi, de-om ști că îi veni,
Cărărușa ți-om plivi;
Va răsări iarbă-naltă,
Că la toți ne-ai fost tu dragă.

*

Măi bădiță, mladă verde,
În ăst pat nu ți se șede,
Fă-ți o fire de bărbat
Și te scoală din ăst pat !
Fie-ți milă de navastă
Și te scoală de pe masă;

Fă-ți o fire de voinic,
Că vin popii și te duc !
Vine popa și cu doi
Și te-or duce de la noi,
Pe cărarea necălcată,
Pe roua nerăsturnată,
Unde n-ai fost niciodată,
La poartă la țintirim.
Spune unde ne-ntâlnim,
Să mai stăm, să mai grăim ?
Lasă-ți groapa-ntunecoasă
Și vino cu noi acasă,
Lasă lutu-ntunecos
Și vino acas' pe jos !
C-ai lăsat lună și stele
Și-ale tale surorele;
Ai lăsat stele și lună
Și pe-a ta nevastă bună;
Ai lăsat lună și soare
Ai lăsat lună și soare
Și pe neamurile tale
Să mergi pe-această cărare !
Vădana-i unde rămasă
Plânge dranița pe casă;
Unde-i casa cu bărbat,
Nici un par nu-i supărat,
Dar, unde bărbatul moare,
Numai chin și supărare.
Cin' nu bea acest pahar
Nu știe-n lume ce-i amar,
L-am băut de două ori
Și nu uit până ce mor.
Tu de-acu' ții scândurile
Și eu trag amarurile;

Tu de-acu' stai sub pământ,
Eu m-oi legăna de vânt,
De amar şi de nevoi,
Ca codrul bătut de ploi.
Să te scoli, să vii acasă,
Să vii până la fereastră,
Să-mi priveşti necazu-n casă !
De-i vedea că-i rău ceva,
Îi intra şi-i împăca;
Bine nu îmi poate fi,
Că aşa-s vădanile,
Cu chinul şi relele
Îşi amărăsc zilele.
Eu de-acu', unde m-oi duce
Numai vădană mi-or zice,
Că cine bărbat nu are,
I se pare noaptea mare,
Cărăruşa, stâncă tare.
Eu am avut şi-acum n-am,
Mi se pare noaptea an,
Cărăuşa, bolovan.

Catrina Lupu, 81 de ani;
Borca- Sabasa, 27 decembrie 1974, CGŢ

*

Hai te scoală, dragă, scoală,
Şi te uită pe fereastră
Cum stă lumea şi te-aşteaptă !
Cum îi moartea-nşelătoare,
Vine noaptea pe răcoare,
Ca să-ţi pun-o legătoare;
Aşa legătoare-ţi pune,

De nu mai vorbeşti cu nime !
Bată-te pustia, moarte,
Noaptea vii, noaptea te duci,
Tot de-a noastre neamuri culci !
Bată-te pustia, moarte,
Dar la noi de ce-ai venit
Şi pe min' m-ai văduvit ?
Bucură-te, bisericuţă,
Că-ţi vine o floricică,
Nu-ţi vine să înflorească,
Că-ţi vine să putrezească !

Elena Alungulesei, 73 de ani;
Grinţieş-Moci, 3 iulie 1972 CGŢ

*

Draga mea, măicuţă bună,
Cu cine te-ai sfătuit
Şi acest drum l-ai făcut,
Că acest drum cine-l face
'Napoi nu se mai întoarce,
Ăsta-i drum înşelător,
Înapoi ne-ntorcător.
Măicuţă, deschide gura
Şi ne mai spune ceva,
Că mila de părinţi
Cât trăieşti nu o mai uiţi,
Iar mila de la străini
E ca iarba printre spini !
Mămucuţa cea dintâi,
Mă culca pe căpătâi,
Iar asta de-a doua oară
Mă culcă pe laiţa goală,

Mă tot bate, mă tot ceartă,
De greşeli ea nu mă iartă.
Am rămas înstrăinată,
Fără milă de la tată.

Ana Rădoaia, 36 de ani;
Răuceşti, 26 decembrie,1969
CGŢ

*

Bată-te pustiul, moarte,
Cum de vii pe neaşteptate,
C-ai venit până în prag
Şi-ai luat ce ne-a fost drag !
Cu cine te-ai sfătuit
La drum lung de te-ai pornit,
Că ăst drum cine îl face
Înapoi nu se întoarce,
Ăsta-i drum înşelător
Şi-napoi ne-ntorcător ?
Nu te-ai dus la înflorit,
Ci te-ai dus la putrezit,
Ţi-ai făcut casă urâtă,
Fără uşi, fără fereşti,
Mă mir cum ai să trăieşti !
Nu-i un sălaş de mătase,
Noi te rugăm: mergi acasă
Şi să vii când o ploua,
Ca să-ţi cunoaştem urmuţa !
Ia uită-te pe fereastră:
Vine oastea-mpărătească
Şi nu vine ca să stea,
Ci vine ca să te ia !
Nu te duce, nu te duce,

Că ți-om spune vorbe dulci
Şi te vom mai ruga
Ca să ne mai spui ceva;
Te-ai săturat de trăit
Şi-acum mergi la putrezit !

Aglaia Barcan, 50 de ani;
Răucești, 26 decembrie 1970
CGŢ

*

Scoală, dragă, scoală, dragă,
Se roagă şi Sfântul Soare
Să ție ziua mai mare,
Să nu pleci din casa matale!
Nu pleca pe drumul acesta,
Că îi drum înşelător
Şi fără întorcător.

Maria Surdu, 65 de ani;
Mărgineni, 11 februarie 2001
CGŢ

*

Hai, mămucă, pe la mine,
Tare te-oi ascunde bine,
La nimica nu te-oi pune,
Numai din gură mi-i spune,
Că, dragă, m-ai învățatu,
Eu pe toate le-am uitatu!

*

Ieşi, tătucă, până-n prag,
Şi roagă la sfântu' soare
Să ţâie ziua mai mare,
C-asta-i zi de despărţare,
De la băieţii matale!
Când auzi strigând tătucă,
Limba-n gură se usucă,
Când auzi strigând tot tată,
Limba-n gură mi se leag ă.
Huiţi , clopote, huiţi,
Să răsune văile,
Să s-adune neamurile!
Arz-o focu' văduvie,
Numai cel ce-o poartă ştie;
Din pământ până-n podele,
Căniţa-i plină de jale,
Plângeţi, uşi, plângeţi pereţi,
Că făr' de stăpân rămâneţi !
Scoală, dragă, scoală,
Să rămână groapa goală,
S-o umplem cu floricele,
Nu cu lacrimi şi cu jale,

*

Arză-te-ar pustia, moarte,
Tu nu faci nici o dreptate;
Ziua vii, noaptea te duci,
Tot neamuri de-a noastre duci,
Da mai vină şi noaptea,
Şi mai du de-a altuia!

Silvia Gavriloaia, 65 de ani;
Brusturi, 15 aprilie 2001 CGŢ

*

Pe drumul care-ai plecat,
Nu-i nădejde de-nturnat;
Pe drumul care-ai pornit,
Nu-i nădejde de venit;
Ce mândră cas'ai avut,
Şi tot nu ţi-o mai plăcut,
Alta nouă ţi-ai făcut,
Fără uşi, fără fereşti,
Într-însa să vieţuieşti;
Nici nu-i uşă de ieşit,
Nici fereastră de privit.
Dacă mergi în ceea lume,
Nu-i nici apă de băut,
Nici nu-i pâine de găsit;
Nici nu-i apă de gustat,
Nici pâine de cumpărat,
Numai dacă ţi-ai fi dat.

*

Mai văzut-ai o mireasă
S-o scoată popa din casă,
S-o puie pe năsălie,
S-o ducă la cununie,
S-o afume cu tămâie,
Şi-napoi să nu mai vie?
Ia-ţi, Agură, ziua bună
De la soare, de la lună,
De la maica ta cea bună,
De la fraţi, de la surori,
De la grădina cu flori,

171

De la strat cu zmeurică,
De la sora cea mai mică.
Mândră-i vremea şi frumoasă
Şi tu, cum te duci de-acasă,
Pe-nfrunzitul merilor,
Pe cântarea cucilor.
Nu te duci ca să-nfloreşti,
Te duci ca să putrezeşti;
Nici n-ai uşă de ieşit,
Nici fereastră de privit,
Numai boare de pământ.
Noi, să ştim c-ai mai veni,
Drumul ţi l-am prundui;
Să ştim că te-ai înturna,
Drumul ţi l-am mătura.
Şi cu lin, şi cu pelin,
Ca să ne mai întâlnim.

Vasile Găină, 60 de ani, Farcaşa, 1 februarie 2008
(Cules de la Elena M. Tanasă, născută în 1895)

DESCÂNTECE

Descântece de gâlci

Gâlci, modâlci,
Încălecaţi pe drugă
Şi-apucaţi la fugă;
Şi vă duceţi al Dunăre
Şi beţi apă tulbure;
Şi-apoi staţi la soare,
Să crăpaţi ca o cicoare;
Ptiu, piei, spurcăciune,

Nu mai sta în lume !
Ptiu - ptiu - ptiu !

Ana Movilă, 60 de ani;
Răucești- Oglinzi, 24 martie 1969
CGȚ

*

Gâlcă, gâlcuță,
Du-te la gârliță,
Pleacă-te, bea apă,
Și-apoi te îneacă !

Anica Plop, 80 de ani;
Borca,10 ianuarie 1971
CGȚ

*

Omul bun, femeia rea așază chiroșnița.
- Da' de mâncat, ce-ai dat ?
- Pasar nepisat.
- Și lui (...) ce i-ai lăsat ?
- Nici cât un fir de mac,
În patru despicat,
Și în mare aruncat,
Gâlcile din gât au secat.

*

Roș–Scăpărat, într-o zi, s-a însurat,
Nouă copii a făcut.
S-au dus nouă,
Au venit opt;
S-au dus opt,

173

Au venit şapte;
S-au dus şapte,
Au venit şase;
S-au dus şase,
Au venit cinci;
S-au dus cinci,
Au venit patru;
S-au dus patru,
Au venit trei;
S-au dus trei,
Au venit doi;
S-au dus doi,
A venit unu;
S-a dus unu,
N-a mai venit niciunul,
Nici cât un fir de mac
Şi gâlcile-au secat.

Ioana Baran, 65 de ani;
Cândeşti-Vădurele, 24 ianuarie 1998 CGŢ

Descântec de băşică rea

S-a sculat Maica Domnului,
Luni, dimineaţa,
Şi-a făcut un praznic mare,
Şi-a chemat toate luminile
Şi toate zorile la mâncare,
Numai pe băşica cea rea n-a chemat-o.
Ea s-a supărat
Şi s-a făcut la ochi, la nas, băşică albă,
Băşică de nouăzeci şi nouă de neamuri.
Ca peticul în apă să te-nmoi,
În vânt să te împrăştii

Şi rădăcina ta să pieie !

Doriţa Humă, 57 de ani;
Bodeşti - Oşlobeni ,18 ianuarie 1998 CGŢ

Descântece de deochi

Poate, poate ai un deochi,
Nu te duce la Costică,
El te-mpunge, te străpunge,
La Costică nu te duce !
Deochiatul, pocitorul,
Nu-i Costică lecuitorul.
Descântecul e de la mine,
Leacul e de la Dumnezeu.

Ana Vrânceanu, 63 de ani;
Răuceşti,14 aprilie 1970
CGŢ

*

La o răchită, stă o babă despletită,
Cu un ochi de foc şi unul de apă;
Stinge pe acela de foc
Şi rămâne cu acela de apă,
Să rămână cutare (...) curat,
Luminat ca Maica Domnului,
Cum l-a lăsat !

Ioana Baran, 65 de ani;
Cândeşti Vădurele, 24 ianuarie 1998 CGŢ

*

- Unde te duci deochioaie c-un deochi,
Strigoaie c-un strigoi,
Potcoaie c-un potcoi ?
- Eu la cutare (...) mă voi duce,
Ochii să-i păienjenesc,
Faţa să i-o vestejesc,
De moarte să-l (s-o) pregătesc.
- Tu la cutare (...) nu te-i duce,
Că eu acum te-oi împunge,
Cu usturoi te-oi unge
Şi pe pustiu te-oi duce !

Doriţa Humă, 57 de ani;
Bodeşti -Oşlobeni , 18 ianuarie 1998
CGŢ

*

Se iau trei cărbuni, (unul de deochi, unul de
boală, unul de strigare, de oameni cu inimă mare) se
pun în apă şi se zice:

De-i deocheat (de cutare) bărbat,
Să-i crape vasele,
Să-i curgă sângele !
De-i deocheat de femeie cu bărbat,
Să-i crape ţâţele,
Să-i moară mâţele !
De-i deocheat de văduvă grasă,
Să-i crape obrazul,
Să-i crape maţele !
De-i deocheat de fată mare,

Să-i crape pulpele picioarelor !
De-i deocheat de zână, noaptea,
La amiază, de ochi negri,
Tulburi, căprui, albaştri,
Să rămână curat, luminat,
Ca maică-sa ce l-a făcut,
Ca soarele prin senin !
    Amin !

Varvara Drozman, 84 de ani;
Sabasa – Borca, 12 februarie 1970; CGŢ

*

Fugi deochi,
Dintre ochi,
Că te-ajunge o vacă neagră,
Cu coarnele să te spargă,
Să te-azvârle peste mare,
În pustiu, în depărtare !
Acolo să piei
Ca ziua de ieri,
Ca roua de floare,
Ca spuma la soare;
Iar capul cel deocheat
Să rămâie luminat,
Curat,
De boală scăpat !
Ochii cei vătămători
Şi la foc săgetători,
Înveliţi să fie cu perdele albe,
Să nu mai privească la obraze dalbe !

Costică Năstase, 63 de ani;
Mărgineni, 18 decembrie 1997 CGŢ

S-a sculat (cutare)
În ziua de (...), dimineața,
Gras(ă), frumos(ă) și bun(ă) sănătos(ă),
Ș-a plecat pe cale, pe cărare;
Pe la jumătate de cale,
S-a întâlnit cu pociturile,
Cu junghiturile
Și cu deochiturile.
Pociturile îl (o) poceau,
Junghiturile îl (o) junghiau,
Deochiturile îl (o) deocheau,
Și el (ea) plângea
Și se văicărea,
Și nimeni nu-l (n-o) auzea,
Decât Maica Domnului
A coborât pe scări de argint
Și (l-)a întrebat(-o):
- Ce este (cutare),
De ce plângi,
De ce te văicări ?
- Cum să nu plâng
Și să nu mă văicăr,
Dacă m-am sculat
În ziua de (...), dimineața,
Gras(ă), frumos(ă) și bun(ă) sănătos(ă),
Ș-am plecat pe cale, pe cărare?
Pe la jumătate de cale,
M-am întâlnit cu pociturile,
Cu junghiturile
Și cu deochiturile;
Pociturile mă poceau,
Junghiturile mă junghiau
Și deochiturile mă deocheau.
- Taci, (cutare), nu mai plânge

Şi te du la (numele persoanei care descântă),
Că (numele persoanei care descântă)
Te-a descânta
Şi cu mân ţi-a lua
Din vârful nasului,
Din umerii obrajilor,
Din cap, din mâini, din picioare,
De la încheieturi,
De pe unde te doare,
Şi îi rămânea
Băiat (fată) curat(ă) şi luminat(ă),
Ca de la Dumnezeu lăsat(ă) !
Descântecul e din senin
Şi leacul, de la Dumnezeu,
          Amin !

Aurica Coadă, 54 de ani;
Făurei-Budeşti, 24 ianuarie 2000; CGŢ

      *

Să vii la baba Călina,
Că-i meşteră bătrână;
Ea, pe câţi a descântat,
Iarba verde n-a călcat.
Să sune maţele-n tine
Ca două nuci într-o tingire,
Să se facă şira spinării
Ca toarta căldării;
Cine te-a deocheat pe tine
Să mă pupe la un ochi pe mine!

Maria Surdu, 65 de ani;
Mărgineni, 11 februarie 2001 CGŢ

*

Fugi deochi
Dintre ochi,
Că te-ajunge-o vacă neagră,
Cu coarnele să te spargă,
Să te-azvârle peste mare
În pustiu, în depărtare!
Acolo să piei
Ca ziua de ieri,
Ca roua de floare,
Ca spuma la soare,
Iar capul cel deocheat
Să rămâie luminat,
Curat, de boală scăpat!
Ochii cei vătămători,
Şi de foc săgetători
Înveliţi să fie cu perdele albe,
Să nu mai privească la obraze dalbe!

Maria Popa, 63 de ani;
Dragomireşti, 30 aprilie 2001
CGŢ

*

Crape ochii cui a deocheat
Pe (cutare) !
De-o fi deocheat de fată mare,
Să-i cadă cosiţele,
Să-i crape călcâiele!
De-o fi deocheat de femeie,
Să-i crape ţâţele,
Să-i moară pruncul!
De-o fi deocheat de bărbat,

Să-i crape puterea,
Să-i moară muierea,
(cutare) să rămână
Curat(ă), luminat(ă),
Ca de Dumnezeu lăsat(ă)!
Amin!

Ortansa Bălău, 72 de an;
Piatra-Neamț, 4 iunie 2001
CGȚ

*

De mirare,
De strigare,
De diochiul cel mare;
Descântec de ochi negru,
Descântec de ochi căprui,
Descântec de ochi verzi,
Descântec de ochi albaștri:
De-o fi femeie, să-i crape țâțele;
De-o fi bărbat, să-i crape boașele!
Descântecul de la mine și leacul de la
Dumnezeu cel Sfânt!
Amin!

Veronica Luca, 89 de ani Borca, 10 iunie 2001
CGȚ

Descântec de obrintire

Oaie laie, bucălaie,
Zbiară pe dincolo de strungă

Şi ciobanul pe dincoace !
Şi cum nu poate ciobanul
Să se întâlnească cu oaia,
Aşa să nu se mai obrintească (cutare),
De faţa soarelui,
De copita calului,
De fierul plugarului !

Anica Plop, 80 de ani, Borca, 10 ianuarie 1971
CGŢ

Descântece de speriat

Trei mâţe negre,
Trei câini negri,
Cu ochii de sticlă,
Cu colţii de greblă,
Cu gurile căscate,
Cu limbile lăsate,
Fugiţi, pieriţi,
Pe băiat (pe fată) să mi-l (mi-o) feriţi!

Ana Grigoraş,64 de ani;
Răuceşti, 27 decembrie 1969
CGŢ

*

O, spaimă înspăimântată,
Ce vii la Ileana aşa de-nverşunată,
Din ochi clipind,
Din nas sforăind,
Din mâini tot dând,

Din picioare tropăind ?
La Ileana te-ai repezit
Pe Ileana jos ai trântit.
Ileana a răcnit, a suferit,
Nimeni în lume n-a auzit.
Maica Domnului din cer
Scară de ceară a făcut,
La Ileana jos a coborât;
De jos a ridicat-o,
În brațe a luat-o
Și din gură a strigat:
- O, spaimă înspăimântată,
Ce vii la Ileana așa-nfuriată ?
Că mama are nouă armăsari,
Și nouă măgari,
Și nouă șoimani;
Armăsarii vor călca,
Măgarii vor frământa.
Cu mătura voi fărâma,
Cu cuțitul voi tăia
Șoimanii în Dunăre voi da,
Ileana să rămână
Luminată și curată,
De Maica Domnului lăsată !

Catrina Lupu, 81 de ani;
Borca-Sabasa, 27 decembrie 1974 CGȚ

*

Vin trei câini negri, ponegri,
Cu gurile căscate,
Cu limbile lăsate,
Cu ochii de steclă,

Cu dinții de greblă.
Și du-l în păduri pustii
Pe pietre reci,
Să nu vie în veci!

Silvia Gavriloaia, 65 de ani;
Brusturi, 15 aprilie 2001
CGȚ

Descântec pentru mușcătură de câine

Chior te-a făcut mă-ta,
Chior să fii și la mine să nu vii;
Mut te-a făcut mă-ta,
Mut să fii și la mine să nu vii !

Ioana Baran, 65 de ani;
Cândești, Vădurele, 24 ianuarie 1992 CGȚ

Descântec pentru șobolani

Eu, în magazie, nu vreau șoareci, șobolani,
Eu vreau pe Crai Nou !
Șorecii, șobolanii, să plece pe apă, prin pădure !

Ioana Baran, 65 de ani;
Cândești-Vădurele, 24 ianuarie 1992 CGȚ

Descântece de bubă

Se ia un căţel de usturoi, se taie în trei bucăţi, se descântă de trei ori, cu usturoiul înmuiat în sare, şi se zice:

Fugi, bubă vânătă,
Bubă neagră,
Bubă galbenă,
Bubă roşie,
Bubă albă,
Bubă în nouăzeci şi nouă de feluri !
Cu suflet am suflat,
Cu limba te-am descântat,
Cu usturoi te-am mirosat,
Cu cuţitul te-am tăiat,
Cu sare te-am sărat,
Nici de leac nu te-am lăsat !
Bubă omenească,
Bubă răcească,
Bubă măgărească,
Bubă oiască,
Bubă porcească,
Bubă câinească,
Bubă mâţească,
Bubă găinească,
Cu suflet te-am suflat,
În codri te-am mânat,
Treabă să nu mai ai
Cu descântecul meu,
Cu voia lui Dumnezeu !

Varvara Drozman, 84 de ani;
Borca-Sabasa ,9 ianuarie 1970 CGŢ

*

A făcut Sântă Măria o masă mare
Şi-a chemat toate bubele,
Şi toate zgrăbunţele la mâncare.
Pe ea nimeni n-o mai chema
Şi ea s-a supărat
Şi pe loc a crăpat.
Las' să pice,
Las' să pice,
Cât un fir de mac,
În patru s-a despicat !

Ana Grigoraş, 64 de ani;
Răuceşti, 15 aprilie 1970
CGŢ

Descântec de ursită

Ursită de ciotcoi,
Ursită de ciotcoaică,
Ursită de văduvoi,
Ursită de văduoaică,
Ursită de fată mare
Ursită de găină neagră,
Ursită de cioatcă
Cercuită, bătută cu pene,
Ursită broască ţesută la gură,
Ursită de nouăzeci şi nouă de feluri
Să pieie şi să răspieie din trupul lui (ei)!

Ioana Baran, 65 de ani;
Cândeşti- Vădurele,24 ianuarie 1998 CGŢ

Descântec de nevăstuică

Checheriţă, doamnă-mpărătesă,
Sus ţi-i mărirea, jos ţi-i puterea,
Jos să curgă veninul şi durerea
De la cutare (...)
Şi să rămână curat
Ca Dumnezeu ce-a lăsat,
Ca soarele pe senin !
            Amin !

Varvara Drozman, 84 de ani;
Borca-Sabasa, 12 februarie 1970 CGŢ

Descântece de muşcătură de şarpe

Checheriţă pestriţă,
Te-ai legat de pieliţă,
Pieliţa-i de os,
Să curgă veninul jos
De la cutare (...)
Şi să rămână curat
Ca Dumnezeu ce-a lăsat
Ca soarele pe senin !
            Amin !

Varvara Drozman, 84 de ani;
Borca- Sabasa,12 februarie 1970 CGŢ

187

*

Se descântă într-o oală plină cu apă, cu trei crenguţe de alun, se spală acolo unde animalul a fost muşcat de şarpe şi se zice:

Iediţă pestriţă,
Pieliţa-i de os,
Osul e sănătos !
Lunaia să rămână
Curată şi luminată,
După cum Dumnezeu a lăsat-o !

Elena Buduroieş, 61 de ani,
Bodeşti- Corni, 17 decembrie 1997 CGŢ

Descântec pentru negi

Se merge noaptea, când e lună plină, în grădină. Se ia un pumn de ţărână şi se rostesc cuvintele:

- Lună plină cu purcei,
Dă-mi purceii şi ia-ţi negeii !

După ce au fost rostite versurile de nouă ori, se freacă toţi negeii cu ţărâna pe care ai avut-o în mână.

Elena Buduroieş, 61 de ani;
Bodeşti-Corni, 17 decembrie 1997 CGŢ

*

Se descântă numai când este lună nouă (Crai Nou)
cu un beţişor rupt dintr-o mătură, descântătoarea
învârteşte într-o ceaşcă cu untură topită şi spune de nouă
ori:

Crai Nou s-a iscat,
Negeii s-au uscat...
(Apoi învârteşte în cenuşă şi spune:)
Crai Nou, Crai Nou,
Cheamă scroafele tale,
Şi purceii tăi,
Şi vacile tale,
Şi viţeii tăi,
Şi măgarii tăi,
Şi măgăriţele tale,
Şi mânjii tăi,
Şi boii tăi,
Să beie negeii
De pe mâna lui (cutare)
Şi, când s-o umple luna,
Să nu rămâie niciuna!

Agripina Preutu, învăţătoare, 82 de ani;
Drăgăneşti -Şoimăreşti, 14 martie 2008;
Gh. Ţigău

Descântec pentru negi la animale

Popa toacă,
Negii seacă.
Să iasă din rădăcină,
Să nu mai rămână vene !
Lunaia să rămână

189

Curată şi luminată,
După cum Dumnezeu a lăsat-o !

Elena Buduroieş, 61 de ani;
Bodeşti-Corni, 17 decembrie 1997 CGŢ

Descântec de pocitură

Păsărică dalbă,
Cu aripa albă,
Din piatră-ai crescut,
Cu noi te-ai bătut,
Trei picături din tine-au căzut:
Una de lapte,
Una de vin
Şi-una de venin !
Cel ce-a făcut laptele
S-a săturat,
Cel ce-a făcut vinul
S -a îmbătat,
Cel cu veninul
A crăpat.
Aşa să piară pocitura de pocit,
Până-ntr-o clipă să fie lecuit
Şi să rămână cu pomul înflorit !

Costică Năstase, 63 de ani;
Mărgineni,18 decembrie 1997 CGŢ

Descântec de puşchea

- Am puşchea pe limbă
- Când ai făcut-o?
- Amu!

- Ptiu! Să cheie, să răscheie,
Pe limbă să nu mai steie!

Silvia Gavriloaia, 65 de ani,
Brusturi, 15 aprilie 2001
CGȚ

Descântec de iele

Voi, ielelor, măiestrelor,
Dușmane oamenilor,
Stăpânele vântului,
Doamnele pământului,
Ce prin văzduh zburați,
Pe iarbă lunecați,
Și pe valuri călcați;
Vă duceți în locuri depărtate,
În baltă, trestie, pustietate,
Unde popa nu toacă,
Unde fata nu joacă;
Vă duceți în gura vântului,
Să vă loviți de toarta pământului;
Ieșiți din mână, trup, picior
Și să pieriți sus într-un nor,
Dați omului sănătate,
Că sabie de foc vă bate!

Maria Popa, 63 de ani,
Dragomirești, 30 aprilie 2001
CGȚ

Descântec de dragoste

Se taie nouă mlădițe de soc și nouă de alun și
apoi o babă le-nvârte în para focului, zicând:

Soc, soc,
Adu-mi drăguțu' pe loc,
Să nu poată sta
Pân' nu m-o vedea
Și nu m-o lua!
   Alun, alun,
Adu-l nebun,
Prin sate neumblate
De câini nelătrate!
   Cine l-o-ntreba
La mine l-o-ndrepta
Să vie iute ca gândul
Și tare ca vântul.

Vasile Găină, 60 de ani,
Farcașa, 1 februarie 2008,
(Preluat de la Maria Botez, Hangu-Buhalnița;
cules de aceasta în 1933.)
CGȚ

Descântec pentru păr

Germenul cel negru,
La ciolan!
Germenul cel roșu,
La sânge!
Germenul cel alb,
La piele!
(Se scuipă de 3 ori degetul!)

Descântec pentru reuşita la judecată

Se iau două linguri de sare din casa unui mort şi se presară, de jur-împrejur, la locul unde se face judecata, apoi se zice:

Cum se moaie sarea de vreme rea,
Aşa să nu zică nimica
Ei despre mine!

Catinca Panaite, 74 ani Timişeşti-Plăieşu, 1983
CED

Descântec pentru uimă

Uimă, uimată,
Încalecă pe lopată
Şi te du la mare,
Şi bea apă tare,
Şi te usucă la soare,
Şi crapă precum o cicoare,
Cât un fir de mac,
Să fie de leac!

Silvia Manolache, 58 de ani; Ţibucani, 1984;
CED

Descântec pentru bube

A făcut nouă feciori;
Într-o zi i-a făcut,
Într-o zi i-a-mbrăcat,

Într-o zi la oaste i-a luat;
Şi s-a dus unu,
Şi s-au dus doi,
Şi s-au dus trei;
Au pierit trei
Şi s-au dus patru;
Au pierit patru
Şi s-au dus cinci;
Au pierit cinci
Şi s-au dus şase;
Au pierit şase
Şi s-au dus şapte;
Au pierit şapte
Şi s-au dus opt;
Au pierit opt
Şi s-au dus nouă.
Pieri, roş,
Pieri, săpăcios,
Pieri sub rărunchi,
Pieri în creştetul capului,
În vârful nasului,
În splină,
În urechi!
Vismă nouă,
În urechi,
În cap,
În creştetul capului,
În nas,
În dinţi,
Să-i fie lui (cutare)
De leac!

Catinca Panaite, 74 ani
Timişeşti-Plăieşu, 1983 CED

Descântec de durere de urechi

Fugi, năjiți,
Purcăjiți,
Cât ți-ajunge,
Tot te-mpunge,
Cu sule,
Cu călcâi de fată mare,
Să rămâie (cutare) curat
Ca argintul strecurat,
Dumnezeu ce l-a lăsat!

Descântece de strânsură

Și-a pornit pe cale, pe cărare,
Să cheme la masa mare,
Nouă moroi, cu nouă moroaie,
Nouă strânsuri, cu nouă strânsoroaice
Și-n cale l-a-ntâlnit,
Jos l-a izbit,
Carnea i-a mohorât,
Vinele i-a încordat,
Ochii i-a-mpăienjenat,
Ceas de moarte i-a dăruit,
Nimeni n-a văzut,
Nimeni n-a auzit,
Numai Precurata,
Din Poarta Ceriului,
Scară de aur a făcut,
Pre pământ a coborât
Și la (cutare) a venit:

\- Ce-ai (cutare), ce-ai ţipat
Şi te-ai înşelat?
Du-te la (cutare),
Să-ţi cânte, să-ţi descânte!
L-a-mpunge, l-a strânge
Unde vaca neagră n-a merge,
Cocoş negru n-a cânta,
C-acolo îl aşteaptă
Cu porţile deschise,
Cu mesele-ntinse.

*

A plecat pe cale, pe cărare,
Grasă şi frumoasă;
La mijlocul cărării,
S-a întâlnit cu sanca cea mare,
Pătrunsă cu strânsoare
Şi s-a vârât în cap, trup, suflet
Şi la pământ l-a trântit.
Atunci, Maica Domnului
Din ceruri coboară şi întreabă:
De ce te căineşti, de ce plângi,
de ce te văicăreşti?
Maica Domnului, cum să nu plâng
şi să nu mă văicăresc,
Dac-am plecat pe cale, pe cărare,
Grasă şi frumoasă,
Iar, la mijloc de cale,
M-am întâlnit cu sanca cea mare,
Pătrunsă cu strânsoare
Şi s-a vârât în cap trup şi suflet
Şi la pământ m-a trântit!
Atunci, Maica Domnului din ceruri

Se îndură şi spune:
Ieşi, strânsură, din trup
Şi du-te pe pustie,
Unde câini urlă,
Păsări nu cântă
Să rămână (cutare) curat, luminat
Ca argintul cel curat
Ca Sfânta Maica Domnului!

Marghioala Grădinaru, 71 an; Târgu-Neamţ, 1982
CED

Descântece pentru alegerea untului

Alege-te, untule,
Coace-mi-te, pufule!
Până în budăi bătă
Până grosul se scocea,
Untul meu se alegea.
La noi, prin ogradă,
Trece-un câine dând din coadă;
El în sus sărea,
Untul mi se alegea;
Până trece fata puntea,
Untul se făcea ca cutea;
Până ajungea fata,
Untul se făcea ca piatra.

*

Bate, bate-n budălău,
Bate untu-n burghilău!
Untul mie,

Zara ție
Ş-un cal bun în herghelie!
Barbă neagră de călugăr,
Untul meu se face bulgăr

Ion Tulan, 64 de ani; Vânători (Nemţişor), 1983;
CED

Descântec de vrajă pentru bărbat

Se iau nouă pietre de pe drum, se pun într-o
rufă de-a bărbatului şi se zice:

Când or scoate pietrele acestea pui
Şi puii or piscui,
Atunci să am ceartă cu bărbatul!

Catinca Panaite, 74 de ani;
Timişeşti (Plăieşu), 1983;
CED

Descântece de potcă

Dimineaţa, (cutare) s-a sculat,
Pe obraji s-a spălat,
Pe cărare-a apucat;
Când a fost la miez de cale
Întâmpinat-au lehoi cu lehoaie,
Moroi cu moroaie,
Pocitoi cu pocitoaie.
Cum l-au întâmpinat,
Sângele i-au băut,

Carnea i-au mâncat
Şi ceas de moarte i-au lăsat.
Chinuitu-s-a, văicăritu-s-a,
Nimeni nu l-a auzit,
Numai Maria, din poarta vecinului,
Pe scară de ceară a coborât:
- Ce te caini, (cutare)?
- Cum nu m-oi căina,
Dimineaţa m-am sculat
Pe obraji m-am spălat,
La icoane m-am închinat,
Pe cărare am plecat;
Când am ajuns la miez de cale,
Întâmpinatu-m-au lehoi şi lehoaie,
Moroi cu moroaie,
Pocitoi cu pocitoaie,
Carnea mi-au mâncat,
Ceas de moarte mi-au lăsat.
- Nu te căina, (cutare),
Că eu le-oi mâna
Peste Marea Albă,
Acolo să beţi,
Acolo să mâncaţi,
Acolo să crăpaţi !
Cum piere spuma de mare
Şi roua de soare,
Aşa să pieriţi voi !
(Cutare) să rămână curat
Ca Domnul ce-a lăsat,
Ca soarele pe senin !
     Amin !

Varvara Drozman, 84 de ani, Borca, Sabasa, 12 februarie 1970 CGŢ

*

(Descântecul, de la cutare; leacul de la Maica Domnului!)

De-o fi potcă de muiere,
Să-i crape țâțele,
Să-i curgă sângele!
De-o fi potcă de bărbat,
Să-i crape boașele,
Să-i curgă sângele!
Să rămâie (cutare) curat, luminat,
Ca argintul cel curat,
Ca Sfânta Maica Domnului!

(Descântecul de la cutare; leacul de la Maica Domnului! După descântec se face cruce de trei ori și se scuipă în gol)

Anghelina Ostahie, 79 de ani;
Roznov-Slobozia), 20 mai 2008;
Valentina Tuduran

*

Maica Domnului te-a făcut,
Maica Domnului te-a născut,
Maica Domnului îți poartă de gând,
Să nu porți frică,
Să nu te temi de nimic !
Fii roditor ca grâul,
Vesel ca vinul !
Descântecul, de la mine,

Leacul, de la Dumnezeu
Şi de la Maica Domnului,
Acum şi de-acum înainte,
Iar cutare (...) să rămână curat,
Luminat,
Ca de la Maica Domnului lăsat !

Natalia Ruscanu, 90 de ani, Borca, 18 ianuarie 1970
CGŢ

*

M-am pornit pe cale, pe cărare,
Şi m-am întâlnit cu patruzeci de pocitoaie,
Cu patruzeci de zmei, zmeioaie;
Când m-am întâlnit,
Jos m-au trântit
Şi la inimă s-au vârât;
Nimeni nu m-a văzut,
Nimeni nu m-a auzit,
Numai Maica Domnului,
Din poarta cerului.
Şi vă înduraţi
Nu mă dăunaţi !
Faţa mi-a îngălbenit-o,
Puterea mi-a luat-o.
De-o fi de bărbat,
Să-i plesnească oasele;
De-o fi de femeie,
Să-i plesnească ţâţele !

Maria Gângă, 60 de ani, Răuceşti, 27 decembrie 1969
CGŢ

TEATRU POPULAR

Despre teatrul folcloric nemțean legat de sărbătorile de iarnă am discutat anterior. În acest capitol, capătă extensie *teatrul de haiduci,* uneori, acesta apărând și sub denumirea de *Anul Nou ș i Anul Vechi.* Foarte răspândit în această parte a țării, *teatrul de haiduci* este centrat pe o acțiune simplă: câțiva haiduci aflați în codru își așteaptă căpitanul, cântându-se faptele vitejești în lupta lor pentru dreptate, împotriva celor care-i obidesc. La apariția căpitanului, n-au timp de bucurie, pentru că, pe neașteptate, sunt înconjurați de poteră, dar, în schimbul unei sume de bani, poterașii îl lasă în libertate, iar haiducii nu renunță la lupta lor.

Lucan, Bujor, Terente, Jienii, Codrenii sunt eroii acestor texte ș i ai așa-zisului *teatru popular de hoți,* o lume apropiată de aceea a haiducilor.

Banda lui Terente

Personajele: *Terente, Generalul, Haiducul, Căpitanul*

Generalul: Bună seara, fraților!Bine v-am găsit!
Vă salut cu bucurie
Și aș vrea să-mi spuneți mie
De haiducul urmărit,
Ce în lume a fugit,
Că n-am tihnă, n-am odihnă!
Cât prin lume am umblat
Peste ce am vrut, n-am dat
Căpitanul: Să trăiți, domn' general!

Generalul: N-aţi văzut acel haiduc îngrozitor,
Care face pradă şi omor?
Căpitanul: Tare-aş vrea să fie prins,
Că şi pe mine m-a trimis,
Stăpânul să pun mâna pe el,
Drăguţul mamei, frumuşel!
Haiducul: Bună seara, fraţilor!
Ce umblaţi, ce căutaţi?
Căpitanul: Noi umblăm şi căutăm
Pe Terente să-l aflăm.
Terente: Auzit-ai de-un Terente,
Ce umblă cu şapte infanterişti
Şi cu şapte tigrănce?
Eu, cu fratele haiduc,
Vă dobor şi-acum mă duc.
Căpitanul: Bine, câine gulerat,
Eşti un om de neuitat,
Dar, la prima întâlnire,
Să-ţi pui mintea la gândire,
Arma, nouă să ne-o dai
Şi pe loc să te predai!
Haiducul: Dar eu arma nu ţi-o dau,
Să fie să ruginească
În mână haiducească!
Terente: ... Iar tu, măi, cu chip vărgat
Cine mi te-a pus la sfat?
Ia, răspunde, măi, caiafă,
Că-ţi dau una după ceafă!
Căpitanul: Iar tu, cel cu puşca-n mână,
Spune-mi mie cine eşti,
Că pe loc te nimicesc?
Haiducul: Haiduc sunt, haiduc mă cheamă,
Şapte ani am fost haiduc
Şi, de mâine, iar mă duc;

Dacă nu-ți vine să crezi
Am și-un cântec,
Vrei să-l vezi?
Generalul: Să-l văd...
Haiducul (cântă): Pe cărare, sub un brad,
Măi, Terente, măi!
Stau haiducii supărați
Măi, Terente, măi!
De vestea ce au aflat
Măi, Terente, măi!
Terente (cântă și el): Foaie verde de cicoare,
Toată lumea la plimbare,
Numai eu stau la-nchisoare
Și măicuța mea suspină,
Că mi-au pus lanțuri pe mână.
(*Tot Terente rostește*):
Or, de-am da ceva parale,
N-ar fi rostul de scăpare?
Căpitanul: I-auzi, domnu' general,
Ce ne spun acești haiduci:
Că ne dau o pungă cu poli,
S-o avem de sărbători,
Și una de mărunțele,
Să-i scăpăm de lanțuri grele.
Generalul: Dacă-i plină, s-o luăm,
Dacă-i goală, s-o lăsăm...
Terente: Bagă mâna-ntre pistoale
Și vei găsi o pungă
Plină cu parale.
Generalul: Dacă banii s-au luat
Poa' să fie dezlegat!
Haiducul: Armele lăsați, păgâni,
Că vă tai, vă dau la câini;
Dați-mi banii înapoi

Dacă nu, e vai de voi!
Generalul şi Căpitanul (împreună):
Viclenie sau onoare?
Terente ne-a înşelat,
Noi murim de întristare
Şi ei veseli au scăpat.
Haiducul: Iii, sam, saram, sarada,
A scăpat Terente, da!

Gheorghiţă Arsenoaia, elev, 13 ani;
Crăcăoani -Cracăul Negru, 8 martie 2008; Gh. Ţigău

Banda lui Bujor

Personajele: *Bujor, căpetenia haiducilor, Codreanu,*
Haiduc, Ceata de haiduci, Căpitanul de poteră,
Poteraşi, Vânătorul, Mama lui Bujor, Jidanul, Ghincu
Grecul

(În scenă se află haiducii, Mama lui Bujor şi Jidanul.
Vine Coderanul şi se adresează haiducilor):

Bună seara, bună seara,
fraţii mei haiduci!
N-aţi văzut, n-aţi auzit
De Bujor ce s-a făcut?
Căci eu grea veste-am primit
Că Bujor ar fi robit
De un grec, Ghincu numit.
Un haiduc: Nu cred, frate, să-l fi prins,
Că Bujor e om voinic,
N-are teamă de nimic,
Dar, însă, tot să lăsăm
Şi un cântec să cântăm!

Haiducii (cântă): Haideți, haiduci, după mine,
Că știu calea-n codru bine
Sus la munte, sus!
Că acolo-i Bujor dus,
Sus, la munte, sus!
Codreanu: N-ați văzut potera pe-aici?
Căci de-a-ncăpea-n mâna mea,
Praf, cenușă s-a făcea...
Un haiduc: N-am văzut, măi, frate, leat,
Căci, dacă-l vedeam,
Arma-n piept eu i-o puneam
Și noi astăzi bani aveam.
(În scenă intră poterașii, Căpitanul și Vânătorul.
Căpitanul de poteră către Codreanu):
Măi, haiduc bine-narmat,
Pe unde te-ai strecurat
Și te-ai pus cu noi la sfat,
Fără teamă de păcat?
(Căpitanul către Vânător):
Măi, bunule vânător,
Al țării apărător,
În țară, când ai intrat,
Sub drapel tu ai jurat
Toate a le împlini
Tot ce eu ți-oi porunci;
Astăzi ești însărcinat
Să-mi dai pe-acești haiduci legați!
Vânătorul: Armele să mi le dați,
Că sunteți înconjurați
De poterași înarmați
(Haiducii predau armele, sunt legați,
dar ei cântă):
Unde ești, Bujor?
Vai de noi cum stăm legați,

Lanțu-i greu, lacătu-i mare,
Vom intra la grea-nchisoare,
La-nchisoare-i grea robie,
Adio din haiducie!
(În scenă intră Bujor):
Bună seara, bună seara,
Frații mei haiduci!
Măi, frate Codrene,
Cum de-aicea ați intrat
Și v-ați predat toți legați?
Codreanu: Lasă-mă, căpitane,
Că de amărât ce sunt,
Nici nu pot să îți răspund!
Dar mai bine, căpitane,
Zi un cântec, o cântare!
Bujor (cântă): Și-am zis verde măr domnesc,
Toată vara eu muncesc
Pe pământul boieresc...
Ce folos de munca mea
Intră-n punga altuia?
Și-am văzut că-i rău și rău,
Piciorul la tren am pus
Și la București m-am dus;
Acolo, când am intrat,
Boierii m-au întrebat:
- Ce cați, aici, opincar?
- Cat dreptate, boieri mari!
- Taci, mai bine, fugi de-aici,
Vodă nu-i pentru calici!
(Mâhnit, Bujor cântă):
Ș-am zis verde de-arsămie
Rămâi, Domnule,-n domnie,
Căci eu plec în haiducie;
De-i cădea-n vreo cursă grea,

Să nu fie vina mea;
Nu căta că sunt prostuţ,
Te fac să umbli desculţ;
Cântă cucul în răriş,
Cântă cucul, cântă mie,
Căci eu plec în haiducie!
(*Apoi, Bujor către Căpitan*):
Domnule, Măria Ta,
Ştiţi ce eu v-aş întreba:
Astea-s arme haiduceşti,
Nu-s arme împărăteşti?
(*Apoi, către haiduci*):
Alelei, haiducii mei,
Lotri, puişori de zmei,
În picioare vă sculaţi,
Armele să vi le luaţi
Foc în poteră să daţi
Şi din ţară-i alungaţi!
Căpitanul: Măi, haiduc, din codru des,
Cu-a ta chică lungă-n jos,
Cu pletele înspicate
Şi cu portul de departe,
Ce te plimbi prin păduri,
Cu doisprezece panduri
Şi la brâu cu zburături?
Spune-ndată cine eşti,
Cu ce nume te numeşti?
Că-n furia mea cea mare,
Îţi pun capul la picioare.
Bujor: Dar tu, măi, n-ai auzit
De Ştefan Bujor vestit,
Care din codru-a venit,
Mulţi ca tine-a jupuit?
Eu sunt Bujor codrilor,

Spaima fanarioților
Și Domnul haiducilor;
Însă tu, dacă nu crezi,
Du-te-n codru și-ai să vezi:
Unde-s huciurile mai joase,
Zac a dușmanilor oase,
Ce le-am pus la vremuri rele
Cu-ale mele gloanțe rele;
De te pui cu mine rău,
Îți iau capul, și pe-al tău!
Căpitanul: Măi Bujor, îngrozitor,
Care-n lume faci omor,
Mai lasă-te de hoție,
C-ai să mori în pușcărie!
(Apoi, către Vânător):
Măi, bunule Vânător,
Și-al țării-apărător,
În țară, când ai intrat,
Sub drapel tu ai jurat
Toate a le împlini,
Tot ce eu ți-oi porunci;
Astăzi ești însărcinat
Să-mi dai pe Bujor legat!
Vânătorul: Predă-te, Bujor, legat,
Ca să nu mori împușcat!
Bujor: Dar tu, cel cu lanțu-n mâini,
Vrei să fii al meu stăpân?
Nu te vezi că ești mai mort,
Îndrăznești a face bot?
Că-n furia mea cea mare,
Îți pun capul la picioare...
(Vânătorul către Căpitan):
Domnule, Măria Ta,
Pe Bujor nu-l pot lega,

Că Bujor e-ngrozitor
Îndrăzneşte-a face-omor,
Crunt la faţă-ntunecat
Îndrăzneşte la păcat...
(Apoi, către Bujor):
Predă-te, Bujor, legat,
De nu, capul ţi-i tăiat!
Bujor: Decât capul meu tăiat
Mai bine să fiu legat!
(Apoi cântă):
Prea iubită mamă,
Rău m-ai blestemat
De-arnăuţi şi poteră
Să fiu conjurat!
Prea iubită mamă,
De eşti pe pământ,
Vino să mă vezi
În ce chinuri sunt:
Lanţurile-s grele
La mânuţa mea
Lacătul e mare,
Nu-l pot sfărâma...
Vinde-ţi, maică, boii toţi,
Din lanţuri mă scoţi!
(Intră-n scenă mama lui Bujor, care cântă):
Mama-ar face tot ce poate;
Din lanţuri şi de la moarte,
Mama nu te poate scoate,
Bujorelul meu!
(Apoi, către Căpitan):
Domnule, Măria Ta,
Cu durere v-aş ruga:
Drumul lui Bujor a da,
Că mult bine veţi avea!

Căpitanul: Babă slabă şi uscată,
Lui Bujor drumul i-aş da,
Dar, după cum eu gândesc,
Vreau ca să-l căsătoresc
Şi nevastă i-am găsit
Tocmai bună de iubit;
La tulpină-i văruită
Şi la vârf e ascuţită
Pentru pieptul lui gătită.
(Codreanu către Jidan):
Măi, Jidane, măi jupâne,
Adă banii-ncoa, la mine!
Jidanu: Vai de mine, măi, române,
Astăzi, banii nu-s la mine;
Poftim banii, câţi îi am
Şi, de crezi c-au mai rămas,
Poftim haina şi cătaţi!
(Codreanu către Bujor):
Măi, Ştefane Bujorele,
Nu mai sta pe gânduri grele,
Na-ţi o pungă cu parale,
Ca să scapi de la-nchisoare!
(Bujor către Căpitan):
Bagă mâna-ntre pistoale
Şi-i găsi o pungă mare,
O pungă cu bani împărăteşti
Cu-acest tânăr roşior s-o-mpărţeşti!
Căpitanul: Predă banii ce-ai avea
Şi arma de jos ţi-o ia!
(Bujor ia arma şi-i îngenunchează pe poteraşi):
Arma mea, tâlhar păgân,
Cum am să vă dau la câini...
Ghincule cu ceafa groasă,
Mi-ai supt sângele din oase;

Ghincule cu nas subțire,
Mi-ai supt sângele din vine,
Tu ai vrut ca să mor eu,
Dar n-a vrut bunul Dumnezeu!
(Poterașii cântă):
Viclenie și vânzare,
Vai, Bujor ne-a-nșelat!
Noi murim de întristare
Și el vesel a scăpat...
(Haiducii cântă):
I-sa, tra-la-la,
A scăpat Bujor, da!
Viclenie și vânzare?
Vezi și banii ce-au lucrat,
Voi muriți de întristare
Și noi veseli am scăpat...
I-sa, tra-la-la,
Am scăpat cu toții, da!
(Toți cântă):
Bună seara, de la noi,
La mulți ani cu pace,
Pace, sănătate,
Dar vă și rugăm,
De-am greșit ceva,
Veți fi buni și ne-ți ierta!

Gheorghe Onea, 97 de ani;
Alexandru cel Bun, 15 aprilie 2008;
Doina Onea, educatoare

Anul Nou şi Anul Vechi

Personajele: *Anul Nou, Anul Vechi, Mirele, Mireasa,*
Druşca, Nunul mare, Nuna mare, Vornicul

*Anul Nou:*Bună seara, bună seara,
Dar dumneata cine eşti
Şi cu noi te înfrăţeşti ?
*Mirele:*Eu sunt Stejar, om bogat,
Ce acum m-am însurat
Şi mi-am ales de soţie
Mândră zână din câmpie.
Anul Nou: Dar dumneata, copilă, cine eşti
Şi cu noi te înfrăţeşti ?
Mireasa: Eu sunt Zâna Zorilor,
Împărăteasa florilor,
Cu Stejar m-am cununat
Şi nuntaşi mi-am adunat.
*Anul nou:*Dar dumneata, copilă, cine eşti ?
Eşti soră cu această mireasă ?
*Druşca:*Nu sunt soră, ci-s aleasă
Să fiu druşcă la mireasă.
*Anul Nou:*Dar dumneata cine eşti
Şi cu noi te înfrăţeşti ?
*Nunul mare:*Eu sunt Paltin, nunul mare.
Anul Nou: Dar dumneata cine eşti
Şi cu noi te înfrăţeşti?
*Nuna mare:*Sunt soţia lui Paltin, nuna mare.
*Anul Nou:*Dar dumneata cine eşti
Şi cu noi te înfrăţeşti ?
Vornicul: Sunt ales de lume multă,
Să fiu vornicel la nuntă.
*Anul Vechi:*Dar dumneata cine eşti
Şi cu noi te înfrăţeşti ?

Anul Nou: Eu nu sunt om pământean,
Ci eu sunt un crai ceresc;
Cine vrea să mă cunoască
Numele să mi-l citească,
Iscălit de Dumnezeu,
Pe paloş e numele meu: Anul Nou
*Anul Vechi:*Dar nici eu nu-s om pământean,
Şi eu sunt crai ceresc;
Cine vrea să mă cunoască
Numele să mi-l citească,
Iscălit de Dumnezeu,
Pe fluier e numele meu: Anul Vechi.
*Anul Nou:*Moşule, acum eşti dovedit,
Cu cine vorbeşti pe-acest pământ ?
*Anul Vechi:*Da, sunt dovedit.
Anul Nou: Uite ce te-aş întreba:
Pe pământ cât ai stat,
Holdele cum s-au făcut ?
Anul Vechi: S-au făcut destul de bine,
De rodit, n-au rodit bine ...
Anul Nou: Şi de ce nu au rodit ?
Anul Vechi: Fiindcă nu e crezământ,
Lumea crede-n nebunii,
N-au credinţă, precum ştii.
Anul Nou: Pe pământ, eu, cât oi sta,
Sfaturi bune le voi da,
Să se-ntoarcă de la rău
Şi să creadă-n Dumnezeu,
Iar, de-or îndrăzni duşmanii
Ca să-mi calce a mea ţară,
Îi voi trece la hotare.
Anul Vechi: Eu vă las acum cu bine !...
Hora-aceasta, fără mine,
Va juca acum cu tine;

Fă să fie-n lume bine
Şi să mă urmezi pe mine !

Eugenia Bicăjanu, 44 de ani;
Grinţieş- Moci, 10 aprilie 1973 CGŢ

Banda lui Lucan

Personajele: Lucan, Ilenuţa, Generalul, Colonelul,
Haiducul, Moşneagul, Turcuşorul

Generalul: Bună ziua, pe anul (...) ! Vă prezentăm banda bandiţilor lui Ioan Cârvan, trădarea lor de Ilenuţa Codrilor şi potera.
Colonelul: Să trăiţi, don' general ! Astăzi, 31 decembrie, s-au furat un milion de lei ş i un pistol-automat, dar sunt bine informat că haiducii dispăruţi sunt în oraşul Rădăuţi.
Generalul: Bine, bine, Blândescule ! Vei rămâne aici cu mine, că am nevoie de tine, dar, înainte de a pleca noi, cu toţii vom cânta cântecul din munţi, când plecăm după haiduci !
Toţi: Din arestul mare, din peştera-ntreagă au scăpat haiduci ş i iar ne atacă. Haidem noi cu toţii în codri, cu arme şi baionete, să ne luptăm cu ei !
Generalul: A, bună ziua, zână frumoasă, cu ochi verzi de puică-aleasă !
Ilenuţa: Mulţumesc, cinstiţi boieri ! De la mine ce doriţi ?
Generalul: Nimic. Sunt Generalul Dragoş, venit din codri, din Ardeal. Îl caut pe Lucan de mai bine de un an. De l-aş întâlni vreodată, i-aş da o lovitură aleasă, să mă

țină minte-o viață, dar îmi este foarte greu, fiind singur, numai eu !

Ilenuța: Poa' să-ți fie cât de greu, el îmi este soțul meu!

Generalul: Spune, fiară blestemată, unde-i soțul tău, de nu vrei să fii tăiată și în mare aruncată !

Ilenuța: Stai pe loc, nu mă tăia, că îndat-oi fluiera și pe față ți l-oi da !

Lucan: M-a pălit sughițul morții, ceea ce nu mă așteptam, dar ce văd venind din vale? Unul îmbrăcat militar și zâna Ilenuța; o cunosc după veșminte. Ori m-a vândut vreun frate, ori m-a vândut necuratul?

Haiducul: Hai de-aicea să plecăm, ochii cu ei să nu dăm !

Generalul: Stai pe loc, Lucan călare ! Să nu faci nici o mișcare ! Sunt Generalul Dragoș, venit din codri, din Ardeal, cu sabie luci pentru capul tău gătită!

Lucan: Ce ? Crezi că ne e frică de voi ? Dintr-un pas făcut acum, vă pun jos pe amândoi !

Generalul: Sai, măi frate,-n ajutor, că banditun-grozitor mă amenință cu omor! Chiar acum să-l văd legat și în temniță aruncat! Și-acolo va vedea ce omor și ce jaf făcea !

Lucan: Domnule, Măria ta, dați-mi voie ... Aș vrea să-mi sărut logodnica, ce n-a fost să fie a mea !

Generalul: I-ați, banditule, ziua bună de la stele, de la lună, de la mândra ta frumoasă, că de-acum te-ai dus din viață !

Lucan: Ce rău, mândră, ți-am făcut, poterei de m-ai vândut ? Rămâi, mândruțo, cu bine, că eu n-am fost pentru tine ! Și, de-oi fi și de-oi scăpa, capul eu ți-l voi tăia, ca să știe orișicine că am fost vândut de tine.

Ilenuța: Am fost și sunt a ta soție. Te duci ? Te rog nu mă uita ! Nu ți-am dorit așa să-ți fie, nu ți-am dorit așa ceva ...

Lucan: Mă văzui şi eu legat, de mândruţa mea trădat. Sunt închis în puşcărie, când o să scap, nu se ştie.

Generalul: Măi Lucane, măi Lucane, ia să-mi spui acum, în grabă, ce-ai făcut în lumea-n-treagă ?

Lucan: Răstignit pe cruce, sus, vreau să fiu ca şi Iisus, însă vouă nu voi spune ce-am făcut în astă lume.

Generalul: Ai să mori de glonţ de puşcă, aşa cum moare neamul vostru. Legea o scrie ! O ştiu ca pe *Tatăl nostru ...*

Haiducul: Nu-i nimica, frate !... Am vorbit de-aseară-ncoace, într-un timp cu don' maior ... El ne va da scăpare, dar cere un milion. Ce zici, frate, dăm ? ...

Lucan: Ei, dăm, dăm ... Numai să mă văd scăpat şi din lanţuri dezlegat, căci mâine l-am pus la pândă şi tot noi l-am capturat ... Bagă mâna-ntre pistoale ! Vei găsi o pungă mare, toată plină cu parale ! Dă-o! Să mă văd scăpat şi din lanţuri dezlegat...

Moşneagul: Bună ziua, Ilenuţa !

Ilenuţa: Mulţumesc, moş Niţă !

Lucan: Cu ăsta, Ilenuţă, te cunoşti ? Ori te cunoaşte, ori e aşa dumnealui ... O face pe-al dracului ?

Moşneagul: Eu sunt moş Niţă Prale, cel cu stâna din vale sau, mai bine zis, socrul dumitale... Cât ai fost tu în armată, ţi-a arestat copiliţa, aşa că mi-i de căutat...

Lucan: Şi acum ai venit după răsplată sau mergi cu noi în bandă !

Moşneagul: Merg cu voi în bandă, mândru cum am fost odată, mândru, chipeş ca şi voi. De-o fi să merg în bandă, nu mă dau nicicum pe doi. Mai am încă un turcuşor, parcă e un drăcuşor ...

Turcuşorul: Am topor şi am şi spadă, şi pe toţi îi fac grămadă.

Toţi (cântă): Sus, sus, la munte, măi,
  Toate armele s-au strâns

Şi-au plecat după haiduci;
Pe haiduci nu i-au găsit,
Pe Lucan l-au omorât.

Ion Balu, 27 de ani,
Piatra Şoimului, 27 februarie 1998
CGŢ

Jianul

Personajele: Jianul, Anul Nou, Anul Vechi, Haiduci,
Vânătorul, Căpitanul, Mama, Fata, Grecul, Florica,
Potera

    Anul Nou: Bună ziua, veterane,
Mândru viteaz, căpitane,
Spune-n grabă cine eşti,
Cu ce nume te numeşti,
Că-n furia ce mă găseşti,
Aici, pe loc, te nimicesc ?
    Anul Vechi: Stai, măi, de la prima întâlneală,
Mă pui pe mine la opreală?
Eu sunt Anul Vechi, trecut,
În acest popor cinstit
Şi, din câte am păţit,
Părul meu mi s-a albit,
Barba mi s-a încâlcit,
Nasul mi s-a ascuţit;
Iar tu, ramură, rămureşte,
A moşului bătrâneţe,
Ce curaj te-a apucat,
Pe moş de l-ai întrebat ?

Anul Nou: Eu sunt Anul Nou, venit
În acest popor cinstit;
Iar tu, ghiuj bătrân,
Cu barba ca de păgân,
Te prefac în praf și scrum,
Că nimic n-ai folosit
La acest popor cinstit.
   Anul Vechi: Aoleu, și grea belea
S-a legat de baba mea!
Și acum, bătrân de tot,
Mă retrag, că nu mai pot,
Și-ți urez un an frumos,
Că din greu necaz m-ai scos.
   Haiducul 1: Anul Nou șu Anul Vechi,
Decât să vă certați,
Mai bine mâna să dați
Și un cântec să cântați!
   Anul Nou și Anul Vechi: (cântă)
Azi e zi prevestitoare,
Preamăreață sărbătoare,
Anul Nou cu bucurie
Întru mulți ani să vă fie!
   Haiducul 1: Măi delic din codrul des,
Cu chica lăsată-n jos
Și cu pletele pe spate,
Ce porți portul de dreptate,
Spune-n grabă cine ești,
Cu ce nume te numești,
Că-n furia ce mă găsești,
Aici, pe loc, te nimicesc?
   Jianul: Stai, măi, de la prima întâlneală,
Mă pui pe mine la opreală?
Tu ai auzit de Iancu îngrozitor,
În codru sositor,

Cu suflet chinuit
Și cu bandă de jefuit?
   Haiducul 1: Probează!
   Jianul: (cântă): Venii și eu înc-o dată
De la plug și de la sapă,
De pe lanul boieresc,
Unde nu pot să muncesc.
Ce folos de munca mea:
Pui în podul altuia!
(Apoi vorbește)
Dacă văzui și văzui,
Hoț de codru mă făcui;
Bun ajuns la voi voinici
Și ai codrului haiduci!
   Haiducii: Bun ajuns, bade Jiene!
   Jianul: Măi băieți și măi flăcăi,
Când intrați în sat, întăi
Nu vă puneți pe beție,
Căci bețivii vă îmbată
Și vă dă legați deodată!
Măi băieți și măi flăcăi,
N-ați văzut un grecotei,
Grecotei străin, spurcat,
Ce-a jefuit acest sat?
   Haiducul 2: N-am văzut, bade Jiene,
Că, dacă-l vedeam,
Beleaua cu noi și-o găsea,
Încercam a noastre flinte ruginite,
Că de departe sunt venite,
Pentru el sunt pregătite.
   Jianul: Bravo vouă, măi voinici,
Voi, ai codrului haiduci,
Cu toate c-averi n-avem,
Noi mereu veseli suntem

Şi, de veseli ce suntem,
Hai un cântec să cântăm!
Haiducii 1 şi 2: Să cânte Jianul!
Jianul: (cântă): Foaie verde măr domnesc,
Stau pe loc şi mă gândesc
Pe ce cale să pornesc,
Fraţi de-ai mei să întâlnesc,
C-am avut cinci sute cinci,
Toţi români, voinici haiduci,
Ei, în codru când intrau,
Praf şi pulbere făceau;
Dalelei, ce să mă fac,
Să ajung pân'la palat
Şi la Vodă să ajung,
Şi dreptate să aduc?
Când, la Vodă, la palat,
Iese-un câine gulerat.
Jianul: Bună ziua, boieri mari!
Vânătorul şi potera: Ce-i cu tine, opincare?
Jianul: Vrem dreptate, boier mare!
Vânătorul: Dă-napoi şi mergi afară,
Că dreptatea nu-i în ţară!
Dă-napoi şi mergi de-aici,
Vodă nu-i pentru calici!
Jianul: (cântă): De vi-i treaba de aşa,
Pe toţi iadul să vă ia,
Rămâneţi voi la domnie,
Că eu plec la haiducie!
De-oi prinde vreun grecotei,
Îl despoi de şapte piei;
De-oi prinde vreo grecoteoaică,
O despoi ca pe-o şerpoaică,
Cu pielea de pe picioare,
Să-mi fac tocuri la pistoale,

Şi cu pielea de pe cap,
Să-mi fac glonţurii de praf.

    Căpitanul: Măi delic din codrul des,
Cu chica lăsată-n jos
Şi cu pletele pe spate,
Ce porţi portul de departe,
Spune-n grabă cine eşti,
Cu ce nume te numeşti?
Căci a mea sabie-săbioară,
Iese din teacă afară,
Şi pe tine te omoară.

    Jianul: Stai, măi, de la prima întâlneală,
Mă pui pe mine la opreală?
Eu sunt Iancu îngrozitor,
În codru sositor,
Cu suflet chinuit
Şi cu bandă de jefuit.
Dacă nu mă crezi,
Hai în codru şi-ai să vezi,
Unde-s tufele mai mici,
Stau ascunşi ai mei voinici,
Unde-s tufele mai mari
Zac în sânge boieri mari!

    Căpitanul: Măi, bravule vânător,
În oaste când ai intrat,
Sub steag tu mi-ai jurat
Că tot ce-ţi voi porunci
Pe loc vei îndeplini;
Acum eşti însărcinat
Să-l predai pe Jian legat!

    Vânătorul: Predă-te, Jian, legat,
Dacă nu, mori împuşcat!

    Jianul: Nu voiesc a mă preda,
Ci voiesc a înainta,

Voinicii mei cu tine se vor lupta.
Vânătorul: Domnule, Măria Ta,
Pe Jian nu-l pot lega,
Că-i înalt la stat, îngrozitor,
Şi-ndrăzneşte la omor,
Că-i înalt la stat, întunecat,
Şi-ndrăzneşte la păcat.
Căpitanul: În numele legii, eşti arestat!
Jianul (cântă): În temniţa cea grea,
Zac de inimă rea
Sărmani haiduci
Jeliţi de mamă şi prunci.
Mama (boceşte): În temniţa Pleniţa,
Tinerel Jian,
Zac haiduci din Tarniţa,
Tinerel Jian.
Şi, când mă gândesc la tine,
Tinerel Jian,
Se rupe inima-n mine,
Tinerel Jian.
Jianul: Domnule, Măria Ta,
Ascultă şi vorba mea:
Vă dau o pungă cu bani,
De lanţuri să fiu dezlegat
Şi de la voi scăpat.
Căpitanul: Ia vezi, bravule vânător,
Ce spune acest Jian îngrozitor,
Că ne dă o pungă cu bani,
Din lanţuri să fie dezlegat
Şi de la noi scăpat.
Vânătorul: Da, domnule, Măria Ta,
S-avem bani de cheltuială
Şi haine de primeneală,
Copii mici de botezat,

Fete mari de măritat.

Vânătorul: Măi Jiene,-ngrozitor,
Scoate banii repejor!

Jianul: Bagă mâna-ntre pistoale
Şi-ai să dai de-o pungă mare;
Ia-o şi a ta să fie,
Că eu plec în haiducie!

Haiducii 1, 2 şi Jianul (cântă):
I, ha, tra, la, la,
A scăpat jianul, da!
I, ha, tra, la, la,
A scăpat jianul, da!

Jianul: Eu mă plimbu pe poteci
Însoţit de-ai mei haiduci,
Toţi au arme, carabine,
Şi sunt toţi voinici ca mine!
(cântă)
I, ha, tra, la, la,
A scăpat jianul, da!

Potera, Vânătorul, Căpitanul:
Viclenia şi vânzarea,
Vezi, Jianul ne-a-nşelat,
Noi murim de întristare
Şi el vesel a scăpat!

Haiducii 1,2 şi Jianul:
(cântă)
I, ha, tra, la, la,
A scăpat Jianul, da!

Jianul: Domnule, Măria Ta,
Deschideţi ferestrele,
Să ne vedem feţele,
Să ne-auzim vorbele!

Căpitanul: Mergi, Jianule, cu bine,
Că nu ai fost tu de mine;

Mergi Jianule voios,
Că pe mâna mea ai fost!
Haiducul 2: Iar tu, măi câine gulerat,
Cu ce drept ai arestat
Pe acest Jian,
Bravul nostru căpitan?
Ştii că-s frate cu el?
Te jupoi ca pe un miel.
Ştii că e frate cu mine?
Te jupoi ca pe un câine.
Haiducul 1 (către Vânător):
În codri când te-ntâlneam,
Spuneai că eşti vânător,
Al ţării apărător?
Vânătorul: Eu sunt vânător,
Al ţării apărător;
Dacă nu mă crezi,
Am şi-un cântec,
Să-ţi probez?
Haiducul 2: Probează!
Vânătorul (cântă):
Ziua scade, noaptea creşte,
Vine timpul de vânat,
Inima-mi întinereşte,
Ah, ce-am aşteptat!...
Jianul: (cântă):
Copiliţă bălăioară,
Mândruliţa mea,
Nu mai plânge, nu mai plânge,
Că ne-om mai vedea!
Eu mă duc în codrul verde,
Bani s-agonisesc,
Nu mai plânge, copiliţă,
Că eu te iubesc!

Fata (cântă):
Du-te-n lume, băieţele,
Du-te-n lume dar,
Eu la gât nu pun mărgele,
Pun doru' şi lacrimi grele;
Nici pe cap eu floricele
N-am să pun deloc,
Căci pe tine, băieţele,
Te iubesc cu foc!
Anul Vechi: Urc la deal, cobor la vale,
Pe la jumăta' de cale,
Mă-ntâlnii c-o fată mare:
- Fată mare, ce-i cu tine?
- Ptiu, ghiuj bătrân,
Nu ţi-e ruşine?
Ochii mei nu-s pentru tine,
Ci-s pentru iubitul meu,
Ghiuj bătrân, dorul e greu.
Toţi (cântă): *Prindeţi arme cu-nfocare,*
Ca şi Ştefan şi Mihai,
Ca românu-n răzbunare
Când strigă la luptă: - Hai!
Să urmeze toţi românii
Pildă de la noi!

Vasile Cuptor, 48 de ani, Români- Goşmani, 12
noiembrie 2001,
Gh. Ţigău

CREAȚII EPICE

Între producțiile epice folclorice nemțene, *legendele în versuri și în proză* prezintă, de asemenea, o mare varietate de structuri poetice și narative, precum și o bogăție de teme: logodnicii nefericiți sau uniți prin moarte, originea unor nume geografice, etc.

Și *baladele* și *cântecele epice* ocupă un loc proeminent. Acestea sunt texte foarte vechi, iar conținutul lor este prin excelență eroic. Multe dintre ele sunt inspirate din viața păstorească și din contactul între păstori, haiduci și hoțomani ai locurilor (Toma Alimoș, Pantelimon, Florea, Costea).

Alături de texte mai vechi apar în antologia noastră realizări artistice mai noi despre plutașii de pe Bistrița, despre eroi căzuți în războaie, despre meșterul Toma sau un impresionant alt text păstoresc (*Cântecul mioarei*), care ne trimite cu gândul la bogăția de idei și sentimente din capodopera *Miorița*.

LEGENDE ÎN VERSURI ŞI ÎN PROZĂ

Piatra lui Toader

Mărioara de la Borca
E vestită pe la munte,
Între fetele frumoase,
Ea, cu drept, e cea de frunte;
Şi isteaţă e la vorbă,
Veselă, inimă plină,
Şi tot cântă, şi lucrează,
Parcă-i greier şi albină.
E-a lui Toader de la Dorna,
Juruit-au a sa mână,
Însă vremea cea pribeagă,
Prea încet roata îşi mână,
Când e vorba să aducă
Ceasul drag de cununie
Şi să puie-n Vatra Dornei
Casa lor pe temelie.
În sfârşit, în zori s-arată
Ziua cea demult dorită
Şi pe-o plută Toader pleacă
La mireasa lui iubită.
Apa Bistriţei e bună,
Vântul cald uşor adie,
Negurile-ntind pe vârfuri
O urzeală argintie;
Dar din zorile aprinse,
Vine-o rază pe furiş,
Care-mprăştie şi soarbe
Umedul păienjeniş;
Şi-atunci pluta luminată

Vesel lunecă la vale
Parcă dorul ar împinge-o
Pe strălucitoarea cale;
Când la câmp, când la pădure,
Toader pluta-şi cârmuieşte,
Iată-n şipot o îndreaptă,
Iat-acum o dolieşte;
Iar, acolo unde apa
Curge lin şi adormită,
Toader cântă şi visează
La logodnica-i iubită.
Pe la Colţul de la Acra,
Prin vârtejul din Căldare
Mâna meşteră-a lui Toader
Duce pluta-nvingătoare,
Apoi trece pe sub bolta
Cheilor întunecate,
Unde stâncile greoaie
Par în cer împreunate.
Iată, iată se arată
În albastra depărtare,
Uriaşii munţi ai Borcii
Cu sate-n sărbătoare;
Saltă inima lui Toader,
A lui cale s-a scurtat,
Numai Toancele să treacă
Şi din greu el a scăpat;
Dar, la Toance, vijelia
Se ridică de sub stânci,
Duhul rău sălăşluieşte
În genunile adânci;
De o vrajă parcă-i prinsă
Bistriţa în acel loc,
Căci ea apele-şi răstoarnă

Ca pe-o albie de foc,
Dar din fundu-i fără număr,
Răsar stânci posomorâte,
Ce pun stavili de pieire
Plutelor nesocotite.
Toader, însă, ştie strunga,
Nu o dată a trecut
Prin strâmtoarea-nfricoşată,
Unde-atâţia s-au pierdut;
El îşi face semnul crucii,
Apoi intră fără frică
În cea volbură turbată,
Într-a iadului potică;
Însă, vai, strunga-i închisă
De-un catarg care-o iezeşte,
Pluta, dusă ca săgeata,
În mii ţăndări se zdrobeşte,
Iar sălbaticele valuri
Pe logodnic îl înghit
Lâng-o stâncă fioroasă,
Cu vârf negru, ascuţit;
Apoi, parcă, de-a lor faptă
Ele-n urmă se căiesc,
Îşi astâmpără mânia
Varsă lacrimi, se jelesc.
Şi-a lor jale o îngână
Cea pădure-mbătrânită,
Munţii, stâncile pleşuve,
Peştera cea mistuită.
Pân' la Borca merge vestea,
Gol rămâne-altarul sfânt,
Trist norodul se întoarce,
Se-ntind ochii pe pământ;
Iar frumoasa Mărioară

A uitat de-atunci să râdă,
Să mai râdă, să mai țeasă,
Ochii, noaptea, să-nchidă.
Lângă stânca fioroasă,
Cu vârf negru ascuțit,
Veșnic umblă și întreabă
Unde este-al ei iubit.
Într-o zi, pe neagra stâncă,
Mărioara se agață,
Păru-i flutură pe umeri,
Vai, ce veștedă-i la față!
Ochii-i stinși caută-n apă,
Pieptul ei din greu suspină,
Ea îl cheamă,-i face semn,
Pe prăpastie se-nclină;
Și deodată parcă-l vede,
În genunea cea adâncă:
- Doamne-ajută! strigă-atuncea
Și s-aruncă de pe stâncă.
Au trecut anii de-a rândul
După-această întâmplare
Și plutașii, când s-avântă,
În a Toancelor strâmtoare,
Îți arată cu sfială,
Stânca neagră, ascuțită,
Ce cu numele lui Toader
De atunci e poreclită.

*Text preluat, la 17 februarie 2009, de Gheorghe Țigău de la diplomatul Constantin Cojocaru, născut în 1936, la Mădei-Borca. A fost cules de Nicu Gane și publicat în **Dicționarul geografic al județului Suceava**, de Serafim Ionescu, București, 1894.*

Foaie verde, foaie lată...

Foaie verde, foaie lată,
A trăit în lume-odată
Un băiat şi cu o fată;
Au ajuns la logodit,
Dar părinţii n-au voit,
Când au fost de cununat,
Părinţii nu i-au lăsat;
Ei de mână s-au luat
Şi în iaz s-au aruncat;
Părinţii, când au aflat,
S-au dus şi i-au căutat
Alături i-au îngropat.
Pe mormântul la fetiţă,
A crescut un fir de viţă;
Pe mormântul la băiat,
A crescut un frumos brad;
Viţa când s-a înălţat,
Pe brad l-a înconjurat
Şi, pe cânt de vânt,
Strigă din mormânt:
- Blestemaţi fie părinţii
Care-au despărţit iubiţii,
Dar, în lumea cealălaltă,
Nu mai au puterea dată.

Vasile Năstase, 80 de ani;
Târgu-Neamţ, 1981;
Ana Maria Zaharia, elevă

Legenda satului Oglinzi

Mai demult, după ce treceai de Dealul Pleşului, întâlneai în cale un izvor, din care, cu vremea, apăruse un lac.

Oamenii care străbăteau culmea dealului se vedeau în apele lacului ca într-o sumedenie de oglinzi. Asemenea şi brazii, paltinii, soarele şi toate celelalte minuni ale cerului.

Un păstor cam beteag tot trecea pe la izvor, fiindcă văzuse el că-i alinau durerile. Şi, tot aşa, a văzut că mâinile pe care le întindea spre lumea din adâncul lacului, nu-l mai dor. Atunci şi -a zis să nu se mai despartă de lacul fermecat, tămăduitor. Şi-a durat casă straşnică lângă lac ş i, după el, şi -au înălţat ş i alţii gospodării de jur-împrejurul lacului, apărând aşa pe lume satul Oglinzi.

De atunci, fiecare casă a locului îşi vedea chipul în oglinzile lacului cu apă tămăduitoare, unde veneau mulţi betegi uimiţi de frumuseţile de aici.

Maria Tărâţă, 32 de ani; Târgu-Neamţ, 1981; CED

Legenda Ozanei (1)

A fost demult, prin aceste locuri, un cioban grozav de voinic şi de vrednic. După ce treci de Branişte, mai sus de Dealul Pleşului, tocmai spre Hălăuca, la poalele Muntelui Răchita, se afla o stână la care era baci Petrea Voinea, zis Voinicul, dar căruia oamenii mai apropiaţi din părţile locului îi ziceau badea Petrea.

Vrednicul baci avea o mândreţe de fată, pe care o chema Ozana. Ea crescuse mai mult la stână, între mioare. Ziua păzea mioarele, iar, seara, le făcea ciobanilor demâncare: borş de carne de miel sau de mioară, dres cu zer, cârlani fripţi în spuză de jăratic, mămăligă fiartă în zer proaspăt.

Oile lui badea Petrea erau păzite cu strășnicie de mulţi ciobani, doi dintre tineri fiind ajutoarele de nădejde ale baciului. Pe unul îl chema Negruş, avea părul negru lăsat pe spate şi ochii căprui, plini de bărbăţie, îndrăzneală şi bunătate.

Celălalt, Albu, era frumos ca feţii din poveştile bătrâne, cu ochii albaştri şi cu părul ca spicul grâului.

Celor doi flăcăi le era nespus de dragă fata şi, ca să nu se mai supere, şi-au luat inima-n dinţi şi s-au dus la baci.

Acesta i-a primit în căsoaia sa cea mare şi i-a omenit cu rachiu de prună, de-ţi lua gura foc. Feciorii şi-au spus păsul, întrebându-l pe care dintre el şi-l alege de ginere. Baciul îi iubea pe flăcăi, căci le ştia vrednicia:

- Dragii mei, vă dau încuviinţarea cu dragă inimă, dar Ozana trebuie să spuie pe care dintre voi îl vrea de bărbat. Vă învoiţi aşa?

- Ne învoim, baciule. Cum ne-o fi scris...

Când Ozana intră în casă şi dădu cu ochii de flăcăi, înţelese dintr-o fulgerare de ce au venit. Mai pe ocolite, mai de-a dreptul, bătrânul îi spuse fetei ce caută băieţii în casa lor. Atunci, parcă împinsă de o mână nevăzută, fata se apropie de Negruş şi spuse:

- Tată, eu pe Negruş îl vreau!

A doua zi, Negruş îi cumpără Ozanei un şal înflorat, pe care să-l poarte până la nuntă, iar Albu, pe unde-şi păştea oile, buciuma şi hăulea a jale. Ozana şi Negruş se pregătiră de nuntă, care să fie după întoarcerea oilor de la iernat, de undeva dinspre malurile Moldovei.

A fost iarnă grea, cu troiene cât casa, dar, în cele din urmă, au apărut mugurii primăverii. Ozana ieşi cu mioarele în lunca înverzită a apei Neamţului. Deodată, auzi din depărtare buciumul lui Negruş, care dădea veste că se întoarce. Fata înţelese că mirele este pe aproape şi, de bucurie, nu băgă de seamă că un perete de apă de câţiva metri venea dinspre munţi, de unde se topise omătul, rostogolind totul în calea lui, cu mare vuiet.

Vrând să nu se întâmple prăpăd cu mioarele sale, fata le mână spre pădure, dar totul a fost prea târziu, căci apele învolburate au luat cu ele la vale mioarele şi pe fată.

Auzind ţipetele Ozanei, Albu şi Negruş au sărit în apă, s-o scape pe fată de la moarte. Când s-o prindă, apele s-au năpustit şi asupra lor, iar fata pieri pentru totdeauna.

Cu greu l-a salvat Albu pe Negruş, care voia să se arunce după Ozana, în învolburarea apelor.

Ajunşi la mal, n-au încetat să alerge în lungul apei, strigând deznădăjduiţi:

- Ozanaaa!, Ozanaaa!, Ozanaaa!

Fata n-a mai fost de găsit. De atunci, apei de sub Cetatea Neamţului i-a rămas numele Ozanei. De supărare, flăcăii s-au despărţit. Albu s-a dus cu oile spre miazănoapte, iar Negruş, spre miazăzi, de o parte şi de alta a muntelui Răchita. Din lacrimile lor amare au răsărit două izvoare care s-au făcut pâraie: Pârâul Alb şi Pârâul Negru.

Amândouă cântă neîncetat, în şopot, cu lacrimi de unde: „Ozană, Ozană, mândră Cosânzeană!" Ş i astăzi, primăvara, când se topesc zăpezile ş i se năpustesc puhoaiele, Pârâul Alb şi Pârâul Negru îşi poartă apele la vale, spre albia Ozanei, iar, când apele sunt limpezi, fetele se oglindesc în ele, care ascund atâta taină, durere şi jale.

Neculai Neamţu, 79 de ani;
Târgu-Neamţ, 1983;
CED

Legenda Ozanei (2)

Demult, pe-aici, pe la poalele Cetăţii Neamţului, trăia o femeie vrednică-vrednică. Ea avea patru flăcăi viteji, tot unu şi unu. În vremuri de cumpănă pentru Ţara Moldovei, ei au fost chemaţi la luptă în cetele de plăieşi ale Domnului Ş tefan, care-şi ridicase tabără împotriva păgânilor năvălitori, undeva pe, malurile Moldovei.

În acest răstimp, mama feciorilor făcu o fată mândră ca o floare, neştiind ce nume să-i deie, mai ales că gândurile ei erau la cei ce luptau cu vrăjmaşul. În cele din urmă, femeia merse, împreună cu altele de pe aici, în grădină, pe unde trecea, lucind în soare, apa Neamţului, şi-şi botează fata în răcoarea ei, iar pe undele ce-i scăldau fata şi-n care aruncase o za dintre cele vechi şi ruginite ale bunicului, trimise vorbe de curaj feciorilor plecaţi la oaste:

- Na o za din zale voiniceşti! Na o za, de a-i apăra! Na o za! O za, na!

236

Şi, astfel, luă naştere numele fetei, ca şi al apei sfinte ce i-a fost drept scaldă, ducând vorbe de curaj fraţilor ei, care luptau ca nişte lei.

Maria Olariu, 40 de ani; Târgu-Neamţ
(Condreni), 1980; CED

Molda

În vremuri depărtate, trăia în Maramureş un român viteaz, domn peste ceilalţi români de acolo. Pe voinic îl chema Dragoş Viteazul.

Lui îi plăcea vânătoarea. Într-o zi, a plecat cu ceata lui şi cu o haită de câini, răscolind desişurile codrilor, în căutarea unei căprioare, despre care oamenii spuneau că este fermecată.

Şi, tot străbătând pădurile în lung şi -n lat, s-a pomenit dintr-odată pe un plai frumos, tocmai în vârful munţilor. De acolo, de sus, Dragoş privea în depărtări, unde i se arătau pământuri frumoase-frumoase, dealuri şi câmpuri înverzite, izvoare răcoroase, holde aurite, păduri uriaşe de mesteceni şi de stejari. Uitase cu totul de căprioare şi zimbri. Nu se mai sătura de privit şi în suflet îi pătrunse un dor de tot ce ochii-i văzuse hăt!-departe.

Cum sta pe gânduri, iată că vine spre el o căprioară, care se prefăcu într-o zână îmbrăcată, din cap până-n picioare, în aur şi în pietre nestemate:

- Pe mine mă urmăreai, voinice?

- Mă iartă, zână minunată, dar mă apasă un neastâmpăr, un dor cumplit... De aceea, după tine rătăcesc, tu m-ai adus aici, unde dorul mai tare mi-e răscolit... Ce n-aş da să stăpânesc această ţară sfântă!

- Le vei avea în stăpânire... Și dealuri, și văi, și munți, și ape, și câmpii, toată țara asta, de vei răpune un zimbru puternic ș i rău care a îngrozit toată suflarea neputincioasă în fața coarnelor sale vrăjite, de aur. Și, dacă vei izbuti, vei stăpâni totul, însă, în lupta cu fiara, să știi că vei pierde un suflet drag, care va rămâne doar prin nume.

Apoi, zâna dispăru într-un nor de aburi, lăsându-l pe Dragoș uimit de tot ce văzuse și auzise. Dar iată că, din codrul întunecat, s-arată zimbrul cel rău, cu coarne de aur, fermecat, care se repede spre voinic. Simțind că feciorul e mai puternic ca el, zimbrul o luă la fugă, mereu la fugă, hăituit de câinii care nu se puteau ține după el. Numai Molda, cățeaua iubită a viteazului, l-a ajuns la o apă, oprindu-i zimbrului trecerea. Fioros, zimbrul o izbi cu picioarele din spate și o zvârli în apele învolburate, pe biata Molda. Sleită de atâta alergătură și lovită năprasnic, Molda nu mai putu să lupte cu valurile și pieri dusă la vale.

Ajuns la malul apei, Dragoș apucă ghioaga, zbură dintr-o lovitură coarnele zimbrului și-l răpuse.

Cerul se însenină, soarele străluci, iar codrul cântă voinicului imn de slavă.

De atunci, Dragoș puse stăpânirea pe toată această țară . Gârla în care a pierit vrednica lui cățea a luat numele Moldova ș i toată ț ara luată în stăpânire de viteazul Dragoș s-a numit tot așa, luând ca semn capul bourului ucis aici de voinic.

Laura Aron, 64 de ani; Târgu-Neamț, 1980;
CED

Mărina şi Mihalache

Pe vremuri, demult, la marginea unui pripor dinspre Cetatea Neamţului, se afla pitită sub muchia dealului, o colibă mică, în care-şi ducea traiul o bătrână văduvă, împreună cu Mărina, fiica ei. Ele aveau câteva oi, pe care fata le păştea în poienile din împrejurimi.

Bătrâna îşi iubea fata ca lumina ochilor, Mărina fiind mângâiere bătrâneţelor ei grele. Fata era înaltă, subţirică şi grozav de neînfricată. Îşi purta părul auriu împletit în două cozi groase, care-i ajungeau până la brâu. Era sprintenă şi se căţăra ca o veveriţă prin copaci şi pe stânci. Avea ochii blânzi şi calzi, dar, uneori, când era supărată de vreun flăcău, ochii ei se făceau aspri, ca la sălbăticiuni. Atunci se trezea zmeoiaca din fiinţa ei şi începea să-l plesnească pe îndrăzneţ, căci era voinică fata şi îndrăcită foc.

Tot prin acele vremuri, trăia prin Ţuţuieni, un flăcău, Mihalache, voinic, cu chip parcă dăltuit în piatră, asemenea, altor feciori neînfricaţi. Mihalache îl pedepsea aspru pe cel care îndrăznea să-i aţină calea Mărinei, fata dragă lui. O însoţea şi el pe Mărina cu vitele la păscut, cale lungă, până spre zidurile Cetăţii, căci, pe atunci, locurile erau pline de păşuni mătăsoase.

Vedea lumea că se îndrăgesc şi cei doi tineri şi-au zis ca, în vară, să facă nuntă mare, la care să cheme pe toţi gospodarii din Ţuţuieni, Condreni şi Vânători.

Numai că, dintr-odată, se zvonise prin partea locului, că turcii şi Racoviţă-Vodă vor să dărâme Cetatea. De aceea, cete de turci umblau bezmetice, jefuind gospodăriile oamenilor, iar Vodă închidea ochii în faţa păgânilor prădalnici. Mulţi dintre pământeni, se luptau din greu cu turcii, lovindu-i şi alungându-i pe vrăjmaşi, care aduceau în casele oamenilor numai lacrimi şi pustiu.

În zi de duminică, chiar când oamenii erau la biserică, s-au auzit bubuituri grozave, de credeai că se prăbuşeşte pământul. Păgânii s-au pus să dărâme Cetatea cu butoaie de pulbere de puşcă, pe care le legau de ziduri şi le dădeau foc, dar românii nu voiau cu niciun chip ca turcii să-şi facă de cap.

Mihalache era cu vitele la păscut ş i aştepta cu inima arsă de dor s-o întâlnească iarăşi, ca-n fiecare zi, pe Mărina, care pornise dis-de-dimineaţă cu oiţele ei la păşune. Au zărit-o un pâlc de turci, care-au început să urce în grabă dealul, pe urmele ei. Văzându-i, Mărina îşi mână disperată oile spre culme. Ajunsă de turci, fata îşi scoase de la brâu cuţitul ciobănesc, pe care-l înfipse în pieptul celui dintâi dintre păgâni, apoi urcă, urcă, urcă...Pe culme, strigă cât o ţinu puterile:

- Mihalacheee! Mihalacheee! Mihalacheee!

Alţi turci dădură să adune oile, iar ceilalţi o ajunseră pe Mărina ş i o prinseră de mână. Fata lovi cu cuţitul pe unul dintre ei, dar, în cele din urmă, turcii o prinseră, o izbiră la pământ, apoi o legară de trunchiul vechi al unui copac, ca-ntr-un fel de răstignire. Deşi însângerată de iataganele turceşti, fata lovea năprasnic cu picioarele, în stânga şi-n dreapta.

Auzind ţipetele fetei, Mihalache îşi dosi vitele şi porni ca o furtună spre Mărina. Ajuns la ea, flăcăul se repezi cu barda spre turci ş i capetele a trei dintre ei căzură ca fulgerate. Acum se lupta, se lupta, se lupta cu ultimii doi dintre ei. Unul căzu, dar celălalt îi spintecă pieptul cu iataganul. Voinicul izbuti să reteze capul turcului, apoi, cu ultimele puteri ajunse târâş la trunchiul copacului de care era ţinuită Mărina tăind funia care înlăţuia pe fată, după care rămase nemişcat.

Mărina se trezi din leşin şi îşi văzu flăcăul iubit căzut la pământ.

Întorşi de la liturghie, oamenii Condrenilor văzură înroşită unda pârâului care curgea de sus. Urcară ei acolo şi -l descoperiră pe Mihalache sfârtecat de iatagan turcesc ş i, lângă el, pe Mărina cu chipul împietrit, moartă şi ea.

Cei doi tineri fură îngropaţi în ţintirimul Bisericii „Sfântul Lazăr" a spitalului din târgul de pe apa Ozanei, iar dealul pe cresc viorele şi albăstrele ca ochii fetei se numeşte Dealul Mărinei, în timp ce pârâul care şopteşte fără încetare numele viteazului flăcău se numeşte Pârâul lui Mihalache.

Neculai Neamţu, 79 de ani; Târgu-Neamţ, 1983; CED

Balaurul

În stânga drumului ce duce de la Târgu-Neamţului spre Piatra, în aşezarea numită Dobreni, lângă cătunul Sarata, se află un deal împădurit cu stejari falnici. Dealul ăsta se numeşte Balaurul.

Povestesc mai mult pe ş optite bătrânii din vremuri de demult că, într-o vale mlăştinoasă de lângă pădure, trăia sub un mal, un balaur fioros. Îngrozea oamenii cu cele trei capete ale sale, răpunea şi mânca vitele şi chiar pe copiii care le păşteau. Voinicii satului s-au luptat cu namila, dar tot n-au izbutit mare lucru.

Atunci, înţelepţii locurilor, s-au sfătuit cum să scape de primejdie. Au ridicat munte de pământ, rădăcini şi bolovani pe calea ce duce spre izvorul de unde balaurul obişnuia să bea apă, apoi au croit un alt drum, cu multe ocolişuri, pe un povârniş însorit. Drumul era străjuit de o parte şi de alta de un fel de gard de copaci tăiaţi şi ascuţiţi la capete, în aşa fel ca balaurul să se îndrepte spre alt izvor, cu apă sărată. Au presărat şi alte obstacole pe drumul străbătut de balaur, pentru ca acesta să ajungă ostenit şi însetat la izvor. Fiind sărată, apa îi dădea o sete şi mai mare, ostenindu-l şi slăbindu-l din ce în ce mai tare.

Când fură încredinţaţi că blestemata creatură a şubrezit cu totul, flăcăi voinici o aşteptară cu topoare, suliţi şi săbii. Lupta fu aprigă şi dură zile şi nopţi. În cele din urmă, balaurul a fost răpus. Leşul i-a fost îngropat nu departe, în Dobreni, iar cele trei capete fiecare mai depărtate, pe pământurile satelor

Sarata, Căşăria şi Măşcăteşti, care au devenit mai roditoare, iar, oamenii grozav de fericiţi, că au scăpat de pacoste.

Astăzi, se vede de departe drumul care duce către cele trei sate. Este calea pe care se ducea balaurul spre izvorul cu apă sărată, cu slatină, cum îi zic oamenii locului, pe care o folosesc în gospodării pentru a păstra peste iarnă murăturile şi nutreţul vitelor.

De atunci, dealul pe care urca balaurul a luat numele Dealul Balaurului.

Gheorghe Iurea, 63 de ani; Dobreni -Sarata,
1978;
Liviu Iurea, elev

Cucul

Odată, demult, demult, cucul întâlni în cale un mierloi scăpat cu greu din colivia în care îl închisese stăpânul său:

- Bine te-am întâlnit! zise cucul către mierloi. Ia spune-mi, ce spune lumea de cântecele noastre?

- Numai de bine! răspunse mândru mierloiul.

- Și privighetoarea?

- Hm, pe ea o laudă toată lumea...

- Toată lumea... Dar pe ciocârlie?

- Și pe ea..., dar cam pe jumătate... Pe voi, pe voi, mierlele, vă laudă?

- Ei, și despre noi oamenii spun vorbe frumoase, numai că din când în când..., destul de rar...

- Cum se poate? Spune drept, eu cum sunt văzut în lume?

- Tu?... Să-ți spun drept?

- Da, da, abia aștept! spuse cucul cu răsuflarea tăiată.

- De tine n-am auzit pe nimeni vorbind...

- Pe nimeni? întrebă cucul înfuriat peste măsură. Atunci, las' pe mine. Am să spun eu tuturor cine sunt.

Și, de atunci, începu pasărea să cânte din răsputeri, toată vara, prin codrii, prin păduri și prin lunci, spunându-și numele: cu-cu! cu-cu! cu-cu!

Paraschiva Coțofan, (?); Timișești-Plăieșu, 1981; CED

BALADE ŞI CÂNTECE EPICE

Cântecul Grinţieşului

*(Cântecul lui Vasile cel Mare, care haiducea pe
Muntele Grinţieş)*

- Grinţieş, munte frumos,
Ian scoboară-te mai jos,
Să mă sui în vârful tău,
Să mă uit în satul meu!
- Grinţieş, munte rotat,
Nouă veri mi te-am vărat
Şi nimic nu ţi-am stricat,
Num-o creangă ţi-am ciuntat
Şi-aceea de fag uscat,
Armele de-am aninat;
Dar la fagul din cărare
Zace Vasile cel Mare,
Căpitanul cel mai tare;
Nu ştiu, zace sau se face,
Că lui gura nu-i mai tace:
- Beţi, voinici, şi ospătaţi,
Că de azi, mâne, colea,
Căpitan nu-ţi mai avea
Şi-ţi avea un ticălos
De v-a băga la un gros!
Şi haiducii-aşa cânta,
Când Vasile haiducea:
- Frunză verde de cicoare,
Cât îi lumea pe sub soare
Nu-i ca Vasile cel Mare,
Toată vara pe Grinţieş
Şi, iarna, stoler în Ieşi.

Da Vasile-aşa zicea,
Potera când îl ducea:
- Grinţieş, munte frumos,
De azi, rămâi sănătos,
Că mă duc pe vale,-n jos!
N-o fi astăzi, n-o fi mâine,
Când oi mai veni la tine?
N-o fi mâine, n-o fi altă,
Când te-oi mai vedea odată?

Cântecul lui Bujor

Sub poală de codru verde,
O zare de foc se vede,
Iar la zarea focului
Stau voinicii codrului;
Nu ştiu-s zece sau doisprezece
Peste sută cât mai trece,
Toţi frigeau câte-un berbece;
Nu ştiu, berbeci de doi miei
Ori vacă de doi viţei.
Căpitanul cel mai mare,
El frigea o gonitoare,
Dar n-o frigea cum se frige,
Ci mi-o frigea din cârlige
Şi mi-o-nturna din belciuge.
- Păşiţi, voinici, de mâncaţi,
La potecă-,n lunca mare,
Să mai câştigăm parale;
La potecă,-n lunci cu flori,
Să câştigăm gălbiori!
Şi pe plai ei au plecat,
Şi pe plai, mergând la deal,

S-au întâlnit cu-un jidan:
- Bună calea, măi jupâne!
- Mulțumescu-vă, române!
- Aşterne-ți mantaua bine,
Să-mparți banii cu mine,
Şapte părți Codreanului
Şi-una jidanului,
C-aşa-i legea codrului!
Dar potera i-a-nconjurat,
Doisprezece i-a legat,
Căpitanul i-a scăpat
Într-o margine de sat.

Toma Alimoş

Departe, frate, departe,
Departe şi nici prea departe,
Sus, pe şesul Nistrului,
Pe pământul turcului,
Colo-n zarea celor culmi
La groapa cu patru ulmi,
Ce răsar dintr-o tulpină
Ca toți frați de la o mumă,
Şedea Toma Alimoş,
Boier din Ţara de Jos,
Şedea Toma cel vestit
Lângă murgu-i priponit
În țăruşul de argint,
Bătut în negrul pământ.
Şi pe iarbă, cum şedea,
Mândră masă-şi întindea
Şi tot bea, şi veselea,
Şi din gură-aşa zicea:

- Închinar-aş şi n-am cui,
Închinar-aş murgului,
Dar mi-e murgul cam nebun
Şi de fugă numai bun!
Închinar-aş armelor
Armelor, surorilor,
Dar şi ele-s lemne seci,
Lemne seci, fiarele reci!
Închina-voi ulmilor,
Urieşii culmilor,
Că sunt gata să-mi răspundă
Cu freamăt voios de frunză,
Şi-n văzduh s-or clătina,
Şi mie s-or închina!
Iată, mări, cum grăia,
Un nechez se necheza
Şi tot se apropia.
Toma-ncet mi se scula,
Peste câmpuri se uita
Şi zărea un hoţoman
Pe-un cal negru, dobrogean,
Un cal sprinten, voinicesc,
Plătea cât un cal domnesc;
Hoţomanu,-nalt, pletos,
Cum e un stejar frumos.
Era Manea cel spătos,
Cu cojoc mare, miţos,
Cu cojoc întors pe dos
Şi cu ghioagă nestrugită,
Numai din topor cioplită.
El la Toma-ncet venea
Şi din gură-aşa-i grăia:
- Alei, Toma Alimoş,
Boier din Ţara de Jos,

247

Ce ne calci moşiile
Şi ne strici fâneţele?
Boier Toma Alimoş
Îi dă plosca cu vin roş:
- Să trăieşti, Mane, fârtate
Dă-ţi mânia deoparte,
Ca să bem în jumătate !
Manea cu stânga lua,
Cu dreapta se înarma,
Paloşul din sân scotea,
Şi-aşa bine îl învârtea,
Şi-aşa bine mi-l chitea,
Că pe Toma mi-l tăia
Pe la furca pieptului,
La-ncinsul brâului,
Desupra buricului,
Unde-i greu voinicului.
Toma crunt se oţăra,
Manea-n scări se-nţepenea
Şi pe fugă se punea.
- Alelei, fecior de lele,
Mi-ai răpit zilele mele,
De te-aş prinde-n mâna mea,
Zile tu n-ai mai avea!
Şi, cum sta de cuvânta,
Maţele şi le-aduna,
În coş şi le băga,
Pe deasupra se ungea,
Apoi brâu-şi încingea
Şi la murgu-i se ducea,
Şi cu murgu-aşa grăia:
- Alelei, murguleţ mic,
Alelei, murguţ voinic,
De-ai putea la bătrâneţe

Cum puteai la tinerețe!
Murgul ochii-și aprindea,
Necheza și răspundea:
- Iată coama, sai pe mine,
Și de ea te ține bine,
Să-ți arăt la bătrânețe
Ce-am plătit la tinerețe!
Toma iute-ncăleca,
După Manea se lua
Și mereu, mereu striga:
- Alelei, murguleț mic,
Alelei, murguț voinic,
Așterne-te drumului
Ca și iarba câmpului,
La suflarea vântului!
Murgul iute s-așternea,
Manea-n lături se dădea,
Toma turba și răcnea:
- Tăiatu-m-ai tâlhărește,
Fugitu-mi-ai mișelește,
De te-aș prinde-n mâna mea,
Zile tu n-oi mai avea!
Stai pe loc să ne-ntâlnim,
Două vorbe să grăim,
Două vorbe oțelite
Și cu paloșe grăite!
Manea-n lături tot fugea,
Iară Toma l-ajungea
Și așa bine-l chitea,
Că din fugă îi tăia
Jumătatea trupului
Cu trei coaste-a corpului.
Manea-n două jos cădea,
Toma murgului zicea:

249

- Alelei, murguleţ mic,
Alelei, murguţ voinic,
Ochii-mi se-mpăienjenesc,
Norii sus se învârtesc;
Ia grăbeşte,-aleargă, fugi
Şi ca gândul să mă duci
Colo,-n zarea celor culmi
La groapa cu patru ulmi,
Că eu, murgule,-oi muri,
Pe tine n-oi mai sări;
Iar, când sufletu-mi voi da,
Când nu te-oi mai dezmierda,
Din copită să-mi faci sapă,
Lângă ulmi să-mi faci o groapă
Şi cu dinţii să m-apuci,
În groapă să mă arunci!
Ulmii că s-or clătina,
Frunza că s-o scutura,
Trupul că mi-o astupa!
Să cauţi, murgule,-n zori
Să-mi găseşti vreo două flori,
Şi la cap, şi la picioare,
Să-mi sădeşti câte o floare,
Una floare de bujor
Ce pare că arde-n dor,
Şi alta de busuioc,
Că se-opreşte mândra-n loc!
Apoi, dragă, să-mi nechezi,
Apoi să te-ndepărtezi
Unde-am trăit amândoi,
Nimeni frâul să nu-ţi puie,
Nici pe tine să se suie!
Iar de-i vedea, tu pe jos
Un voinic tânăr, frumos,

Cu păr lung şi gălbior,
Să ştii că mi-i frăţior;
Să îl laşi ca să se suie,
Mâna-n coamă să ţi-o puie
Şi să-l porţi, murguleţ, bine,
Cum m-ai purtat şi pe mine,
Şi să-l plimbi aici, pe culmi,
Tot la umbra ăstor ulmi!

Varvara Drozman, 91 de ani;
Borca-Sabasa, 5 ianuarie 1977
CGŢ

Balada lui Gheorghe Andrei

(Erou din Români- Bărc, căzut în Primul
Război Mondial)

Lăsau în urmă crângul, lunca, dealul,
C-asupra ţării se-adunau nori grei,
Plecau români să apere Ardealul
Şi a plecat, din Bărc, şi Gheorghe Andrei.
Plecau voinici ca râul cel de munte,
Ce mătură în cale tot ce vrei,
De inimă şi ţară să asculte
S-a dus, înnegurat, şi Gheorghe Andrei.
Duşmanii vor să rupă ţara-n două
Şi pe români să-i facă sluga lor,

251

S-aducă peste noi o lege nouă
Şi lanţuri grele pentru un popor.
Destui duşmani au fost şi mai sunt încă,
Ce au râvnit al nostru sfânt pământ,
Dar noi am stat cum stă-n furtun-o stâncă,
Iar ei ca pleava risipită-n vânt.
Şi în mai multe rânduri se ciocniră
Şi s-au izbit români şi venetici,
Cu moarte cruntă-ai noştri-i pedepsiră,
Sămânţa să dispară de aici.
Pândea un nemeş însetat de sânge
De după o căciulă de colnic,
Iar Gheorghe Andrei, cu ură, pumnu-şi strânge
Şi se înalţă cruce de voinic:
- Stai, nemeşe, să văd cât eşti de tare!
Stai, nemeşe, să-ţi dau ce-ai vrut: pământ!
Să ai şi tu pentru o-nmormântare
Că-ţi dau atât: să-ţi fie de mormânt!
Dar el n-a stat, ci s-a ascuns îndată
Şi a pândit oşteanul ne-nfricat,
Iar, cu săgeata lui înveninată,
Viaţa lui mişelu-a ridicat.
L-au plâns nevasta, sora şi măicuţa
Şi patru gâgâlici de câţiva ani:
Ion, Vasile, Constantin, Ancuţa
Ce-n urma lui rămaseră orfani.
De unde ştiu şi eu astă poveste?
Ştiinţa mea nu-i fără de temei:
Din locu-acela neamul nostru este,
Din Gheorghe Andrei se trag părinţii mei.

Ion Andrei, 77 de ani,
Români-Bărc, 25 decembrie 1991
CGŢ

Frunză verde-a nucului ...

Frunză verde-a nucului,
Colo-n capul dealului,
Au mers trei voinici ardeleni
Cu papuci galbeni, turceşti,
Cu trei cai mari, braşoveni,
Cu şeile tătăreşti.
În crâşmă, când au intrat,
La masă s-au aşezat
Şi din gură au strigat:
- Crâşmăriţă, tu Aniţă,
Adă vin cu trei cofiţe !
Le-a adus, le-a tot cărat,
Şapte buţi au deşertat,
Nici un ban n-au numărat,
Aniţa s-a-nspăimântat,
La bărbat a alergat:
- Prea iubit al meu bărbat,
Hai la crâşma dumitale,
C-am venit c-o veste mare:
Trei voinici ardeleni,
Cu papuci galbeni, turceşti
Cu trei cai mari, braşoveni,
Cu şeile tătăreşti,
De trei zile-n crâşm-au stat
Şi tot vin că au strigat,
Şapte buţi au degustat,
Nici un ban n-au numărat.
- Crâşmăriţă, tu, Aniţă,
Spune-mi părul cailor
Şi stamba voinicilor !
- Caii-n păr sunt roşiori
Şi voinicii-s mărişori,

Iar voinicul cel mai mare
Stamba-i ca a dumitale;
Voinicul cel mijlociu,
Cu trei pistoale la brâu;
Iar voinicului mai mic
Îi bat plete spatele,
Mustăţile – umerele
Şi se uită pe sub gene,
Chiar şi dumneata te-ai teme.
- Crâşmăriţă, tu, Aniţă,
Dă-le vin cât or pofti,
Nici de bani nu pomeni,
Că ei sunt haiduci de munte
Şi caută pricine multe !

Varvara Drozman,84 de ani,
Borca- Sabasa, 6 ianuarie 1977
CGŢ

Lată-i frunza fagului ...

Lată-i frunza fagului,
Dar mai lată-a plopului
Din vârful muntelui,
La curţile Omului;
Omu-avea-ntinsă moşie
Şi da banii cu chirie
Până la Sfântă Mărie.
Omu' la târg a pornit,
Cu moarte-n drum s-a-ntâlnit
Şi-astfel ea i-a vorbit:
- Bună ziua, Omule !
- Mulţumesc, mătuşă,
Un' te duci, de unde vii,

Numele de nu mi-l știi ?
- Mă trimise Dumnezeu
Să-ți iau sufletul tău !
- Ia carul, butoaiele,
Îți dau și paralele,
Dar mai lasă-mi zilele;
Îți dau galbeni, irmilici,
Nu-mi lua zilele-aici;
Dau cămașa de mătase,
Mă mai lasă până-acasă,
Ca să scriu un răvășel
Pe-o frunză de pătrunjel,
Și să-i spun nevestei mele
Să-și mărite fetele,
Să-și însoare pe feciori !
Nevasta așa a zis:
- Ce e bună casă mare
Fără Om, fără Omuț,
Și în grajd fără murguț ?

Raveica Strat, 75 de ani, Borca- Sabasa, 6
ianuarie 1970
CGȚ

Balada plutașilor de pe Bistrița

Pe supt brâul muntelui,
La izvorul râului,
E-nceputul drumului,
Dar nu-i drum printre ogoare,
Ci-i de apă curgătoare
Și nu-i drum bătut de care,
Ci e drum de apă mare,
Drum anevoios de plute

Şi de Bistriţă prea iute,
Că e drum de căi pierdute.
Drumul merge singurel
Şi trec plutele pe el
Dar pe plută cine-o duce?
Doi voinici ce-s fraţi de cruce:
Unu-i ziua luminoasă,
Altu-i noaptea-ntunecoasă,
Unu-n faţă, altu-n spate,
Duşi de ape spumegate.
Pe la coturi şi cotloane,
Le sar păstrăvi din bulboane
Şi-i momeşte şi îi cheamă
Fată şuie şi vicleană:
Ştiucă, lostriţă sau mreană
Şi le-arată câteodată
Faţa lungă pistruiată,
Juri că-i zgâtie de fată!
Şi se cearcă să se-arunce
Şi le zice cu glas dulce:
- Staţi pe loc, mândri feciori,
Puneţi plutei opritori
Să o-mpingeţi la strâmtori
Şi s-o priponiţi pe maluri
Să săriţi la mine-n valuri.
De vi-i vrerea şi puterea,
Am săruturi dulci ca mierea
Şi alunecos mijlocul
Şi îmbrăţişări ca focul
Şi un glas plin de dulceaţă
Şi o inimă de gheaţă
Şi-n adâncuri am palate
De comori nemăsurate
Şi pofte nesăturate.

Hai, flăcăi, săriţi în apă
De unde nimeni nu scapă!
Şi-arătarea blestemată,
Nici peşte curat, nici fată,
Neprinsă-n cârlig vreodată,
Când codană şi când peşte,
Tot aşa-i ademeneşte
Până ce mi-i zăpăceşte!
Doar o clipă nu văzură,
Când intrară-n cotitură,
Colţul ascuţit de stâncă
De supt apa cea adâncă:
Un trosnet şi-i izbitură
Şi-ncă o zguduitură
Şi brazii se îmbulzirӑ
Şi Bistriţa o-mpânzirӑ....
Nici cei doi plutaşi nu scapă,
Că-s traşi în afund de apă
Şi îi prinde naiba-n mreje
Într-o majă de găteje
Şi le-aşterne ştima pat
În adâncuri de palat...
La Goşmani, lângă o stână,
Izvorăşte o fântână
Numai cu apă sărată,
Că-i din lacrimi adunată.
Pe plutaşi doru-i mai cată
În cele vale-nlăcrimată:
Caută printre nuntaşi
Dar nici urmă de plutaşi,
Caută printre năieri
Nu-i găseşte nicăieri.
Numai noaptea câteodată,
Luna tainic îi arată,

Când din nouri negri scapă,
În castel cu brâu de apă
Cu zidiri de raze ninse
Ca de lumânări aprinse.

Cântecul mioarei

De pe-un deal de nemurire,
Spre o vale de uimire,
Într-o înserare blândă,
Însetată şi flămândă,
Vine turma de mioare
Risipită pe ponoare:
N-are cai în jur să-i pască,
Nici câini răi s-o ocrotească,
Nici cioban să o păzească
Şi nici stână s-o primească:
- Mioriţă, mioriţă,
N-ai nici baci şi nici băciţă,
Să-ţi dea apă din cofiţă,
Nici otavă din căpiţă
Şi nici cine să te laie,
Mioriţă bucălaie!
Oare lupii mi te-alungă,
De n-ai stână şi nici strungă,
Nici cioban să te păzească
Şi din fluier să-ţi doinească!
Ce-i cu turma,
De-i pierzi urma
Li a jale zbiară-ntruna
De parcă-ar veni furtuna!?
- Baciule, ce-mi ieşi în cale,
Mulţumescu-ţi dumitale,

De n-am cai să mă-nsoţească
Şi nici câini să mă păzească,
Nici cioban să mă-ngrijească
Şi din fluier să-mi doinească,
E că, dincolo de zare,
Ne-au ieşit duşmanii-n cale:
Unul plăsmuit de pustă,
Hămesit ca o lăcustă
Şi viclean din cale-afară,
Fără glie, neam şi ţară,
Şi-altul, tot lepădătură,
De prin stepă-adunătură,
Pe român îl pizmuiră
Şi aşa se sfătuiră:
Pe la un apus de soare,
Pe-al nostru să ni-l omoare,
Că are păşuni întinse
Şi fâneţe necuprinse,
Şi păduri cu umbră deasă,
Şi o mândră mai aleasă,
Şi mai are înalţi munţii,
Şi har îndărătul frunţii,
Şi-are Dunărea şi Marea...
Asta-i toată supărarea!
Câinii ni-i solomoniră,
Caii noştri îi goniră
Şi, ca fiarele turbate,
Îi căzură lui în spate;
Se-nroşea tot asfinţitul
Când izbiră cu cuţitul,
Dar şi mândrul nostru, dragul,
Îi trăsese cu baltagul
Şi-i lăsă în bălţi de sânge,
Dar el rabdă şi se plânge,

Că nu-i mândra lângă dânsul,
Să-i mai ostoiască plânsul,
Rănile să-i oblojească
Şi de turmă să-ngrijească.
Rogu-mă rog dumitale:
Du-te la Români devale
Şi-i vedea o casă-n cale:
Poarta-i albă, alb cerdacul
Şi-nflorit tot liliacul.
Mândra-şi coase-n flori altiţa,
Raza-i mângâie cosiţa;
Spune-i să nu zăbovească
Şi în grabă să pornească,
Dar s-aducă trei smicele,
Să lege rana cu ele,
Sângele să se oprească,
Badea să se-nzdrăvănească!
Baciul merse şi ajunse,
În ogradă el pătrunse
Şi povestea mioriţei
O istorisi băciţei.
Cât ce-aude, mândra sare
Pe un cal de foc răsare,
Surpă dealul de-a călare.
Mândrul roib e tot o spumă,
Parcă-ar fi bătut de brumă;
Când ajunge, gându-i plânge,
Pe voinic la piept îl strânge
Şi cu mâna ei uşoară
Rana lui i-o înfăşoară
Şi apoi, până dau zorii,
Ea-i sărută ochişorii
Şi-i mai pune trei smicele
Să se vindece cu ele

Dar nu asta-i vindecarea,
Cât mai mult îmbrățișarea:
Capul ea pe braț i-l ține
Să mângâie și s-aline,
Iar, spre dalba dimineață,
Toate se întorc la viață.
 Și-au rămas stârvuri străinii,
Să-i roadă corbii și câinii,
Că pe nimeni n-au pe-aproape,
Să-i plângă și să-i îngroape.
Și le-or arde soarele
Toate osicioarele
Și i-or bate ploile
Și pe-ai lor nevoile;
Moartea le-a făcut lor pat
C-au găsit ce-au căutat.

Maria(Andrei) Tudor, 48 de ani,
Piatra-Neamț, 6 decembrie 2007
Gh. Țigău

DOINE ŞI CÂNTECE LIRICE

Doinele şi *cântecele lirice* au devenit, în timp, sinonime ale *cântecului popular*. Între aceste specii literare există evidente apropieri, amândorura fiindu-le caracteristică, mai întâi, familiaritatea cu natura, în faţa căreia omul se minunează, făcând-o, în acelaşi timp, confidentul, părtaşul sentimentelor, frământărilor şi durerilor sale. Codrul ş i făpturile lui (cucul, mierla, căprioara, corbul, ş oimul) devin simbolul naturii eterne, căruia îi este asociat *dorul*, sentiment misterios, complex, indefinibil.

Ar mai de adăugat ceva: cântecul ciobănesc, cântecele de dragoste, de cătănie şi de înstrăinare sunt strâns legate de viaţa socială, de bucuriile, tristeţile şi aspiraţiile iscate şi impuse de existenţa omului.

La pârâul dorului

La pârâul dorului,
La marginea norului,
Pe plaiul Românilor,
Creşte floarea-florilor,
Dar nu este orice floare,
Ci e inima ce doare.
De la Bărc înspre Goşmani,
Râul e secat de ani,
Dar îşi face vad şi creşte,
Că din lacrimi se hrăneşte.
Lâng-o salcie pletoasă,

Plânge maica cea duioasă,
Dorul râului şi-l spune,
Că feciorii-s duşi în lume.
Pasărea se-ntoarce-n zbor,
Dar băieţii ei nu vor;
Pasărea la cuib se-ntoarce,
Dar copiii – nu şi pace.
Maica des din ochi clipeşte,
Dar feciorii nu-şi zăreşte,
Că atâta rugă are:
– Du-te râu până la mare
Şi, pe-o aripă de vânt,
Adă-mi de la ei cuvânt;
Ori li-i rău, ori li-i prea bine,
Dacă au uitat de mine.
De-ar vrea Domnul să m-asculte,
Să mă facă şoim de munte,
Să mă-nalţ mai sus ca norii,
Ca să-mi văd din nou feciorii,
Să mi-i mângâi cu privirea,
Să-i dezmierd iar cu iubirea,
N-are mama glas să certe,
Ci să mângâie şi ierte.
Mai fac umbră pe pământ,
Ca să vină cât mai sunt,
Iar, de nu, atunci m-oi duce
Unde dealul face cruce
Şi clopotul sună dulce,
Sub iarbă să mă găsească
Pe mine să mă jelească.
Dor de fraţi şi de surori
Cât e roua de pe flori,
Dar de mama iubitoare
N-ai nici tihnă la mâncare,

Nici odihnă la culcare;
Dor de mamă când te-apucă,
Frunzele-n copac usucă.

Maria (Ionaşcu) Andrei, 73 de ani;
Români-Bărc, 30 iulie 1999
CGȚ

Du-te, dor, pe izvor ...

Du-te, dor, pe izvor
Şi despică molidu'
Nu-mi despica sufletu'
Şi despică cetina,
Nu-mi despica inima !

Constantin Găboroi, 69 de ani;
Ruginoasa, 22 decembrie 1996
CGȚ

Pe malul Bistriţei, în jos ...

Pe malul Bistriţei, în jos,
Sub un stejărel pletos,
Şade-o copiliţă jos
Ş-aşa plânge de frumos,
De cade frunza pe jos,
Ş-aşa plânge de cu jele,
De cade frunza păturele!
- Fugi, copilă, din cărare,
C-a venit Bistriţa mare!
- Las' să vie, să mă mâie,

Că n-am tată să mă ție,
Nici mamă să mă mângâie;
Am un frate, da'-i departe,
Trec trei ape și-o cetate,
S-ajung la el, nu se poate!

Aneta Covrig, 62 de ani,
Piatra Șoimului, 27 ianuarie 1998
CGȚ

Trecui dealul, mort de sete ...

Trecui dealul, mort de sete,
Mă-ntâlnii cu două fete,
Amândouă-n haine nouă,
Săruta-le-aș pe-amândouă,
Dar pe una-ntotdeauna !
Bate vântul, iarba pică,
Dorul mândrei rău se strică;
Bate vântul, iarba crește,
Dorul mândrei mă topește !
De s-ar lua toți cei dragi,
N-ar mai fi frunze pe fagi,
Dar se iau și cei urâți
Și fagii sunt grămădiți.
Am un bade dus departe,
I-aș scrie și nu știu carte;
Spune-mi, spune-mi, pui de cuc,
Încotro eu să apuc ?
Vântul suflă, rău suspină,
Iarba mică se clatină;
Sărăcuț și-amar de mine,
De-aș simți că moartea vine,

Aş lăsa un jurământ
Să mă-ngroape-n cel mormânt,
Unde badea s-a tot dus
Şi el tot de dor răpus.
Lasă, Doamne, foc şi pară
Unde-i dorul meu de-aseară;
Lasă, Doamne, foc şi fum
Unde-i dorul meu de-acum !

Mircea Grigore, 60 de ani;
Ruginoasa, 4 ianuarie 1997
CGŢ

Dor de-acasă

Pe la cale jumătate,
M-apucă un dor de-acasă,
De copii şi de nevastă;
De-o fi dor de la vreo mumă,
Să fac calul numai spumă;
De-o fi dor de la vreun tată,
Să fac calul numai apă;
De-o fi dor de la surori,
Să fac calul numai flori;
De-o fi dor de la nevastă,
Să las calul să mai pască
Şi eu să mă odihnesc,
Că nevastă mai găsesc !

Domnica Ailenei, 64 de ani,
Gârcina-Almaş, 3 martie 1998
CGŢ

Foaie verde murele ...

- Foaie verde murele,
Ia mai cântă, cucule,
Să te-asculte mândrele
În toate diminețile !
S-asculte și mândra mea,
Care m-am iubit cu ea
Din copilăria mea,
Din braț de la maică-sa !
Și mai cântă, cucule,
Pân' nu se coc grânele !
- Ba, ba, ba, voinicule,
Toată vara v-am cântat,
Nimeni nu m-a ascultat;
Și-am cântat pe dealu' nalt,
Unde turcii s-au tăiat;
Și-ntr-un bordei afumat,
Toată iarna m-a plouat,
M-a plouat și m-a picat
Și-un picior mi-a degerat
Și cel'lalt mi s-a uscat.
- Bată-te legea de cuc,
Vara vii, vara te duci,
Mă mir iarna ce mănânci ?
- Mănânc putregai de fag
Și beau apă dintr-un lac,
Și vă cânt vouă cu drag.

Aneta Covrig, 62 de ani;
Piatra Șoimului, 20 ianuarie 1988
CGȚ

Dorule lin

Numai lin, dorule lin,
Hai la drum să ne pornim
Şi să nu ne mai oprim
Până-n satul meu din vale,
Că ne-aşteaptă mândra-n cale,
Şi ne-aşteaptă de trei luni
Tot cu post şi rugăciuni !
Numa-ncet, dorule,-ncet,
Pe la lunca din brădet !
Foaie verde-a inimii,
Să n-audă vecinii;
Foaie verde de negară
C-am venit la mândra iară !

Domnica Ailenei, 64 de ani,
Gârcina-Almaş, 3 martie 1998
CGŢ

Frunzuliţă peliniţă ...

Frunzuliţă peliniţă,
Sus în deal, în poieniţă,
La poalele muntelui,
La umbra stejarului,
La pârâul dorului,
Plânge-o pasăre străină,
De trei zile tot suspină.
A venit pârâul mare

I-a luat cuibul la vale,
I-a luat şi un puişor,
Ce-l avea de ajutor;
Dar mai sus, lângă izvor,
Coboară un vânător:
- Vânător, măi vânător,
Hai să-mi fii de ajutor
Şi-mi scoate puiul din apă,
Doamne, strigă că se-neacă !
Eu nu pot, mamă, să-not
Să dau mâna, să te scot.
Vânătorul auzea,
În apă se azvârlea,
Dar puiul mort îl scotea.
Păsărica tot jeleşte,
Penele le jumuleşte,
Jumătate le cerneşte,
De doliu se pregăteşte.
Amărâtă păsărică,
Cum ai rămas singurică,
Zbori acum lângă pământ,
Din ochi negri lăcrimând,
După puiul tău strigând !

Frunzuliţă murele ...

Frunzuliţă murele,
Prin toate pădurile,
Pe toate cărările,
Eu ţi-am strigat numele.
Sus, la bradul cel înalt,
Unde cucul mi-a cântat;
Cucul gras, mierla subţire,

Îmi făceau jale şi mie.
Ieri, am trecut prin pădure
Tot cu jalea lângă mine,
Iar de jalea mea cea seacă,
Brazii toţi de vârf s-apleacă,
Cu crengile la pământ
Şi mă-ntreabă ce-am pierdut.
Eu jalea le-o povestesc,
Ce-am pierdut, nu mai găsesc;
Am pierdut tinereţea,
Nu mai pot, Doamne, zbura,
Acum zbor din creangă-n creangă,
Ca o pasăre pribeagă.

Cucule cu pene lungi ...

- Cucule cu pene lungi,
Vara vii, vara te duci,
Nu ştiu iarna ce mănânci,
Doar tu nimica nu strângi !
- Mănânc putregai de fag
Şi vin să vă cânt cu drag.
- Să-mi cânţi, cucule, şi mie,
Că la vară nu se ştie
De mai sunt sau nu mai sunt
Şi nu te aud cântând !
Cucule cu pene verzi,
Frumos cânţi tu prin livezi,
Cântă şi-n livada mea
Cântec pentru ai mei fraţi,
Să crească păduri de brazi;
Cântece pentru surori,
Crească trandafiri cu flori !
Primăvara să-nflorească,

Să nu se mai ofilească,
Ca să vadă orişicine
Că am frăţiori pe lume !

Aglaia Albeaţă, 76 de ani,
Piatra Şoimului, 15 martie 1998 CGŢ

Câte jele-au fost pe lume ...

Câte jele-au fost pe lume,
Toate m-au ajuns pe mine;
Câtă jele-i pe pământ,
Toată m-a ajuns, pe rând;
Câtă jele-n lume este,
Toată-n mine se opreşte;
Câtă jele îs prin sat,
Toată pe mine-au picat.
N-aş cânta, n-aş şuiera,
Da' m-a străbătut scârba;
Scârba mă-nvaţă cânta
Şi necazul altuia.
Care nu trăieşte-n cu jale
Nu ştie cântecele mele,
Care nu trăieşte-n greu
Nu ştie cântecul meu.

Domnica Ailenei, 64 de ani,
Gârcina-Almaş, 3 martie 1998
CGŢ

Cine-a făcut dragostea ...

Cine-a făcut dragostea
Aibă trupu' ca floarea,

271

Gura ca alămâia,
Tocmai mândră ca a ta!
Cui nu-i place dragostea
Dumnezeu să nu i-o dea,
Să mi-o deie numai mie,
Ca s-o port în pălărie,
C-o ştiu din copilărie !

    Fata mamei, fată, fată ...

- Fata mamei, fată, fată,
Nu rămâi nemăritată,
După bogat om te-oi da,
Nu oricine te-a lua.
- Dar eu, mamă, nu mă duc,
Bogatul te pune-n plug
Şi, după cap, negru jug.
- Fata mamei, fată, fată,
Nu rămâi nemăritată,
După frumos om te-oi da,
Cum în lume n-oi afla.
- Mamă, acolo mă trag,
Pe toate am să le fac
Cu omul frumos şi drag.

    Foaie verde de-alior ...

- Foaie verde de-alior,
Somn li-e, mamă, ochilor
Şi nu pot dormi de dor !
- Du-te, fiică, şi te culcă
În patul tătâne-tu !
- Nu, mamă, eu nu mă duc,
Că patu-i făcut din fân

Şi miroase-a om bătrân.
Somn li-e, mamă, ochilor
Şi nu pot dormi de dor !
- Du-te, fiică, te-i culca
În patul surorii-ta !
- Nu, mamă, eu nu mă duc,
Că patu-i făcut din flori,
Şi nu-i pentru două surori !
- Somn li-e, mamă, ochilor
Şi nu pot dormi de dor.
- Du-te fiică dormi-ţi somnul
În patul frăţâne-tu !
- Nu, mamă, eu nu mă duc
Că patu-i făcut din brazi,
Să nu doarmă soră cu fraţi !
- Somn li-e, mamă, ochilor
Şi nu pot dormi de dor.
- Du-te fiică şi te culcă
În podul grăjduţului,
La pieptul drăguţului !
- Bine, mamă, te-ai gândit,
Fiţ-ar trupul zugrăvit
Şi guriţa ce-a grăit;
Sufletul să-ţi meargă-n rai,
Că bună hodină-mi dai !
Pârâuaş cu apă rece ...
Pârâuaş cu apă rece
Pe la poarta mamei trece,
Iese mama să se spele
Şi-ntreabă pe pietricele:
- Bine i-i copilei mele ?
- Da, mamă, mie mi-i bine,
Cât o fi inimă-n mine,
Că eu, mamă, nu ţi-am spus,

Tot la inimioară-am pus;
C-am răbdat cât am putut,
Dar acu' nu pot mai mult;
Că ți-am zis, măicuță, ție,
Îs opt ani la Sfânt' Ilie,
Să-mi pui măr dulce-n grădină,
Să mă măriți lângă tine,
Dar mi-ai pus un pădureț
Şi m-ai dat să nu mă vezi !
Arză-l focul măritat,
Că tare l-am aşteptat
Şi iute m-am săturat
De soacră şi de bărbat !
Soacră-ncoa', soacră-ncolea,
Ce făceam nu-i mai plăcea;
Bărbatului mă pâra,
Bărbatul de cap mă ia,
Mă trage de cot cu tot,
Vino, mamă, nu mai pot !
Vin', măicuță, m-oi vedea
Şi-i plânge de mila mea;
Parcă ți-aş fi fost argată,
Nu vii la min' niciodată !
Măicuță, ți-o părea rău,
Că şi eu-s copilul tău;
Măicuță, cum nu ți-i milă,
Că şi eu-s a ta copilă ?

Casandra Vasiliu, 40 de ani,
Borca- Sabasa, 9 ianuarie 1975
CGȚ

Cântec de urât

Frunză verde alămâie,
Cât m-am rugat, Doamne, Ție,
Să nu-mi dai urâtul mie,
Dar oricât eu m-am rugat
Tu tot mie mi l-ai dat !
De când sunt, n-am mai văzut
Să ții casă cu urât
Și boi grași fără pământ;
Că boii se țin cu iarbă
Și casa cu om de treabă.
Decât cu urâtu-n casă,
Mai bine o boală-n oase;
Mama din boală mă scoate,
Dar din urât nu mai poate.

Constantin Cotârgășanu, 76 de ani,
Borca- Sabasa, 10 ianuarie 1969
CGȚ

Codrul iarăși înfrunzește ...

Codrul iarăși înfrunzește,
Numai mie nu-mi tihnește,
Că n-am boișori să-njug,
Să merg și să ar la plug
Și, fiindcă mi-s om sărac,
Nu știu, Doamne, ce să fac ?
Văd cum codrul înfrunzește,
Numai mie nu-mi tihnește,
Trag în lume cu amar
Că n-am boi să prind la car.
Cu ce focul să muncesc,

275

Vai, Doamne, greu mai trăiesc !
De copil trag tot la rele
Şi-mi petrec viaţa cu jele;
De ce-aştept să-mi fie bine,
Mai mult dor şi jele-mi vine,
Că trăiesc ca vai de mine !

Fata şi cucul

Foaie izmă creaţă,
Joi de dimineaţă,
Pe rouă, pe ceaţă,
Şi pe negureaţă,
Măre, mi-au plecat,
S-au îndepărtat,
Departe de sat,
Trei surori,
La flori,
Să se înflorească
Să se-nveselească.
Foaie de năut,
Dumnezeu n-a vrut
Şi-a dat ploaie-n vânt,
Şi le-a rătăcit,
Mi le-a despărţit,
Şi le-a risipit.
Fata a mai mare
O luă pe drum la vale,
Nici habar nu are;
A mai mijlocie
Apucă prin vie,
De ea nu se mai ştie;
A mai mititea

Luă o potecea
Şi fu vai de ea !

Aglaia Ciocan, 72 de ani,
Păstrăveni- Rădeni, 1 februarie 1991 CGŢ

Foicică foi şi-o fragă ...

Foicică foi şi-o fragă,
Gheorghiţă cu cuşma neagră,
Du-mă-n lume, de ţi-s dragă;
De ţi-s dragă, du-mă-n lume,
Iar de ţi-s urâtă, spune !
De ţi-i ruşine să spui,
Fă-mă frunză de gutui,
Fă-mă frunză de măr dulce
Şi du-mă unde m-oi duce,
Du-mă-n pădurea de fag,
Unde-i neic-al meu cel drag,
Care poartă cuşmă neagră
Cu obrajii roşii, de fragă,
Şi gura de sălcioară,
Şi ochii de murişoară !

Vasile Cosău, 65 de ani,
Răuceşti, 12 aprilie 1970
CGŢ

De când badea mi s-a dus ...

De când badea mi s-a dus,
Negură-n poartă s-a pus,
Şi pe pai, şi pe nuia,
Şi pe inimioara mea.

De-ai şti, bade, cum nu ştii,
Cât e de greu a dori,
Ţi-ai face din noapte zi
Şi-ai veni de unde-ai fi.
Rabdă inimă şi taci,
Că nimic nu poţi să faci !

Creşti pădure ...

Creşti pădure şi te-ndeasă,
Numai loc de-o casă-mi lasă;
Loc de-o casă şi-o cărare
Pân-la leliţa, în vale !
Şi-aşa-mi zic oamenii-n sat
Că sunt tare blestemat,
Blestemat de ce să fiu,
Că n-am omorât om viu,
Nici alt rău nu am făcut,
Ci-am iubit ce mi-a plăcut.
Toată lume-ar vrea să mor,
Să rămână mândra lor,
Mândra lor nu le rămâne,
C-o iau în groapă cu mine.

Varvara Drozman, 84 de ani
Borca-Sabasa, 9 ianuarie 1970
CGŢ

Însura-m-aş, dar mi-e jele ...

Însura-m-aş, dar mi-e jele
Să mă fac om cu muiere,
Că, dacă sunt însurat,
Nu pot merge seara-n sat,

Nici noaptea la sărutat.
Foaie verde de mohor,
Nici la toamnă nu mă-nsor,
Că nu pot să las, nu pot,
Pentru una, satul tot.
Fetişoară cu părinţi,
Nu grăbi să te măriţi,
Grăbeşte-te de feteşte,
Ca floarea, când înfloreşte !

Dorul badelui

Păsărică, păsărea,
Zbori la mândruliţa mea,
La a mea mândră-n grădină,
Şi îi spune ca să vină
Colo,-n vale, la izvor,
C-o aştept cu foc şi dor,
Două vorbe să-i vorbesc,
După aceea, s-o iubesc !

Departe eşti, mândră dragă

Mândruliţă, dragă fată,
Lasă poarta descuiată
Şi fereastra destupată,
Să mai vin câteodată,
Să te văd cum eşti culcată,
Cu faţa către perete,
Cu gura arsă de sete !

Vasile H. Cobuz, 36 de ani,
Borca , 9 ianuarie 1970; CGŢ

Foaie verde de-un dudău ...

Foaie verde de-un dudău,
Pe drumul pe care merg eu,
Nu-i fântână, nici pârău,
Nu-i nici apă ca să beau,
Să-mi potolesc dorul meu,
Dorul de la inimioară
Nu mi-l potoleşte-o ţară.
Şi iar verde foi de nuc,
Singurică-s ca un cuc,
Nu ştiu pe ce drum s-apuc !
Şi iar verde de gutui,
Jelui-m-aş şi n-am cui,
Jelui-m-aş codrului;
Codru-şi are frunza lui
Şi nu crede nimănui,
Nici mie de dorul lui !
Şi iar verde de-un dudău,
De jalea traiului meu
Plâng pietrele pe-un pârău
Şi casa-n care sta eu !

Neculai Ciubotă, 63 de ani,
Borca, 12 ianuarie 1970
CGŢ

Şi-am zis verde de-alindor ...

Şi-am zis verde de-alindor,
Dă, Doamne, şi omului
Ce i-ai dat şi codrului !
Codrului i-ai dat cărări
Şi omului, supărări;

Codrului i-ai dat frunza
Şi omului, inimă rea;
Codrului i-ai dat verdeaţă,
Omului, i-ai dat pedeapsă;
Codrului i-ai dat izvoare
Şi omului, zile-amare.
Şi-am zis foaie trei alune,
Mă mir, codrule, de tine,
Că toamna îmbătrâneşti,
Primăvara înmugureşti
Şi tu vara tânăr eşti !
Dacă eu îmbătrânesc,
Înapoi nu-ntineresc.

Dumitru Ţăranu, 65 de ani;
Borca- Sabasa, 15 noiembrie 1969 CGŢ

Ah, amar şi vai de viaţă ...

Ah, amar şi vai de viaţă,
Nici o dragă dimineaţă
Să nu vărs lacrimi pe faţă;
Nici o dragă de cu seară
Lumea să nu-mi fie-amară !
Mare-i lumea şi nu-ncap
Şi mă mir ce rău le fac,
Nici averea nu le-o beau,
Nici iubirea nu le-o iau,
Că tot plâng, jelesc mereu
La mormânt la soţul meu;
La mormântu-i iarba creşte,
În mormânt tot putrezeşte,
Inima mi se topeşte.

Drag mi-a fost drumul încoace ...

Drag mi-a fost drumul încoace
Şi n-am pentru cine-l face,
Puiculiţa ce-am iubit
Zice că m-am muscălit
Şi-mi vorbeşte duşmăneşte
De pe mal, când mă priveşte,
Şi-mi tot zice: - Fugi departe,
Că de mine tu n-ai parte !
Când erai român curat,
Sufletul meu ţi l-am dat,
Dar, de când te-ai căzăcit,
Eşti ca dracul de urât !
Prutu-i mare şi nu pot
Pân-la ea să-l trec înot;
Prutul vine ca un zmeu,
Când sosesc pe malul său.

Fă-mă, Doamne, ce m-oi face ...

Fă-mă, Doamne, ce m-oi face,
Sufletul să mi se-mpace,
Fă-mă hulubaş de-argint
Cu aripile de vânt,
Să mai zbor de pe pământ,
Pân-la maica, pe mormânt,
Să plâng şi să mă jelesc
Şi de bune, şi de rele,
Şi de-aleanul vieţii mele !

Varvara Drozman, 90 de ani,
Borca Sabasa ,19 ianuarie 1976 CGŢ

Frunză verde de neghină ...

Frunză verde de neghină,
Inimă de zbucium plină,
Când te-oi vedea împăcată,
Cum erai demult, odată ?
Când m-aş mai vedea acasă,
Colo, printre-ai mei, la masă,
Să mănânc, să beau râzând,
Chiar de m-aş culca flămând,
Că la masă, la străini,
Creşte floarea cea de spini,
Şi la floarea crinului
Parcă e a spinului,
Iară cu ai mei la masă,
Creşte numai iarba deasă
Şi au feţele senine,
Vorbele cu miere pline.

Ion Cajban, 90 de ani,
Borca, 4 ianuarie 1972
CGŢ

Foaie verde trei lalele ...

Foaie verde trei lalele,
Aşa trec zilele mele,
Două bune, două rele,
Şi-am nădejde c-or mai trece
Rele două, bune zece,
Căci mă necăjesc de-un an
Să fac din pelin zahar
Şi zaharu-i tot zahar,

Şi pelinu-i tot amar !
Pelin beau, pelin mănânc,
Seara pe pelin mă culc,
Dimineaţa când mă scol,
Eu tot cu pelin mă spăl.

Maria Niculiţă, 63 de ani,
Borca- Sabasa, 11 ianuarie 1970
CGŢ

Când am plecat în armată ...

Când am plecat în armată,
Lăsai mamă, lăsai tată
Şi-o bunicuţă bătrână,
Ce plângea lângă fântână;
Din ochi lacrimi îi curgea
Şi din gură-aşa grăia:
- Să mergi, Ioane, cu bine,
Ia batistă de la mine !
În batistă ai o floare,
Să-ţi ştergi faţa de sudoare,
E mult pân' la liberare,
Că bunicuţa-i bătrână,
Stă şi-aşteaptă la fântână.
- Eu plec, bunico, din sat
Şi de mâine sunt soldat,
La Nistrul îndepărtat.
Nistrule, pe malul tău,
Opt ani am să petrec eu,
Patrulând cu arma-n mână,
Cu dor de ţară, de mumă !
Nistrule, apă lioară,

Să te faci neagră cerneală
Şi tu, mal, o hârtioară,
C-un condei şi-o călimară,
Să scriu la părinţii mei,
Că m-ajunge dor de ei !

Aglaia Albeaţă, 76 de ani,
Piatra Şoimului, 15 martie 1998
CGŢ

Frunză verde ca iarba ...

Frunză verde ca iarba,
Pustie-i şi uliţa,
De când s-a dus bădiţa !
Uliţa-i de fluierat
Şi mândrul de sărutat,
Că-i dus badea la război
Cine ştie de vin' napoi .

De la Bucureşti la vale ...

De la Bucureşti la vale,
Trece-un tren cu cinci vagoane,
Cu cinci sute de cătane
Fără mâini, fără picioare.
Strigă unul din vagon
Către domnul conductor:
- Nu mâna trenu-aşa tare,
Că dă tamponu-n tampoane
Şi se deschid rănile,
Şi-mi prăpădesc sângele,
Şi-mi mai trebuie zilele !
M-am dus în războiul sfânt

Şi uitaţi-vă cum sunt;
N-or avea loc în pământ,
În pământ şi pe pământ,
Să zboare ca prafu-n vânt !
De-aş avea mâini şi picioare,
I-aş arde pe unde-i doare,
Să nu mai vreie războaie !
Decât picior fără os,
Mai bine-un sicriu frumos;
Decât mână fără vase,
Mai bine-o raclă frumoasă;
Decât ochi fără lumină,
Mai bine-n pământ odihnă!

Foaie verde grâu mărunt ...

Foaie verde grâu mărunt,
De ce-s bătrân şi cărunt ?
N-am îmbătrânit lucrând,
Am îmbătrânit şezînd
În fundul tranşeelor
Şi în ploaia plumbilor,
Din porunca domnilor.
Am tot stat trei ani şi-o vară,
Făr' să scot capul afară.
Cine nu vrea să mă creadă
Să se ducă şi să vadă !
O vedea şi-o povesti
Cum se poate-mbătrâni
Şi război n-o mai dori,
Pentru pace o muri .

În războiul ce-a trecut ...

În războiul ce-a trecut,
Multe grele-am petrecut,
Umblam gol şi necăjit
Şi cu moartea după gât,
Şi cu moarte-n toată partea
Cum ne-a făcut Domnu' soarta,
Că la război cin' se duce
Pe grele drumuri ajunge;
Cum se duce, nu mai vine
Şi nu mai ştie de bine,
Că vine schilod şi slab
Şi traiul nu-i mai e drag;
Mai bine ar vrea să moară
Decât să fie război iară.
Şi iar verde foi de mac,
Cui războiul i-o fi drag
Să-i sară ochii din cap,
Să rămâie borţile
Şi să ouă ciorile;
Gura strâmbă, într-o parte,
Să se vadă că vrea moarte !

Foiliță de trifoi ...

Foiliță de trifoi,
Cine doreşte război
Rămâie-i trupul de foi,
Să-l bată şi să-l foiască
La el să nu se gândească !
Pe acei care război vreu,
Îi blestem cu blestem greu
Şi cu tot sufletul meu !

Din războiul ce-a trecut
Eu vadană m-am trezit,
Cu doi copilaşi vadană,
N-am fost în lume de seamă;
I-am crescut ca nişte brazi,
Nu vreau să moară-mpuşcaţi,
Destul tatăl le-a-mpuşcat
Şi au crescut supăraţi,
Necăjiţi şi cu amar,
Ca băieţii cei orfani.
Dimineaţa, când mă scol,
Eu pe faţă nu mă spăl,
Însă la dânşii mă uit
Şi aşa vorbesc în gând:
- Dumnezeu să vă ferească
De moartea cea părintească
Război să nu se pornească,
Că tinereţele mele
Le-am petrecut tot cu jele !
Voioasă cum să fi fost,
Cu soţul pierit pe front. ?
Voioasă cum să mă uit,
Soţu-mi putrezeşte-n lut,
Şi nu l-oi vedea mai mult,
Că-n război el a murit ?

Constantin Cotârgăşanu, 76 de ani;
Borca-Sabasa, 10 ianuarie 1969
CGŢ

Foaie verde foi şi foi ...

Foaie verde foi şi foi,
Îs vadană din război

Cum îs multe-n sat la noi;
Tinerică ca o floare,
Eu trăiesc cu supărare
Şi cu doru-n depărtare,
Fără stare şi-aşezare,
Că bărbatul ce-am avut
Tânăr a murit pe front,
Pe frontul de răsărit.
Mulţumesc cui l-a pornit,
Pe mine m-a văduvit,
Sufletul mi-a pustiit !
Fie-i gândul răsucit
Şi trupul pus la topit,
Că doru' mi-a rătăcit
Şi mi l-a-ngropat în lut,
Să nu-i văd faţa mai mult !
Plângi cărare,
Plângi tu drum,
Singură te calc de-acum,
Că viaţa vădanelor
Dă-o-n gura câinilor !

Frunză verde foi ca nucul ...

Frunză verde foi ca nucul,
Mai la toţi le-a cântat cucul,
Numai mie grangurul,
Că mă duc şi îmi las satul;
Mai la toţi le-a cântat mierla,
Numai mie pupăza,
Că mă duc şi îmi las casa !
Când ieşeam din sat afară,
M-aştepta trenul în gară;
Eu am pus palma pe masă

Şi v-am făcut larg în casă,
Am pus piciorul în prag
Ş i v-am făcut larg în sat;
Şi-am pus piciorul pe scară
Şi v-am făcut larg în ţară;
Eu am pus picioru-n nuc,
Plângeţi-mă, că mă duc !
Şi iar verde de negară,
Şuieră trenul în gară,
Dar nu şuieră să steie,
Şuieră ca să mă ieie,
Să ne mâne ca pe boi
Să ne tundă ca pe oi,
Să ne dea păru-n gunoi !
Vin', măicuţă,-n urma mea
Şi părul de-acolo-l ia,
Şi mi-l pune-n buzunar,
Şi-l scoate la zile mari,
Şi-l scoate la sărbători
Să-l plângă cele surori !
De unde recrutul pleacă,
Rămâne casa săracă,
Rămân boii înjugaţi
Şi părinţii-nlăcrimaţi.
Fă, mamă, cum oi putea
Şi vino pân-acolea,
Şi vino până la mine
Şi-i vedea cât mi-e de bine,
Că-n spital mă chinuiesc
Şi-n pământ mă odihnesc !
Mamă, pe mormântul meu,
Creşte iarbă cât dudău,
Vin', măicuţă, şi-o pliveşte
Şi inima îţi răcoreşte !

C-am fost frumos voinicel
Şi-am murit de tinerel;
Eu nu am murit de boală
Ci de schije, de canoană
Că sunt sute de bărbaţi
Cu pământ amestecaţi
Şi sunt sute de feciori
Cu ţărână pe-ochişori !
Împărate, nu ţi-e milă
Că murim fără lumină,
Fără lumină de ceară,
Fără om din a mea ţară;
Fără lumină de seu,
Fără om din satul meu ?
Mama mă aşteapt-acasă
Şi m-ar primi bucuroasă;
Eu am murit împuşcat
În pădure, sub un brad;
N-a avut cin' mă-ngropa,
Trupu' ciorile-mi mânca
Şi corbii inimioara.

Catrina Lupu, 81 de ani,
Borca- Sabasa, 27 decembrie 1974
CGŢ

Cântec de război

Foaie verde trei migdale,
La Roman, în gara mare,
Merg recruţii la-mbarcare,
Cu cuferele în spinare,
Şi-mbarcă la clasa a treia
Şi-i trimite în Crimeea,

Şi pe scări, şi pe tampoane,
Că nu au loc în vagoane.
Câte roate sunt la trin,
Toate-s pline cu venin,
Venin de-al soldaţilor,
Lacrimi de-al' nevestelor.
Asear-am primit scrisoare
Că-mi mor copiii de foame;
Şi-am să ies să raportez
La domnii locotenenţi,
Să-mi dea drumul pe trei zile,
Să-i hrănesc ceva mai bine,
Să-i ţie trei ani de zile,
Pân' m-or libera pe mine.
Vă rog, domnu' colonel,
Să nu-l puneţi de plantoane,
Că e mititel şi-adoarme;
Să nu-l puneţi înainte,
Că e mic şi n-are minte;
Să nu-l puneţi la mijloc,
Că opreşte timpu-n loc !

Aglaia Bozoancă, 80 de ani;
Ion Creangă- Stejaru, 23 martie 1993
CGŢ

Merge dorul prin grădină...

Merge dorul prin grădină
Ca o floare de lumină,
Numai că nu-i singurel,
Merg şi eu pe lângă el
Şi mi-l duc încet de mână,
Să nu cadă-n vreo fântână.

Pe sub lună, pe sub nor,
Trece-un şoim cu-n şarpe-n zbor
Şi, când colo, la fereastră,
Dorul, pasăre măiastră.
De alean nu scapi nicicând,
De-l alungi, se-anină-n gând.
Dorul vine înspre seară,
Iar în zori se-ntoarce iară.
Rău cu dor, dar fără el,
Mult mai rău e singurel.

Mă sculai de dimineață ...

Mă sculai de dimineață,
        Flori de izmă creață,
Ceață-n văi şi-n suflet ceață,
        Flori de izmă creață.
Cearcăn larg pe ochi de lună,
        Flori de mătrăgună,
Nu meneşte a zi bună,
        Flori de mătrăgună.
Dau să intru în grădină,
        Floare de lumină,
Însă ea-i de rouă plină,
        Floare de lumină.
Vreau să merg în câmp, la noi,
        Floare de trifoi,
Să găsesc mândra-n zăvoi
        Floare de trifoi.
Caut mândra şi ea nu-i,
        Floare de gutui,
La pârâul dorului,
        Floare de gutui.
Floare ruptă ca din soare,

Floare de cicoare,
De mori tu, iubirea moare,
Floare de cicoare.

Maria Andrei (Ionaşcu), 79 de ani;
Români-Bărc, 30 iulie 1999
CGŢ

De când dorul mi s-a dus ...

De când dorul mi s-a dus,
Negură pe deal s-a pus
Şi pe deal şi pe vâlcele
Şi pe gândurile mele.
De când dorul mi s-a dus,
Nor pe inimă s-a pus
Şi pe codrii, şi poiene,
Şi pe ochi, şi pe sprâncene.
Dor mai mult, dacă era,
Se stingea ca iedera.
De nu-i dor, e searbăd viul
Şi se-ntinde-n noi pustiul.
De amar, de-o vreme-ncoace,
Mai n-am dorului ce-i face.
Bistriţa s-o strâng de tot,
Însă dorul eu nu pot.
M-aş jeli la o străină,
Până-n seară, lumea-i plină.
De când dorul mi s-a dus,
Gânduri nu-s, nici cânturi nu-s,
Măcar dorul de la tine
Îl aştept, nici el nu vine.

Mi-a trimis mândruța dor ...

Mi-a trimis mândruța dor
Pe-o frunză din via lor
Și pe ea scrisu-mi-a scris:
- Măi bădiță, dragu-ți-s ?
Ca să știe că mi-i dragă,
Am bătut via întreagă
Și-am ales trei strugurei,
Să-i trimit degrabă ei:
Unul alb ca obrăjorii,
Altul roșu ca bujorii
Și-unul negru la ciorchine,
Ca să-i fie drag de mine,
Și un ulcioraș de must,
Cum e gura ei la gust.
Dar atât n-a fost de-ajuns
Și-am trimis și eu răspuns:
- De mi-ești dragă, dragă-mi ești,
Dragă de tu mă topești !
Dragi îmi sunt cerul și luna,
Iară tu întotdeauna.

La fântână, la izvor ...

La fântână, la izvor
Se-ntâlnește dor cu dor,
Se sărută până mor,
Până ce le trece dorul
Și se tulbură izvorul.
La fântână, sub un fag,
Se-ntâlnește drag cu drag
Și pe frunzele căzute
Se sărută pe-ntrecute,

Dragostea să nu se uite.
La fântână, sub răchiți,
Fost-am fost îndrăgostiți
Și o noapte fericiți.
Azi răchițile-s uscate
Și iubirile uitate.

Când văd mândra mea la poartă ...

Când văd mândra mea la poartă,
Dragu-mi-i ulița toată
Și căsuța, și pridvorul,
Și grădina cu răzorul.
Boiul, mersu-i și altița,
Și obrajii, și gurița,
Și sprâncenele bătute,
Și cum știe să sărute,
Că m-am sărutat odată
Și-am stat bolnav o bucată,
Și, de mă sărută iară,
Zac bolnav un an și-o vară

De când mândra m-a lăsat...

De când mândra m-a lăsat,
N-am curaj să ies în sat,
Nu mai dorm, nu mai mănânc,
Nu-mi port calul de oblânc
Toate au un gust sălciu,
Sunt mai mort decâtu-s viu,
Abătut, sărman, năuc,
Parc-am băut ceai de nuc.
Intru-n casă, stau la masă,
Dar urâtul nu mă lasă.

Dacă vreau să m-odihnesc,
Cu tristeţea mă-nvelesc,
Iar de vreau s-o scot afară,
Pe fereastră-mi intră iară.
Mândro, unde rătăceşti,
Să nu mori pân' n-o păţeşti,
Ca să simţi şi tu ca mine
Ce-i durere şi ruşine !

Mândra dintr-un sat cu mine ...

Mândra dintr-un sat cu mine
S-ar iubi, n-are cu cine,
Că de mine i-i ruşine.
O fi, n-o fi adevărat,
I-au ieşit vorbe prin sat ...
Lasă, mândro, mamă, tată,
Să fugim în lume-odată,
Să găsim un loc sub lună
Numai noi doi împreună,
Să găsim un loc sub soare
Unde dragostea nu moare !

Bistriţa, cât curge-n vale ...

Bistriţa, cât curge-n vale,
Duce lacrimile tale
Şi-al meu dor le ţine cale.
Ai minţit, mândro, minţit
Ziua, înspre asfinţit,
Şi noaptea pe fân cosit,
Că-mi jurai, mândro, jurai,
Când cu-n braţ mă-nconjurai,
Că tu nu te măritai,

Însă tu te-ai măritat
Şi pe mine m-ai uitat.

Câte flori pe deal, în sus ...

- Câte flori pe deal, în sus,
Toate cu mândra le-am pus:
Am pus flori de busuioc,
Să ne iubim mai cu foc;
Şi-am pus zmeură şi fragi,
Ca să ne avem tot dragi,
Şi-am pus floare de bujor
Ca să ne iubim cu dor.
- Câte flori pe deal, în sus,
Toate cu badea le-am pus:
Am pus flori-de-colţ pe munţi,
Am un bade, n-am mai mulţi;
Şi-am pus floare de omag,
Am un bade şi mi-i drag,
Şi floare de brebenel,
Nime-n lume nu-i ca el.
- Am pus flori de albăstrele,
Să-i fac struţ mândruţei mele,
Şi-am pus flori de ghiocei,
Ca să-i fiu mereu drag ei.
- Am pus flori de garofiţă
Tot dragă să-ţi fiu, bădiţă,
Şi-am pus floare de afine,
Să nu poţi uita de mine,
Şi-am pus flori de toporaşi,
Drăguţ bade, cui mă laşi ?
- Am pus floare de verbine,
Nu te las, te iau cu mine,
Şi-am pus flori de mătrăgună

Pentr-o dragoste nebună,
Şi-am pus flori de lăcrămioare,
Dragostea în veci nu moare.

Vai , peline ...

Vai, peline, vai, peline,
Cum m-ai depărtat pe mine
Şi-s străină-ntre străini
Cum e floarea între spini.
Pentru cât voi fi străină,
Am pus lacăt la grădină,
C-am lăsat două surori
Şi grădina mea cu flori.
Busuioace, când te-ai coace,
Voi veni din nou încoace,
Voi veni de sărbători,
S-aduc flori pentru surori,
Pentru sânziana-n floare,
Cea mai caldă-mbrăţişare,
Iar bătrânilor părinţi
Am s-aduc un pui de prinţ.

Maria (Ionaşcu) Andrei, 73 de ani,
Români- Bărc, 30 iulie 1999 CGŢ

Bradule, copac stufos ...

Bradule, copac stufos,
Apleacă-ţi crengile-n jos,
Să mă urc în vârful tău,
Să mă uit în satul meu,
S-aud tunurile cum bat,
Să văd casele cum ard,

Să văd şi căsuţa mea
Mistuită de-o ghjiulea.
De la Munţii Caucaz,
A ajuns frontul la Neamţ;
Colo,-n vale, la Târzia,
Vin puhoaiele cu mia,
Pe izlazul Humuleşti,
Potopesc branduri ruseşti.

Gheorghe Luchian, 55 de ani,
Drăgăneşti-Orţeşti, 23 aprilie 1978
Gh. Ţigău

A iubi nu-i o ruşine ...

A iubi nu-i o ruşine,
Dar nu-l poate orişicine;
A iubi e lucru mare,
Că nu-l poate orişicare.
Cine-a stârnit dragostea
Tulbura-i-s-ar mintea,
Cum s-a tulburat şi-a mea,
Când m-am întâlnit cu ea !
Dragostea din ce se-ncepe ?
Vara, din câmpia verde,
Iarna, din sprâncene negre.

Ioana Arsenoaia, 80 de ani,
Crăcăoani - Cracăul Negru , 7 ianuarie 1993
CGŢ

Dor de ducă

Foicică de mohor
Bate murgu din picior,
La fereastra din obor,
Să-i dau fân şi orzişor,
Să-i pui şaua binişor,
Că de ducă-mi este dor.
Foicică, trei granate,
Am să-i pui şaua pe spate
Şi-am să plec cu el departe,
Drum de noapte, drum agale,
Să-mi iasă mândra în cale.
Drumu-i greu, murgu-i în şa
O să plec unde mi-e dor,
Pe la fraţi, pe la surori,
Pe la grădina cu flori.

Doina singurătăţii

Frunză verde, gheaţă rece,
Iarna vine, vara trece
Şi n-am cu cine petrece,
Că cu cine-am petrecut
Mi s-a dus, măre, s-a dus,
Inimioara mi-a răpus;
S-a dus şi n-a mai venit,
Inimioara mi-a rănit;
Mi-a pus spate la pământ
Şi faţa la răsărit;
Şi-a lăsat cu jurământ:
- Să-mi faci coşciug de argint,
Cu clape grele, de plumb;
Şi, când m-ar băga-n mormânt,

Să mă puie mai afund,
Ca să putrezesc curând.

Ioana Negură, 76 de ani,
Bicaz- Izvorul Muntelui, 4 martie 2001; CGȚ

Verde, verde şi iar verde...

Verde, verde şi iar verde,
Ce-am iubit nu se mai vede
Nici prin crâng, nici prin livede,
Nici prin cositura verde.
'Geaba mă mai duc acasă,
Că-s flăcău şi n-am nevastă,
Nici nevastă, nici copii,
Niciun fel de căpătâi.

Frunzuliţă, mărăcine...

Frunzuliţă, mărăcine,
Eu, un voinicel ca mine,
N-avusei parte pe lume.
Vai, noroace, de te-aş prinde,
Ca pe-un câne te-aş întinde,
Că la toţi le-ai dat noroc,
Pe mine mă arzi în foc.
De voinic, voinic fusei,
Parte-n lume n-avusei.

Ion Godoabă, 58 de ani,
Borca, 4 martie 2001
CGȚ

Doru-i greu

Foaie verde de năut
Tinerețe ce-am avut
Cu amar le-am petrecut;
Cu amar și cu oftat,
Cu dor și cu suspinat.
Cine n-are dor pe lume
Vie să-i dau de la mine,
Că la mine-i tare greu –
Urgia lui Dumnezeu!

De oftat, ce-am oftat tare…

De oftat, ce-am oftat tare,
Furca pieptului mă doare;
Sufletul mi se aprinde,
Focul inima-mi cuprinde;
De oftat, ce-am oftat eu,
S-a muiat și Dumnezeu:
Nu mai ninge, nu mai plouă,
Noaptea, nu mai cade rouă.
Boală de nevindecat –
Cin' l-aduce, cine-l face?
Câte n-ai și câte-ți place?

Maria Negură, 62 de ani,
Tarcău, 21 august 2002
CGȚ

Munte, munte, mult frumos…

Munte, munte, mult frumos,
Pleacă-te de vârf în jos,

303

Să mă sui în vârful tău,
Să mă uit în satul meu,
Să-mi văd pe mândruța mea
Măturând bătătura,
Că și muntele-i, că-i munte,
Și-ncă are doruri multe,
Are lună, are ceață,
Are frunză și iarbă
Și nu suspină degeabă.

Elena Cenușă, 63 de ani,
Răucești, 15 decembrie 2002 CGȚ

Frunză legănată-n vânt…

Frunză legănată-n vânt,
Mulți mă-ntreabă de ce cânt;
Eu nu cânt că pot cânta,
Ci îmi cânt tinerețea,
C-am stat prea puțin cu ea.
Intră-n casă tinerețea,
Se ceartă cu bătrânețea;
Tinerețea-i rușinoasă,
Iese și pleacă din casă,
Bătrânețea stă la masă.
Cât ai fi de tare-n lume,
Bătrânețea te răpune,
Îți pune ciomagu-n mână,
Pică pe tine stăpână.
Ori îi râde, ori îi plânge,
Că bătrân tot îi ajunge.

Ion Mihai, 67 de ani,
Hangu-Potoci, 7 mai 2003 CGȚ

Foaie verde ca mătasea...

Foaie verde ca mătasea,
La Siret, la Nămoloasa,
Unde s-a- necat mireasa,
Nu s-a-necat numai ea,
S-a-necat toată nunta,
Numai' mirele-a scăpat
Pe un cal negru – vărgat
Şi l-a socri-a alergat:
- Socru, socruliţa mea,
Mi s-a-necat mireasa,
Mi s-a distrus viaţa.

La o vatră-nnegurată...

La o vatră-nnegurată,
Şade-o maică şi un tată;
Nu-s bătrână chiar de tot
Şi trăiesc şi eu cum pot;
Tata mai duce la moară,
Dar măicuţa-i bolnăvioară;
Ar dori să mă mai vadă,
Dar eu-s numai cu treabă;
Fie ce o fi cu mine
M-oi duce la ei chiar mâine,
Că mi-e teamă c-or muri
Şi-oi avea ce pătimi.

Cine fluieră şi cântă...

Cine fluieră şi cântă
Nu-i e-n veci lumea urâtă;

Tot aşa gândesc şi eu,
C-am cântat şi cânt mereu;
Nu cânt să fiu lăudată,
Ci cânt c-aşa mi-e dată;
Că nu toată lumea cântă,
Alţii plâng şi se frământă,
Dar eu cânt să-ntineresc,
Că mulţi mă mai duşmănesc;
Mulţi, săracii, m-ar mânca,
Nu mă pot, că-s tare rea;
De-aş fi bună de mâncat,
De mult m-ar fi terminat.

Du-te, dorule,-n pustii…

Du-te, dorule,-n pustii,
La mine să nu mai vii,
C-ai venit la mine-odată
Când eram la mama fată;
Eu poarta ţi-am descuiat
Şi în casă te-am lăsat,
În casă nu ţi-a priit,
La inimă te-ai vârât;
Acolo te-ai aşezat,
Multă vreme n-ai plecat;
Fir-ai să fii, dor pribeag,
La nimeni să nu fii drag!
Să tot mergi, să ocoleşti,
Locul să nu-ţi mai găseşti,
Că eu nu te mai primesc,
Că de dor eu mă topesc!

Cât eşti tânăr şi voinic...

Cât eşti tânăr şi voinic
Nu ai grijă de nimic;
Vremea trece, nici că-ţi pasă,
Tinereţea e frumoasă.
Dar, după necazuri multe,
Părul se albeşte-n frunte
Şi-ncepi a te căina:
- Tinereţe nu pleca,
Că tu-mi rupi inima!
Arde inima de jale,
De tinereţele mele,
Că cine, boala, n-ar vrea,
Să-şi trăiască viaţa sa,
Fără dor şi supărare,
Fără lacrimi şi-ntristare?

Verginia Mihai, 72 de ani,
Hangu-Potoci, 8 decembrie 2003
CGŢ

Cântec ciobănesc

Am trecut de tinereţe
Şi-am ajuns la bătrâneţe,
Şi, de mult, când eram june,
Mă-ntorceam de la păşune
Şi mergeam prin văi şi fagi,
Înapoia turmei dragi,
Şi cântam tare cât doru'
Vârful stâncilor şi codru'.
Şi cântam cu mare dragu'
Vârful fagului şi bradu',

Şi la gură, şi la şuier,
Şi la puică, şi la fluier,
La coastă cu oile,
De răsunau văile.

Ana N. Amarinei, 59 de ani,
Buhalniţa-Hangu, 7 decembrie 2007
(Cules de la Vasile Pipirigeanu, Schitu-Ceahlău)

De iubirea mea curată...

De iubirea mea curată,
Înfloresc toţi pomi-odată
Şi pădurea înverzeşte,
Şi câmpia înfloreşte,
Dară, când iubirea moare,
Cade peste flori ninsoare.
De iubirile uitate,
Plâng fântânile sărate.
Toată viaţa lui plăteşte
Cel care curat iubeşte,
Că-n iubire-ntotdeauna
Pe degeaba-i numai luna.

A venit vremea de coasă...

A venit vremea de coasă
Şi mândruţa, tot frumoasă.
Macii ard în crâng şi-n mine,
Dar mândruţa nu mai vine,
Mult mai harnic însă dorul
A trecut demult priporul:
- Vino, mândro, vino, dragă,
Nu-ţi paie lucru de şagă,

Lasă casă, lasă treabă,
Că mi-i dor şi mi-i degrabă,
De mi-i crede, nu mi-i crede,
Îndestul c-o lume vede,
Că, de când mă ştiu flăcău,
Mă usuc de dorul tău.
Fă ce-i face, numai ia-mă,
Că, de nu, îmi fac o samă.
Dulce-i al mierliţei cânt,
Dar mai dulce-al tău cuvânt.
Fragii fragezi de-aş afla,
Niciunul ca gura ta.
Când nu-i dragostea bălaie,
Batca-i grea, coasa nu taie,
Dar, de-i dragostea cu tine,
Sporul trebii-atunci vine.
Nu e timpul car cu boi
Să aştepte cât vrem noi,
Timpul dragoste-i oleacă,
Vine şi îndată pleacă,
Trece-n zbor vremea de coasă
Şi mândruţa de frumoasă.

Cine scârţâie fântâna...

Cine scârţâie fântâna
Seara, când răsare luna?
Cine s-o scârţăie iară?
Cine-o scârţâia şi-aseară.
La fântână mă aduce
Setea mea de gură dulce.
Când îmi dă guriţa mie,
Mă omoară şi mă-nvie.
Toată mierea de pe lume

Nu face cât al ei nume.
Ştie sus, în ceruri, luna
Că mi-i dragă numai una.
Când scot apa din fântână,
Iau un pumn de stele-n mână,
Să-mpletesc câte-o cunună
Pentru ea şi mândra lună,
C-aşa ne-a dat Domnul Sfânt
Dragostele pe pământ,
Să-ţi răsară noaptea-n prag
Cui ţi-i dragă să-i fii drag.

Cât a fost dragoste-aprinsă...

Cât a fost dragoste-aprinsă,
Îmi era grădina-ntinsă
Şi în zid iedera prinsă.
Cât era dragoste mare,
Aveam tihnă la culcare
Şi poftă la demâncare,
Dar mândruţa mea cu ciudă
Sare-a pus pe carne crudă,
Pân'la os să mă pătrundă.
De se curmă dragostele,
Sus, în ceruri, se sting stele
Şi în visurile mele.
De iubirea de-altădată
Iedera-i în zid uscată
Şi grădina arsă toată

Flori de dor

În lumina zorilor,
Sub ochii feciorilor,

Răsărit-au florile
De toate culorile
Şi, ca pe-un întins covor,
Înflorit-au flori cu dor:
Pentr-acela care pleacă,
Dorul nicidecum să-i treacă,
Iar pe cel ce nu se-ntoarce
Dorul să nu-l lase-n pace.
De se uită în oglindă,
Chiar de inimă să-l prindă:
Horbota izvoarelor,
Mersul căprioarelor
Şi hora fecioarelor,
Până şi în somn s-audă
Plânsul de sub iarba crudă.

Maria (Andrei) Tudor, 48 de ani,
Piatra-Neamţ, 6 decembrie 2007
CGŢ

Aşa-i mândra mea la gene…

Aşa-i mândra mea la gene,
Ca roua la Sânziene;
Aşa-i mândra mea la faţă,
Ca roua de dimineaţă.
Cine are dor în vale
Ştie luna când răsare
Şi noaptea cât îi de mare;
Cine are dor pe luncă
Ştie luna când se culcă
Şi noaptea cât e de lungă.

Du-mă, du-mă, dorule...

Du-mă, du-mă, dorule,
La plaiul cu florile,
La poalele muntelui,
S-aud glasul cucului;
Şi du-mă, dorule, iară,
Pe unde-am fost astă-vară,
Ca să-mi vad mioarele,
Ele, surioarele;
Şi du-mă, dorule, iute,
La mândruţa mea, la munte,
Că se uită-n calea mea,
Seara şi dimineaţa,
Poate, poate m-o vedea.

Amar mai e, mamă, dorul...

Amar mai e, mamă, dorul,
Că mult mai usucă omul,
Îl usucă pe picioare
Ca iarba, vara, la soare;
Şi-l usucă pe pământ
Ca şi vara, iarba-n vânt;
De apuci cu doru'-n sân,
Ai să fii ca iarba-n fân,
Din tânăr devii bătrân.

Foaie verde trei migdale...

Foaie verde trei migdale,
De la Borca, mai la vale,
Vine un voinic călare,

Cu cămaşa albă floare,
Cu pieptar cu râurele,
În suflet cu doruri grele,
Cu cizme cu ciucurei,
Nu priveşte-n ochii mei.
Foaie verde trei migdale,
S-a dus voinicul călare;
Unde s-o fi dus cu zor?
Unde-i doru' călător.

Foaie verde viorea...

Foaie verde viorea,
Mai la deal de casa mea,
E-o grădină numai flori,
Numai flori şi numai dor,
Dar nu-s numai floricele,
Ci-s şi cântecele mele.
Florile mi le-au udat,
Soarele le-a luminat,
Vântul mi le-a legănat,
Eu cu drag le-am adunat,
Lângă suflet le-am păstrat
Şi le cat cu voie bună
Şi pe soare, şi pe lună,
Şi la bine, şi la rău,
Şi le cânt pe seară-n prag
Pentru cine-mi este drag.

Varvara Drozman, 86 de ani;
Borca, 15 ianuarie 1969;
Gh. Ţigău

Că urâtul mi-i urât...

Că urâtul mi-i urât
Şi cu dânsul mi-i trăit;
De urât mă duc de-acasă
Şi urâtul nu mă lasă;
De urât mă duc în lume
Şi urâtul, după mine;
Fugi, urâtule, din prag,
Să vie cine mi-i drag!

Maria I. Ghiuzan, 74 de ani;
Tămăşeni-Adjudeni, 5 decembrie 2008;
Gh. Ţigău

Peste văi, pădure deasă...

Peste văi, pădure deasă,
Mare ploaie se mai lasă;
Nu ştiu ploaie-i ori ninsoare,
Ori lacrimi de fată mare.
Câte lacrimi a vărsat,
A făcut fântână-n sat,
Fântână cu cinci izvoară,
Cine bea apă să moară,
Iar, de-ar bea un frate-al meu,
Să-l ferească Dumnezeu;
Şi, de-o bea duşmanca mea,
Să plesnească fierea-n ea!

Anica Azoiţei, 72 de ani; Ţibucani, 1983;
Camelia Băluţ, elevă

Frunzuliță stejărel...

Frunzuliță stejărel,
Când eram mai mititel
Unde mă culcam, dormeam,
Dar acu', de când îs mare,
Trupul meu odihnă n-are,
Somnul meu e pe picioare
Și când merg pe cal călare.
Vineri, maica m-a născut,
Sâmbătă, m-a botezat,
Duminică , m-a-nsurat,
Luni, cu mândra m-am plimbat,
Marți, la oaste am plecat;
Acolo, când am ajuns,
Nicio lună n-a trecut,
C-am primit veste de-acasă
Că mândruța mea mă lasă;
Mândro, când voi muri eu,
Să vii la mormântul meu
Și să iei sapa cu tine,
Să-mi așezi mormântul bine;
Pe mormânt să-mi semeni iarbă,
Că mi-ai fost odata dragă,
Și-un trandafir înflorit,
Că eu, mândră, te-am iubit!
Foaie verde de-alior,
Plânge-mă, maică, cu dor,
Că și eu ți-am fost fecior,
Și-am scos boii din ocol
Și i-am pus la plugușor,
Ca să ar pe cel ogor;
Am tras două brazde-n lung,

S-a rupt fierul de la plug;
Am mai tras o brazdă, două,
Mi s-a rupt plugul în două.

Anica Ciocoiu, 78 de ani; Țibucani, 1983;
Crina Munteanu, elevă

Foicică foi ca nucul...

Foicică foi ca nucul,
Frumuşel mai cântă cucul,
Seara, când vin de la lucru.
Cântă-mi, cucule, şi mie,
Că, la vară, nu se ştie,
Voi trăi, sau voi muri
Voi trăi sau voi muri,
Ori ca lumea m-oi topi;
Cantă-mi prin livada mea
Nu ştiu cui o rămânea!
Dac-o rămânea la fraţi,
Să crească iarbă şi brazi;
De-o rămâne la surori,
Să crească iarbă şi flori;
De-o rămâne la străini,
Să crească pelin şi spini,
Că străinu-i ca şi spinul
Şi amar ca şi veninul!

Primăvară, primăvară...

Primăvară, primăvară,
Toate plugurile ară,
Numai plugul meu cel drag

Două vaci abia îl trag,
De coarne ține-un moșneag
Și-o nevastă supărată
Strigă la vaci ca să meargă,
Iar copiii tot întreabă:
Unde-i tata, mamă dragă?
Tatăl vostru-i la război,
Mai rugați-vă și voi,
Ca să vie înapoi!
De-ar veni tata-napoi,
Ne-ar lua căruță, boi,
Căci pe care le-am avut,
Războiul ni le-a pierdut;
Și-ncă de nu ar veni,
Alt tătuță n-oi găsi;
De-i găsi tătuți o mie,
Ca tata nu ne mângâie;
De-i găsi tătuți o sută,
Ca tata nu ne sărută,
Că ne ținea pe genunchi
Și ne săruta pe frunți,
Ne-nvăța să fim cuminți.
Ei, război, război, război,
Ne-au rămas copiii goi,
Nevestele, supărate,
Fetele, nemăritate;
Și voi, dealuri, și voi, munți,
Și voi, uriași cărunți,
Ia uitați-vă la noi,
Cât ne-ntristăm pentru voi!

Frunză verde nucă sacă...

Frunză verde nucă sacă,
Toate crengile s-apleacă
Cu vârfurile la pământ,
Să se-ntrebe de ce plâng;
M-oi amărî şi le-oi spune
C-am pierdut floarea de fragă
Şi puterea mea cea dragă;
Şi-am pierdut floarea de Prut
Şi ce-am avut eu mai sfânt;
Şi-am pierdut frunza de fag
Şi ce-am avut eu mai drag.

Străină, maică...

Străină, maică, ca mine
Nu e nimenea pe lume,
Făr' mierliţa din pădure,
Dar nici ea nu e ca mine,
Că sara, dacă-nserează,
Merge cucul şi-o întreabă:
Ce ţi-e, surioară dragă?
Ea din gură aşa-i grăia:
Nu mi-e, frate, nimica,
Făr' mă doare inima,
Că mi-a murit măicuţa.
Bate, vânte, bate dragă,
Bate, vânte, printre munţi
Şi-adă-mi dor de părinţi;
Bate, vânte, printre brazi
Şi-adă-mi dor de la fraţi;
Bate, vânte, printre flori
Şi-adă-mi dor de la surori!

Frunză verde foi de nuc...

Frunză verde foi de nuc,
Mai am o zi şi mă duc;
Eu mă duc, codrul rămâne,
Plânge frunza după mine,
Plânge frunza şi iarba
Şi sărmana măicuţa,
C-are-o fată mai străină
Ca garoafa din gradină;
Nici garoafa nu-i străină,
C-are flori şi rădăcină
Şi mai face vara flori,
Şi-are destule surori.
Maică, câte fete ai,
Prin străini să nu le dai,
Că aşa m-ai dat pe mine,
De mă mustră şi vecine.

Ana Olaru, 62 de ani;
Târgu-Neamţ (Condreni), 1982;
Mirela Vartic, elevă

Câtă iarbă-i pe hotară...

Câtă iarbă-i pe hotară,
Niciuna nu-i mai amară
Ca mama de-a doua oară.
Pruncii fără de părinţi
Sunt ca pomii dezgrădiţi;
De dorul măicuţei mele,
Făcui ochii fântânele,

319

Strigai tare: - Maica unde-i
Ori de pruncii ei s-ascunde?
Tot te-aud, maică, prin casă
Şi te chem cu noi la masă.

Zenovia Popoaia, 56 de ani;
Hangu, 1982;
Ana Tătaru, elevă

Foaie verde-a bobului…

Foaie verde-a bobului,
Cântă puiul cucului
Pe coarnele plugului;
Cânt-o mierlă pe teleagă
Şi de mine tot se leagă;
Cucul zice, mierla zice:
Nu-ţi mai bea banii, voinice,
Că banii ţi-or trebui,
Dacă te-oi căsători;
Mai lasă-ţi un ban în pungă,
Că te-o păli jale lungă;
Mai lasă-ţi un gologan,
Că te-o păli vreun alean;
Mai lasă-ţi şi mărunţele,
Că te-or păli zile grele;
Şi mai pune la chimir,
Că-ţi mai trebuie de bir;
Şi de bir, şi pentru casă,
Mândrele toate mă lasă,
Că, până-i ocaua plină,
Te ţine mândra de mână;
Când ocaua-i jumătate,
Mi te dă mândra la spate;

Când ocaua s-a gătit,
Mândrei n-ai mai trebuit.

Frunză verde şi-un lipan...

Frunză verde şi-un lipan,
Cum nu-i cucul şarlatan?
I-am plătit să-mi cânte-un an
Şi nu mi-a cântat de-un ban.
I-auzi, dragă, cucul cântă,
Ieşi afară şi-l ascultă;
Intră-n casă, spune-mi mie
Care doruri te sfâşie!
Cuculeţ, pasăre sură,
Pica-ţi-ar limba din gură,
Cântecul să nu-l mai zici,
Nici să mai colinzi pe-aici!
Vara vii, vara te duci,
Când sunt dragostele dulci;
Mai bine n-ai mai veni,
Că-ncurci toate iţili!
Mai cântă-mi mie o dată,
Că mi-i mintea tulburată;
Cântă, cuce, numai mie
Pân' la anul, Domnul ştie,
Poate trăiesc, poate mor,
Omul e vis trecător!

Frunză verde şi-o sulcină...

Frunză verde şi-o sulcină,
A prins scârba rădăcină

Ca şi menta din grădină;
Menta creşte şi-nfloreşte,
Scârba nu se mai găteşte;
De-ţi găsi pe cineva,
Şi cămaşa eu i-aş da,
Să poata lua scârba,
Căci cămaşa de mi-oi face,
Scârbă-n lume n-oi mai trage.
Intru-n casă, ies afară,
Inima-mi sloboade pară;
Stau în casă, n-am trai bun,
Nici de Paşti, nici de Crăciun.
Nu ştiu-i scris, ori îi făcut,
Parte-n lume n-am avut;
Ce-am făcut lui Dumnezeu,
De m-a urât aşa rău?
De jalea care-o pun eu
Plâng şi pietrele-n părău;
Mare-i satul, eu nu-ncap,
Mult mă mir, ce le mai fac,
Că boii nu le înjug,
Nici vacile nu le mulg,
Nici paharul nu li-l beu,
Căci îmi beu paharul meu!
Străin sunt, străin mă cheamă,
Străin sunt, de bună seamă;
Străin sunt, străin îmi zice,
Străin sunt, pe und' m-oi duce,
Că mâncatu-s de duşmani
Ca iarba din bolovani;
Şi mâncatu-s de străini
Ca iarba de doi bătrâni.
Câtu-i muntele de-nalt,
Tot omătul s-a luat,

Dar inimioara mea,
Ce s-a pus nu se mai ia.

*Petre Savinescu, 71 de ani;
Grumăzeşti, 1952; Ioan Săvinescu*

Cântă puiul cucului...

Cântă puiul cucului
Pe coarnele plugului;
Cânt-o mierlă pe teleagă
Şi de mine tot se leagă;
Cucul zice, mierla zice:
Nu-ţi mai bea banii, voinice,
Că ţi-i plugul fărâmat
Şi carul neferecat,
Şi pământul nelucrat!
Cucule, jivină rea,
Nu purta de grija mea;
Mierluşcă, pasăre sură,
Nu-mi tot bănui din gură,
C-oi veni cam tulburat
Şi-oi cădea într-un păcat,
Şi-ţi voi sparge cuibuşorul,
Şi-ţi voi rupe pliscuşorul!

Foaie verde şi-un pelin...

Foaie verde şi-un pelin,
Vai de copilul străin;
El munceşte cu dreptate,
Dar ia plata-a treia parte
Şi mâncare cât se poate!
Măi pelin, frate peline,

323

Amară-i frunza pe tine
Ca şi inima din mine;
Amar-îi dudăul tău
Ca şi sufleţelul meu!
Pelin beau, pelin mănânc,
Seara, pe pelin mă culc;
Dimineaţa, când mă scol,
Cu pelin pe ochi mă spăl;
Nu-i o bună dimineaţă,
Să n-am lacrimă pe faţă;
Nicio seară să-nserez,
Să nu plâng, să nu oftez.
Când eram la mama mea,
Eram pui de rândunea;
De când sunt la mama lui,
Nu-s nici rândunea, nici pui,
Nici drăguţa nimănui;
Când eram la mama fată,
Mâncam turtă coaptă-n vatră,
Mâncam turtă şi beam moare,
Mi-era faţa ca o floare;
Mâncam turtă şi beam apă
Şi eram o altă fată;
De când sunt la mama lui,
Mănânc friptură de pui,
Faţa mea ca floarea nu-i;
Mănânc pâine şi beau vin,
La inimă pun venin;
Mănânc pâine şi beau apă,
La inimă pun otravă.

Casandra Azoiţei, 74 de ani;
Vânători -Mănăstirea Neamţ, 1980;
Daniela Lăcătuşu, elevă

Colo-n vale, la izvor...

Colo-n vale la izvor,
Şi hai doina şi doina!
Frumos doarme-un vânător,
Şi hai doina şi doina!
Mă duc, maică, să mi-l scol.
Şi hai doina şi doina!
Fată mică, nu-l scula,
Şi hai doina şi doina!
Vânătoru-i o belea
Şi hai doina şi doina!
Cade poruncă şi-l ia
Şi hai doina şi doina!
Şi tu rămâi singurea.

Şi iar verde şi-o negară...

Şi iar verde şi-o negară,
        Mugur, mugurele,
La arat de primăvară,
        Mugur, mugurele,
Toate plugurile ară;
        Mugur, mugurele,
Numai plugul badelui
        Mugur, mugurele,
Şade-n vârful dealului;
        Mugur, mugurele,
Nici nu suie, nici coboară,
        Mugur, mugurele,
Bate boii de-i omoară
        Mugur, mugurele,

Desfă, mândro, ce-ai făcut
        Mugur, mugurele,
Să nu-mi bat boii la jug
        Mugur, mugurele,
Bate boii cât îți place,
        Mugur, mugurele,
Ce-am făcut nu pot desface;
        Mugur, mugurele,
Nu ți-am făcut ca să mori
        Mugur, mugurele,
Şi-am făcut ca să te-nsori;
        Mugur, mugurele,
Nu ți-am făcut ca să piei
        Mugur, mugurele,
Ți-am făcut ca să mă iei
        Mugur, mugurele!

Mândruţo, mândruţo dragă...

Mândruţo, mândruţo dragă,
Pune dorul şi ţi-l leagă
Şi lasă-l pe Prut să meargă!
De-i vedea că stă la mal,
Mai aşteaptă-mă un an;
De-i vedea că merge lin
Mai aşteaptă-mă, că vin;
De-i vedea că-s înecat,
Să ştii, mândro, că-s puşcat;
De vrei, mândro, să mă caţi,
Vino-n munţii Caucaz,
Iar deasupra gropii mele,
Pune, mândro, viorele,

Viorele, bobocei,
Mândro, ca şi ochii tăi!

Ion Tulan, 64 de ani; Vânători-Nemţişor, 1979;
Delian Dobreanu, elev

Pierit-ai fi, pui de cuc...

Pierit-ai fi, pui de cuc,
Tu m-ai mânat să mă duc;
Mi-ai cântat mie de cale
Şi mândrei de lungă jale;
Eu m-am dus din ţară-n ţară,
Am îmblat din sate-n sate
Tot cu povara în spate;
Ea mi-a ros umerele,
Spinarea şi şoldurile,
Iar scârba, inimile.
Cât de-abia mă ţin pe loc
Şi n-am parte de noroc!

Ana Bălţătescu, 65 de ani;
Timişeşti -Dumbrava, 1980;
Ofelia Bălţătescu, elevă

Mai am azi şi mai am mâine...

Mai am azi şi mai am mâine
Şi vin, satule, la tine;
Pune, mamă, perna-n pat,
De străini m-am săturat,
Că străinu-i ca şi spinul,

Mai amar decât pelinul!
Străinel ca mine îi
Numai puiul cucului,
Când îl lasă mama lui,
Fără aripi, fără pene,
Ar zbura, n-are putere,
Ar cânta şi n-are glas,
Că-i de măicuţă rămas.

Vasile Diaconu, 77 de ani; Pipirig, 1982;
CED

Şi iar verde murele...

Şi iar verde murele,
Bate vântul, vânturile,
Iar pe mine, gândurile.
Şi iar verde lin pelin,
Vai de copilul străin,
Ce munceşte la stăpân
Şi munceşte cu dreptate,
Cu cămaşa ruptă-n spate
Şi mănâncă-a patra parte,
Hodină, pe jumătate;
Căci străinu-i tot străin,
Tot nu-i faci gustul din plin,
De i-ai face apa miere,
Tot nu-i faci a lui plăcere,
Când stăpânii stau la masă,
De străin nici că le pasă,
Îi dă doar o coajă arsă,
Plânge şi-o mănâncă-n casă;
Numai bietul tatăl meu,

De-i fac bine, de-i fac rău,
Tot zice: - Copilul meu!

Ana Chirilă, 78 de ani;
Târgu-Neamţ (Humuleşti), 1982;
Ticuşor Curcă, elev

Duce-m-aş, că largă-i lumea...

Duce-m-aş, că largă-i lumea,
Numai să-nfrunze pădurea;
În pădure, când mă bag
Toate crengile mă trag
Şi de haine, şi de cap,
Numai să mă fac pribeag,
S-o ducem în haiducie
Cu ciocoiu-n duşmănie,
Doar cu codru-n frăţie.
Vai, săracul pribeagul,
Ce greu îşi duce traiul,
Singur, singur, singurel,
Amărât, dar voinicel;
Rădăcina fagului,
Leagănul pribeagului.

Doină zic, doină şoptesc...

Doină zic, doină şoptesc,
Tot cu doina vieţuiesc;
Cine a stârnit doina,
Arsă i-a fost inima,
Cum îmi este şi a mea;

Dacă eu n-aş mai doini,
Pe pământ n-aş mai trăi;
Cu cât cânt, cu cât doinesc,
Cu-atât pot să mai trăiesc;
Dacă nu cântam doina,
Nu alinam durerea;
Omul, dacă n-ar cânta,
Nu s-ar putea alina.

Soltana Pietraru, 54 de ani;
Târgu-Neamţ, 1981;
Nicoleta Amarei, elevă

Înfloresc în văi bujori...

Înfloresc în văi bujori,
Vin de la război feciori
Şi cu dor, pe drum de seară,
Mi s-a-ntros bădiţa iară
Ş-a venit la mine drept,
Cu-n bujor frumos în piept,
Nu-i bujor adevărat,
Ci e sângele vărsat;
Nu-i bujor de pe poiană,
Ci-i bujorul pus pe rană,
I l-au pus în piept duşmanii,
Dar plătiră otomanii
Pentru fiecare floare.

Elena Bocăneţ, 60 de ani;
Târgu-Neamţ (Humuleşti), 1979;
Manuela Petrăchescu, elevă

Ozană, pârâu de munte...

Ozană, pârâu de munte,
Duci cu tine doruri multe;
Du cu ele-n drumul tău,
Ozana, şi dorul meu!
De găseşti în calea ta,
Ozană, pe mândra mea,
Să-i şopteşti încetişor
Că de ea îmi este dor;
Mai spune-i la mândra mea
Să-mi păstreze dragostea,
Să-mi coase flori pe ie
Şi flori pentru cununie!
De-o găseşti stând în cerdac,
Murmură-i încet, cu drag,
Că la toamnă vin acasă
Şi-i aduc strai de mireasă,
Şi vom face nuntă mare
În Condrenii cei din vale,
Şi-oi chema la nunta mea
Soare, luna şi o stea.

Soltana Vartic, 44 de ani; Târgu-Neamţ -
Condreni, 1983;
Mirela Vartic, elevă

Măicuţă, când m-ai făcut...

Măicuţă, când m-ai făcut,
Tare bine ţi-a părut;
Doar o vorbă ţi-am greşit,

Când am spus că mă mărit.
Nu mă da urâtului,
Că dau foc pământului,
Du-mă, mamă, după drag,
Că necaz eu nu-ți mai fac;
De cine mi-e mie dor
Nu-l văd printre trecători,
Dar de cine mi-i urât
Azi, de trei ori l-am văzut;
Fugi, urâtule, din prag,
Să vină cine mi-e drag!

Mirela Tărâță, 58 de ani; Târgu-Neamț(Blebea),
1980, Ana Daniela Iațâșin, elevă

Frunză verde bob năut...

Frunză verde bob năut,
Măicuță, când m-a făcut,
M-a culcat pe flori de munte,
Gurița să mi-o sărute;
În leagăn m-a legănat
Și cu apă m-a spălat,
Cu apă din trei izvoare,
Să fiu ruptă ca din soare,
Să cresc ca o sălcioară,
Albă ca o lăcrămioară;
Sprâncenele-amândouă
Ea mi le-a spălat cu rouă,
Tot cu rouă, după zori,
Dimineața, de pe flori;
M-a culcat pe iarbă verde,
Să fiu dragă cui mă vede;

M-a culcat pe flori de fragă,
Lui bădiţa să-i fiu dragă.

Sofia Axinte, 49 de ani; Timişeşti, 1980;
Ana Daniela Iaţâşin, elevă

Primăvara, când soseşte...

Primăvara, când soseşte,
Toată firea-nveseleşte,
Numai inimioara mea
Nu se poate mângâia.
Flori, copaci înmugurează,
Soare varsă ducele rază,
Numai inimioara mea
Nu se poate mângâia.
Tineri, tinere-mpreună
Saltă, joacă, flori adună,
Numai inimioara mea
Nu se poate mângâia.
La durere, alinare
Se topeşte de oftare,
Petrecând în jale mare,
Că doar inimioara mea
Nu se poate mângâia.

Maica Eproxa, (?), Mănăstirea Văratic,
Ioan Humulescu

Luceafăr de lângă lună...

Luceafăr de lângă lună,
Spune-i badei voie bună;
Luceafăr de lângă stele,

333

Spune-i dorurile mele!
Răsai, lună, şi te suie,
Să vadă badea să vie,
Să vie, că îl aştept
Cu dorul aprins în piept!
Răsai, lună, şi mai sus
Şi du-i badelui răspuns
Să vie şi pe la noi,
Să-i dau fragi şi buze moi!

Maria Ursu, 80 de ani; Târgu-Neamţ, 1981;
Rodica Ioniţă, elevă

Foicica fagului...

Foicica fagului,
Greu i-a fost haiducului
Tot pe calea codrului,
În bătaia vântului;
Vreme bună, vreme rea,
El din frunză tot doinea;
Vreme bună, vreme rece,
El cu doina tot petrece.
Foicică foi de fag,
Ce mi-a fost pe lume drag:
Să cânt doină voinicească
Pentru lume românească,
Din datină strămoşească.

Dragă mi-e oaia cornută...

Dragă mi-e oaia cornută,
Se cunoaşte dintr-o sută,

334

Dar mai dragă mi-eşti tu mie,
Te cunosc şi dintr-o mie.

Vin cu oile la stână,
Mândra-mi face semn cu mână;
Vino, mândră, vino-ncoace,
Vin' la stână, nu te-ntoarce;
Suie, mândră, sus, la stână,
Că-mi va fi la îndemână
Tu să dai oile-n strungă,
Ciobănaşul să le mulgă!

Diana Vindereu, 18 ani;
Vânători, 14 februarie 2008;
Gh. Ţigău

Foaie verde bob mărunt...

Foaie verde bob mărunt,
Multe boli am mai zăcut;
Nici de una n-am murit,
Dar de boala de amar
N-o să zac, ci o să mor;
Toată ziua stau pe drum,
Lumea zice că-s nebun,
Că dragostea pentru tine
M-a prăpădit biet de mine,
M-a făcut din om neom
Şi m-a uscat ca pe-un pom;
Toată ziua stau la poartă
Şi tu dormi, dormire-ai moartă,
Dormi cu faţa la perete,
Guriţa-i arsă de sete;
De ce n-a lăsat Dumnezeu
Ce-oi iubi să fie-al meu

Şi să mor când o să vreu,
Să mă-ngroape unde-oi vrea,
Alături de mândra mea?

Neculai Perşu, 70 de ani;
Târgu-Neamţ, 1970;
Ioan Humulescu

Măi Cracău, ce curgi la vale...

Măi Cracău, ce curgi la vale,
Tu n-ai nicio supărare,
Numai eu am un dor greu,
S-a pus pe sufletul meu:
A plecat bădiţa-al meu
Şi m-a lăsat cu dor greu,
Şi m-a lăsat singurică
Şi de lume părăsită.
Noapte, noapte-ntunecoasă,
Puntea ta îi lunecoasă;
Apă, eşti mare şi rece
Şi mă tem, noaptea, o trece;
Adu-l tu pe valul tău,
Să-mi mai treacă de dor greu,
Că m-a lăsat supărată,
Singură şi lăcrimată!
Apă, apă curgătoare,
Mi-ai dus pe badea la vale,
Mi-ai dus pe badea la vale
Şi m-ai lăsat cu dor mare!
Pe pârâu şi pe izvor,
Tu îmi trimiţi numai dor;
Trimite-mi mai uşurel

Şi vino şi tu cu el;
Curgi, Cracău, încetinel
Şi vino, bade, cu el!

Maricica Ştefania Andrei, 13 ani
Negreşti, 14 februarie 2008;
Gh. Ţigău

Foaie verde foi de nuc...

Foaie verde foi de nuc,
Foaie verde foi de nuc,
Mai am o zi şi mă duc,
Eu mă duc, dorul rămâne,
Plânge frunza după mine;
Nu ştiu frunza ori codrul,
Nu ştiu frunza ori codrul,
Ori tăicuţa, sărmanul;
Nu ştiu frunza ori iarba,
Nu ştiu frunza ori iarba,
Ori măicuţa, sărmana.

Vasile Urzică, 23 de ani;
Vânători, 14 februarie 2008;
Gh. Ţigău

Plânge-mă, mamă, cu dor...

Plânge-mă, mamă, cu dor,
Plânge-mă, mamă, cu dor,
Că şi eu şi-am fost fecior,
Că şi eu şi-am fost fecior!

Când de-acasă şi-am plecat,
Când de-acasă şi-am plecat,
A rămas pustiu în sat,
A rămas pustiu în sat;
Când acasă am venit,
Când acasă am venit,
Mama-n poartă mi-a ieşit,
Mama-n poartă mi-a ieşit;
Strânge-mă, mamă, în braţă,
Strânge-mă, mamă, în braţă,
C-am venit iară acasă,
C-am venit iară acasă!

Sergiu Chirileasa, 10 ani;
Bodeşti, 14 februarie 2008;
Gh. Ţigău

Foaie verde flori mărunte...

Foaie verde flori mărunte,
Vin ciobanii de la munte,
Cu oile la iernat,
La fete de măritat.
Zi-i din fluier, ciobănaş!
Fluier, crenguţă de fag,
Eu te port la brâu cu drag;
Când îmi cântă bădiţa,
Mi se rupe inima.
Zi-i din fluier, ciobănaş!
Toată vara-a fost plecat,
Iar eu tot l-am aşteptat,
Iar acum îs bucuroasă,
C-a venit iarăşi acasă.

Zi-i din fluier, ciobănaş!

Alina Carnariu, 10 ani;
Roman, 14 februarie 2008; Gh. Ţigău

Foaie verde murele...

Foaie verde murele,
Ocolii pădurile,
Ca să-mi aflu mândrele:
Pe mândruţa de la şes,
C-are vorbe dintr-ales;
Pe mândruţa de la munte,
Că poartă părul pe frunte;
Pe mândruţa de la deal,
Că doarme fără ogheal,
Numai pe supt o prostire,
Ca o floare de iubire;
Pe mândruţa de la vale,
Că are mersul agale,
Boi mlădiu şi pieptul plin
Şi chipul mereu senin,
Cumu-i lujerul de crin;
Cum nu stă Bistriţa-n loc,
Aşa nu stă ea la joc
Şi se învârteşte iute,
Şi sărută pe-ntrecute,
Şi ştie să strânga-n braţă,
Şi sărută cu dulceaţă
Şi cu dragoste de viaţă.
Dac-o vede luna-n zori,
Iute s-ascunde în nori,
Şi, de iese în cărare,
Soarele atunci răsare.

De nu pot sui priporul,
Îmi trimit degrabă dorul,
Dar îl rog cu binişorul:
Să bată poienele,
Să-ntâlnească ielele
Pe cărări nebănuite
Dragostele tăinuite
Din zilele însorite,
Că mi-au dat iubirile,
Toate fericirile
Şi nenororcirile...

     Drag bădiţă de departe...

Drag bădiţă de departe,
Am ajuns ca să-ţi scriu carte
Tot cu vorbe-nlăcrimate,
Din condei şi din peniţă,
 Că-mi eşti tare drag, bădiţă.
Pe o horbotă de rânduri
Îţi trimit câteva gânduri
Printre lacrimi şi suspine,
Că mi-e tare dor de tine,
Şi-ţi trimit veste de-acasă
Să mă ştii că-s sănătoasă,
Că, de când nu ne-am văzut,
Multă vreme a trecut
Şi nu ştiu cât va mai trece
Ori vrea Domnul să mă-ncerce?
Şi nu ştiu cât va mai fi
Până vei putea veni,
Că-ntre noi acum sunt munţi
Cu zăpezile pe frunţi;
Şi sunt dealurile-nalte,

Nu poți merge zi și noapte;
Și pâraiele sunt late
Și câmpiile bogate,
Tot cu drumuri neumblate
Și păduri întunecate,
Ochii nu le pot răzbate.
Munții, dacă n-ar mai fi,
Poate te-aș putea zări;
Dealurile de-ar cădea,
Poate-am fi alăturea;
Codrii dacă s-ar tăia,
Poate că te-aș mai vedea.
De-ar vrea Domnul să m-asculte,
Să vină vara mai iute,
Să mă facă râu de munte;
De-o să-ți fie dor de mine,
Setea să ți-o mai aline,
De nu, lacrimile mele
Să te-nece-n dor și-n jele.

Maria Andrei – Tudor, 51 de ani;
Piatra-Neamț, 24 iulie 2011;
Gh. Țigău

Cea, Joian, hăis, Mândrean!

Carul merge-ncet și greu,
Că povara-i mare,
Badea vrea s-ajungă-n sat
Pân' la înserare.
Cea, Joian, hăis, Mândrean!
Hai acum,
Că ne-apucă noaptea-n drum.
Carul merge-ncet și greu,

Seara tot se lasă
Şi pe badea mândra lui
Îl aşteaptă-acasă.
Cea, Joian, hăis, Mândrean!
Ştiu, nu vi-i uşor,
Da's tânăr şi plin de dor.
Carul merge scârţâind,
Drumul abia-l urcă,
Boii trag de nu mai pot,
Badea-n sat s-ajungă.
Cea, Joian, hai, Mândrean,
Hai, hai la răzor,
Că mândra-i în pridvor.
Carul merge-ncet şi greu,
Luna sus răsare,
Uită, bade, tot ce-i rău,
Că mândra-ţi e soare!
Cea, Joian, hai, Mândrean,
Hai, hai în resteu,
Morţii lui de dor, că-i greu!...

Inimă de putregai

De mi-ar putea cineva
Să-mi cetească inima,
Să-mi cetească inima,
Ar citi pân'-ar muri
şi tot n-ar mai isprăvi,
Şi tot n-ar mai isprăvi.
Inimă de putregai,
Inimă de putregai,
N-am un cuţit să te tai,
Ca să văd ce doruri ai,

342

Ca să văd ce doruri ai.
Să te bată un vânt de vară,
Să te bată un vânt de vară
Şi-o ploaie de primăvară,
Că mi-i dorul foc şi pară,
Oi muri şi-o învia iară.
Inimă de-amărăciune,
Inimă de-amărăciune,
Eşti neagră ca şi-un tăciune,
Câte-am pătimit şi-am tras,
Câte-am pătimit şi-am tras,
Mă mir că de mi-ai mai rămas.

Tincuţa Neagoe – 62 de ani şi Emil Neagoe – 63 de ani,
ingineri; Alexandru cel Bun -Pârâul Secu, 16 februarie 2013;
Gh. Ţigău
(Aceste cântece lirice au fost auzite, în copilărie, în Ţara Făgăraşului, de Emil Neagoe, de la tatăl său, Romulus, născut în 1919.)

STRIGĂTURI

Strigăturile au, în bună măsură, o construcție asemănătoare cu aceea a epigramei culte, fără a exista vreo legătură între ele. Sunt concise, hazlii, împungărețe.

În interiorul acestei subspecii, grupurile cele mai compacte sunt *strigăturile la nuntă, strigăturile-comenzi de joc, strigăturile de atmosferă* și *satirice*.

De mare interes sunt *strigăturile satirice* și *de atmosferă* care oglindesc în poezie lumea satului nemțean. Sunt puse în contrast frumosul ș i urâtul, vrednicia și lenea, atracția și respingerea fizică, virtuți și vicii, fiind schițate și portrete morale ori fizice.

STRIGĂTURI LA NUNTĂ

Mireasă cu flori în frunte,
Nu-ți lua-n căruță multe,
Că bărbatul, când te-o bate,
Vei fugi cu ele-n spate!

*

Plângi, mireasă și suspină,
Că intri-n casă străină,
Te-or mustra fără pricină
Și te-or bate fără vină
Te-or trimite înapoi,
S-aduci și carul cu boi!

*

De-i ocoli lumea-ntreagă,
Nu găsești o țară albă,
Nici noră la soacră dragă.

*

Mândra-i mândră și frumoasă
Și-ar fi bună de mireasă.
Dar o strică gurița,
Că-i umblă ca melița.

Vasile Preutu, profesor, 72 de ani;
Drăgănești-Șoimărești, 14 martie 2008;
Gheorghe Țigău

*

Nuna mare, nună, hăi,
Nu te uita la flăcăi,
Ci te uită la bărbat,
De cinci zile n-a mâncat;
Nună mare, nună hăi,
Nu te uita la flăcăi,
Ci dă apă la viței!

*

Soacră mare, fii făloasă,
Ți-ai adus noră frumoasă
Și mirele-i frumușel,
Nu ți-e rușine cu el!

Valică Lungu, 70 de ani; Târgu-Neamț
(Humulești), 1980;
CED

*

Vine nuna din grădină,
Cu-n buchet de flori în mână;
Nu ştiu floarea să i-o rup
Sau gura să i-o sărut.
La nuniţa, la cerdac,
Busuioc şi liliac;
La nuniţa, la portiţă,
Busuioc şi romaniţă...

Constantin Ambrosă, 61 de ani;
Ţibucani, 1984;
CED

*

Frunzuliţă busuioc,
Hai, băieţi, intraţi la joc,
Hai, bătutele pe loc!
Tot pe loc, pe loc, pe loc,
Să rămână cea frumoasă
Şi cu drag soţie-n casă!
Foaie verde foi de prună,
Ia-ţi, mireasă, ziua bună,
De la fraţi şi de la mumă,
De la fraţi, de la surori,
De la grădina cu flori;
De la stele, de la lună,
De la sora ta cea bună!
Plângi, mireasă, şi suspină,
Că pleci din a ta grădină;
Te vei duce-ntre străini

Şi străinu-i ca şi spinul,
Mai amar decât pelinul.

Maria Olaru, 40 de ani;
Târgu-Neamţ -Condreni, 1982; CED

*

Ieşi afară, soacră mare,
Ţi-am adus pieptănătoare,
Să te pieptene pe cap
C-o bucat' de lemn de fag;
Să te pieptene uşor
Tot cu capul de uşor!

*

Merge nuna pe cărare,
Trupu-i sună a parale;
S-a suit nunu-n călin
Şi şi-a mai făcut un fîn;
S-a suit nuna pe casă
C-o rochiţă de mătase;
Sare nunul bucuros,
Strigă să se deie jos.

Elena Ungureanu, 64 de ani;
Brusturi -Târzia, 1982;
CED

*

Hai, muiere, să jucăm,
Că fata ne-o mărităm;

Ne pare bine c-am dat-o
Vai de cine a luat-o!

Ecaterina Ioniţă, 75 de ani;
Târgu-Neamţ, 1982;
CED

*

Soacră, soacră, ieşi în prag,
Primeşte-ţi nora cu drag;
Bucură-te, soacră mare,
C-ai o noră ca o floare!

*

Soacra, soacra cea mai mică,
Cum a rămas cu nimica...
Soacra, soacra ceea mare
Are noră şi fecior
Şi-n casă un ajutor.

Maria Stănoaie, 46 de ani; Pipirig, 1981;
CED

*

La copac, la rădăcină,
E o pasăre străină;
Ea îşi face penele
Ca nunul mustăţile.

*

Foaie verde mărăraş,
La nuntă să-ţi faci curaj,
Şi curaj şi voie bună,
Cu mesenii dimpreună.

Nu e apă pe - Argeşu',
Frumoasă ca nunuţu';
Nu e apă pe Bistriţa,
Frumoasă ca nunuţa...

*

Mireasă, te-aş întreba:
Ţi-i drag mirele ori ba?
Că noi nu te-am îndemnat,
Să te duci la măritat.

*

Rămâi, mamă, sănătoasă,
Dacă n-ai fost bucuroasă
Să mă vezi seara prin casă,
Dimineaţa, prin ogradă,
Ducând vaca la cireadă!

Maria Petraru, 63 de ani;
Târgu-Neamţ, 1982;
CED

*

Foaie verde foi de nuc,
Asta-i nuntă, nu bucluc;
Bine-mi pare de ce-mi pare,
Că joacă nunul cel mare
Şi cu nuna-alăturea
O bat bine la podea!

*

Cruciuliță de argint,
Amândoi v-ați potrivit
Și la ochi și la sprâncene,
Ca doi hulubași la pene.

Ioan Savinescu, 82 de ani;
Târgu-Neamț –Humulești, 1956;
CED

*

Tu, mireasă, după tine,
N-am văzut plângând pe nime',
Dar, după mirele tău,
La toți li se pare rău;
Tu, mireasă-n satul tău,
Ți-a părut că-i tot dudău,
Dar te duci în sat străin,
Drumul ți-i bătut cu spini.

*

Tu, mireasă, ieși în prag,
Ți-am adus ce îți e drag,
De îți place,- i bine, bine,
De nu, îl iau cu mine!

Cristina Dorneanu, 46 de ani;
Poiana Teiului -Livezi, 1978;
CED

*

Am venit cu patru boi,
Să luăm zestrea cu noi,
Luăm zestrea, luăm fata,
C-a făcut-o soacra gata.

*

Foiliță de mărar,
Asta-i nuntă-a gospodar;
Foiliță de trifoi,
Haideți, gospodari, cu noi!

Maranda Saraiduc, 85 de ani;
Brusturi, 1981;
CED

*

Taci, mireasă, nu mai plânge,
Că departe nu te-or duce,
Te-or duce la casa ta,
Cum ți-i face, așa-i mânca,
Cum ți-i așterne, te-i culca!

*

Mireasă, mândră cu flori,
Ia-ți gândul de la feciori,
Ține-ți gândul la bărbat,
Căci cu el te-ai cununat!

Ioan Bârzu, 62 de ani;
Târgu-Neamț(Condreni), 1982;
CED

STRIGĂTURI – COMENZI DE JOC

Cine joacă lângă mine,
Toată vara-i merge bine;
Cine joacă lângă altu'
Toată vara-l doare capu'.

*

Foaie verde, flori de plop.
Haide sârba la galop;
Foaie verde, solz de peşte,
Hai sârba moldoveneşte!

*

Hai la dreapta, măi băieţi,
Că la stânga nu mai vreţi;
Hai la stânga, tot aşa,
Că la dreapta nu mai vrea!

*

Foaie verde, foaie lată,
Haida sârba încheiată;
Foaie verde, pădureţ,
Haida sârba-n două părţi!

*

Ş-am zis verde ca aluna,
Hai la sârbă, sai deuna;
Una, două, trei,
Şi-un genunche, dacă vrei!

*

Vai, săracii, de flăcăi,
Parcă-s nişte nătărăi,
Pe când mândrele fetiţe,
Parcă-s nişte porumbiţe.

Gică Arsenoaia (Chiriac) 64 de ani;
Crăcăoani -Cracăul Negru, 10 martie 2008
Gh. Ţigău

*

Frunzuliță, pădureț,
Hai la sârbă, măi băieți,
Care vreți, care puteți,
Care nu, mai rămâneți,
De mine să vă țineți!

*

Frunzuliță siminoc,
Hai țineți hora pe loc;
Tot pe loc, pe loc, pe loc,
Să răsară busuioc,
Busuiocul fetelor,
Dragostea nevestelor!

*

Vai de mine ce-am uitat:
Dușumeaua n-am jucat,
Dușumeaua de la munte,
Aș juca-o și n-am unde;
Dușumeaua-n lung și-n lat,
Patru pași mai apăsat;
Dușumeaua pe-ndelete,
Să jucăm băieți și fete;
Dușumeaua pe o parte,
Câte-o săritură-n spate;
Dușumeaua pe sub mână,
Să jucăm o săptămână,
Dușumeaua sub picior,
Înc-o dată, măi feciori!

Vasile Diaconu, 77 de ani; Pipirig, 1981;
CED

*

Foaie verde siminoc,
Tot pe loc, pe loc, pe loc,
Să răsară busuioc,
Busuioc de pe Ozana,
Semănat de draga Ana!

*

Tot de brâu, de brâu, de brâu,
Ca la secerat de grâu,
Tot de brâu şi de bârneţe,
Ca vara la pădureţe!

*Casandra Azoiţei, 74 de ani;
Vânători-Mănăstirea Neamţ, 1980;
Daniela Lăcătuşu, elevă*

*

Joacă-mă, bădiţă, bine,
Că diseară vii la mine,
Iar, dacă nu m-oi juca,
La mine n-ai ce căta!

*

Hai dă mâna la bătrâna,
Să te joc, mânca-te-ar ciuma;
Hai dă mâna la moşneagul,
Să te joc, luate-ar dracul!

*

Foaie verde răchiţică,
Haida sârba mărunţică;

Foaie verde, măr uscat,
Haida sârba pe-aşezat,
Ca frunza de păr uscat,
Bate vântul şi-a picat,
A picat în iarba rea
Şi băieţii, după ea!

Ion Tulan, 64 de ani;
Vânători -Nemţişor, 1979;
Gheorghe Tulan, elev

*

Haideţi, băieţi, după mine,
Să vă-nvăţ a juca bine,
Că eu nu ştiu pentru mine;
Hai la joc, picioare goale,
Las' la boala că mi-i foame,
Eu vă joc să vă-ndreptaţi,
Voi mai tare vă strâmbaţi.

*

Hai ruseşte, la-nvârtit,
Unde-i locul prăvălit;
Bine merge roata mea,
Când îi dau câte-o nuia
Şi nuiaua-i de răchită,
Merge roata prăvălită!

Silvia Manolache, 58 de ani;
Ţibucani, 1983;
CED

*

Hai ruseşte la-nvârtit,
Că făina s-a gătit
Şi-a rămas un tăbâltoc,
Într-un fund de poloboc!

*

Hai la brâu, la brâu, la brâu
Şi la secerat de grâu;
Grâul iar s-a secerat,
Fetele s-au măritat,
Numai una a rămas
Şi aceea fără nas!
Hai la rând, la rând, la rând,
Ca cucoarele în cârd!

*

Ia, strigaţi, flăcăi, din gură
Şi nu staţi ca boii-n şură;
Boii au de rumegat
Şi voi gură de strigat!

*

Foaie verde murele,
La pământ, bătutele,
Să moară urâtele,
Să moară cu limba scoasă,
Să rămână cea frumoasă!

Petru Olaru, 59 de ani;
Târgu-Neamţ (Condreni), 1981;
Nicu Bârzu, elev

*

Cine joacă şi nu strigă,
Facă-i-se gura strâmbă,
C-aşa-i jocul românesc,
Obiceiul strămoşesc;
Să strigăm la bucurie,
Chiuind de veselie!

*

- Joacă-mă, bade Ioane!
- Nu te port, lele, de foame,
Dă-mi o coajă de mălai,
Să te joc vreo şapte ai!

Ion Bârzu, 82 de ani;
Târgu-Neamţ (Condreni), 1983;
Nicu Bârzu, elev

*

Geaba ştii a învârti,
Dacă nu ştii chiui!
Ia, mai zi ceva din gură,
Nu tăcea ca bou-n şură,
Că şi el tace cât tace,
Dar la urmă-ncepe-a rage!

*

Ha-ha-ha, ha-ha-ha!
Uită-te acu' încoa'
Trage hora, măi băiete,
Nu sta ca un nătăflete;
Trage hora, bate-aşa,
Duşumeaua, vai de ea,
C-o batem toţi pe o parte,
Câte două tot în parte,

Tot în parte las' să-mpartă,
Că opinca mea îi spartă;
Dă-i pe-o parte, dă-i pe alta,
C-a făcut o bortă-n dreapta,
Drept în talpă de cea mare,
Mai uşoară ţi se pare,
Dar mie nici că-mi pasă,
C-am altă pereche-acasă!

*

Joacă mama, joc şi eu,
Joacă şi feciorul meu...

*

Haide-aşa, flăcăul tatei,
C-am vândut vaca cu lapte
Şi-am făcut ciubote-înalte;
Tot pe loc, pe loc, pe loc,
Să răsară busuioc!

Ioan Iacoboaia, 84 de ani; Vânători, 1982;
Cristina Muraru, elevă

*

Unde sar în sus moşnegii,
Ni se clatină Bucegii;
Unde sare pas flăcău,
Se cutremură Ceahlău!

*

Las' să joc pân' ce trăiesc,
De-o muri, mă odihnesc;
Las' să joc pân' ce sunt viu,
De-oi muri, mort am să fiu!

*

Nu te uita la obiele,
Că-s a tatii, nu-s a mele;
Nu te uita la opinci,
Că te fac să le mănânci!

*

Drag' mi-e mândra mea în joc,
Că se leagănă cu foc;
Unde pune ea picioru',
Se aprinde şi mohoru';
Unde-arunc-un ochişor,
Arde inima de dor...

*

Unde joacă Humuleştii,
Dedesubt pământul creşti;
Unde joacă Ţuţuienii
Dedesubt pământul gemi...

*

De ce joc, de ce-aş juca,
Parcă sunt făcut aşa;
De ce joc, de ce mă-ndemn,
Parcă sunt făcut din lemn...
Ia, te uită la picioare,
Că-s făcute răşchitoare;
Ia te uită la genunchi,
Că-s făcute-n patru muchi...

*Petre Savinescu, 82 de ani; Târgu-Neamţ
(Humuleşti), 1983;
Ioan Savinescu, învăţător*

*

Să jucăm până-n Condreni,
S-audă cei din Bejeni;
Din Bejeni şi Ţuţuieni,
Să nuntim până-n Deleni!

*

Foaie verde busuioc,
Ţineţi hora tot pe loc,
Să răsară busuioc,
Busuioc de la Viena,
Răsădit de ţaţa Leana,
Ţaţa Leana, moş Andrii,
Eu iubesc şi ochi căprii!

Natalia Gherasim, 82 de ani; Păstrăveni, 1979;
Claudia Gherasim, elevă

*

Cine joacă la mijloc
Să-i dea Dumnezeu noroc,
O văţuşcă şi-un boboc,
Şi-un chibrit, ca să-i dau foc!

*

Drag mi-a fost cântecul mult
Şi să-l cânt, şi să-l ascult;
Dar mai drag mi-a fost să joc
Tot cu mândra la mijloc!

Dumitru Ciocârlan, 63 de ani; Grumăzeşti, 1980;
Minuţa Ciocârlan, elevă

STRIGĂTURI DE ATMOSFERĂ ȘI SATIRICE

Săracul, bărbatul meu,
Toți oamenii zic că-i rău,
Da'-i omul lui Dumnezeu;
Nicio palmă nu mi-a dat,
Numai capul mi l-a spart...

*

Diseară-i lăsat de sec,
Mă duc mamă să mă-nec,
Unde-o fi balta mai lată,
C-am rămas nemăritată...

*

Mândra mea s-a betejit
De spălarea unui blid;
De-o spăla și lingur'le,
O apucă frigurile.

*

Tot mă râd vecinele,
C-am băut găinile,
Da', dacă m-oi mânie,
Și cucoșul mi l-oi be...

*

Nu te ține prea fudulă,
Că eu știu ce ai în șură:

361

O purcică şi-o mioară,
Doi căţei şi-o mâţă chioară...

*

Costică, băiatul tatei,
A vândut vaca cu lapte
Şi şi-a luat cizme înalte;
Cizmele îi stau în cui,
Brânză şi smântână nu-i.

*

Nu te uita, lele, hăi,
Că mi-s iţăraşii răi;
Are tata două oi
Şi mi-o face alţii noi.

*

Câte fete se ridică
Nu pot face-o mămăligă,
Numai una mai stătută
Şi pe-aceea-o face crudă;
Cheamă mâţa s-o mănânce,
Mâţa miaună şi fuge;
Mâţa fuge pe cuptor,
N-o mănâncă, s-o omori.

*

Vinde oala cu smântână
Şi-şi pune mănuşi pe mână;
Vinde făina din sat,
Să aibă pantofi de lac.
Fost-ai, lele, cât ai fost
Şi de dulce, şi de post,

Fost-ai dragă cui şi cui,
Dar acum a nimănui.

Vasile Preutu, profesor, 73 de ani;
Drăgăneşti -Şoimăreşti, 14 martie 2008;
Gh. Ţigău

*

Vai de mine, iar îi seară
Şi mă bate mama iară,
Căci şi-aseară m-a bătut
Căci am stat cu puiul mult;
Să mă bată cât de tare,
Pentru puiul nu mă doare;
Să mă bată cât de mult,
Eu pe puiul tot nu-l uit.

*

Azi e zi lăsat de sec,
Mă duc, maică, să mă-nec,
Să mă-nec într-o fântână,
C-am rămas fată bătrână.

*

U-iu-iu şi u-hu-hu,
Lele, mânca-te-ar lupu',
Cum de-aseară...
Şi-acum, nu?!

*

Ia mai zi-i, bade, mai zi-i,
Că la vară ţi-oi cosi
Unde-o fi iarba mai deasă
Şi copila mai frumoasă;
Unde-o fi iarba mai rea

Şi copila frumuşea,
Frumuşea, dar nu a mea,
I-a celui de-alăturea,
Care s-a iubit cu ea.

*

Foaie verde, foi de nuc,
Daţi-mi drumul să mă duc,
Că nu ştiu-ncotro s-apuc;
S-apuc dealul, s-apuc valea,
Mândruţa mi-a ţine calea;
S-apuc dealul tot mai sus,
Că mândruţa mea s-a dus
Şi s-a dus la strungărie,
Înapoi să nu mai vie.

*

Primăvara, mama noastră,
Duce bruma de pe coastă,
Să răsară flori pe creastă.
Hai, mândro, să le privim
Şi-amândoi să ne iubim;
Pe omătul de la dos
Să m-aşez cu mândra jos,
Să mă fac băiat frumos,
Mai frumos de cum am fost...

*Ion Tulan, 64 de ani; Vânători-Nemţişor, 1979;
CED*

*

Dragu mi-i în crâşmă-a-bea
Cu voinici de seama mea;
Dragu mi-i la băutură

Cu voinici de-a mea măsură;
De când beau rachiu de prune,
Nu mai port căciulă bună.

Nicolae Urzică, 43 de ani; Vânători, 1979;
Daniel Corbu, elev

*

Trecui râul Moldova,
N-are cine m-adăpa,
Cucul cu aripile
Mândra cu sprâncenele.

*

Frunză verde de năut,
De-am avut, de n-am avut,
Am făcut cum am făcut
Şi pe toate le-am iubit.

Emil Nechita, 72 de ani; Ţibucani, 1983;
Crina Munteanu, elevă

*

U-iu-iu, picior de rai,
Şapte fete pe-un colac;
Şi colacu-i de mohor,
Şapte fete pe-un topor;
Şi toporu-i de oţel,
Şapte fete pe-un viţel;
Şi viţelul n-are mamă,
Şapte fete pe-o năframă;
Şi năframa n-are vârf,
Şapte fete pe-un sovârf;
Şi sovârful n-are floare,

365

Şapte fete pe-o cicoare;
Şi cicoarea s-a uscat,
Fetele s-au măritat.

Aglaia Abonculesei, 67 de ani; Târgu-Neamţ
(Ţuţuieni), 1980;
Crina Munteanu, elevă

*

Să de Domnul să nu plouă
Şi nici să nu cadă rouă,
Să mă duc la iarmaroc
Făr-opincă, prin Mitoc,
Să cumpăr un fluieraş
Să mai zic un „Ciobănaş"!

*

Iubeşte-mă, lele dragă,
Cât îs cu cămaşa neagră,
Că, dacă m-oi primeni,
Şapte fete m-or iubi,
Şapte fete dintr-un sat
Şi-o nevastă cu bărbat.

Marghioala Grădinaru, 71 de ani; Brusturi, 1982;
Valentin Grădinaru, elev

*

Frunză verde baraboi,
Cam aşa-i în sat la noi;
Dacă cumva nu credeţi
Ia, poftim, de ne vedeţi!

*

Nu-i frumos cine se ţine,
Ci-i frumos cui îi stă bine;
Nu-i frumos cine se crede,
Ci-i frumos cui i se şede!

*Vasile Diaconu, 77 de ani; Pipirig, 1981;
CED*

*

Dragă mi-i mândruţa 'naltă
Că-mi dă gura peste poartă,
Că mândruţa mititea
Se-ntindea şi n-ajungea.

*

Vecina de lângă mine
Totdeauna-mi prinde bine;
Când mă doare capul rău,
Ea aleargă la pârău
Şi-mi aduce apă rece,
De-mi pune la cap şi-mi trece.

*

Când îţi văd pieptul curat
Şi mărgeanul revărsat
Tare-aş vrea să-ţi fiu argat;
Ce fel de argat să-ţi fiu?
Numa-n braţe să te ţiu.

*Neculai Amarei, 78 de ani; Târgu-Neamţ
(Ţuţuieni), 1981;
Manuela Amarei, elevă*

367

*

Mândra cu păr gălbior
S-o iubeşti până ce mori;
Mândruţa cu ochii traşi
S-o iubeşti, să n-o mai laşi!

*

Decât slugă la popa,
Mai bine să baţi doba,
Că doba-i a satului,
Iar popa al dracului.

*

Frunză verde de pe pom,
Te-am iubit şi n-ai fost om,
Ai fost o gură-căscată,
Că ne-a ştiut lumea toată.

*

Decât slugă la ciocoi,
Mai bine cioban la oi,
Cu capul pe muşunoi;
Să umblu din stână-n stână
Şi să gust brânza de-i bună.

*

Nu te uita că-s micuţ,
Că la multe-am fost drăguţ;
Nu te uita că-s mărunt,
Că smulg bradul din pământ;
Tata n-a fost om de leac,
Iar eu sunt un pui de drac.

Câtu-i latul pe pământ,
Nu-i ca popa de flămând;
Nici botează, nici cunună,
Până nu-i pui mult în mână!

Ion Bârzu, 82 de ani;
Târgu-Neamţ (Condreni), 1983;
Nicu Bârzu, elev

*

Decât un tată şi-o mamă
Să te certe pentru-o glumă,
Mai bine c-un băieţel,
Când e bun şi tinerel,
Că te ia seara de mână,
Te plimbă cu voie bună,
Din casă până-n grădină
Şi-ţi spune două-trei glume,
Cum îţi e mai drag pe lume.

*

Lele, ochişorii tăi,
M-aş băga slugă la ei,
Leafă nu ţi-aş mai lua,
De la mine ţi-aş mai da;
Ochii tăi cuţite n-au,
Nu ştiu săgeţi cu ce-mi dau;
Ochii tăi arme nu poartă,
Nu ştiu cu ce mă săgeată.

*

Tot mă râd fetiţele,
Că iubesc nevestele;
Cine are cap şi minte

Ştie că nu mi-s urâte;
Cine are ochi şi vede
Ştie că mi-s dragi şi fete.

*

Hai, drăguţo, după mine,
Că mă jur să te ţin bine,
La moară nu te-oi mâna,
Nu te-i duce, n-oi mânca,
Desculţă nu te-oi purta
Că tu singură-i umbla!

*

Leliţă, bătu-te-ar sfântul,
Cum îţi bate şorţul vântul,
Şorţul tău cu drăgănele,
M-a băgat rău în belele...

*

- Măi, bădiţă, de demult,
Uită-mă ca să te uit!
- Eu, drăguţă, te-aş uita,
Dacă n-ar mai însera,
Dar, îndată ce-a-nserat,
Mă pun, dragă, pe oftat;
Mă culc, dorm şi mă trezesc,
Pun mâna, nu te găsesc;
Strâng în braţe, n-am ce strânge
Inimioara-n mine plânge.

Drăguță, ce folos mă bate,
Dacă ți-i casa departe,
Dragostele, pe-apucate,
La o lună jumătate?

*

Asta-i lumea, cui îi dragă,
Nu-i pară lucru de șagă;
Tot iubitul are-un dar,
Că-i și dulce, și amar.

*Ioan Savinescu, 82 de ani; Târgu-Neamț
(Humulești), 1980;
CED*

*

Foaie verde de negară,
Frumoasă-i viața la țară!
Cu opinci și cu ilici,
Creștem animale mici;
Cu opinci și cu ițari
Creștem animale mari.

*

Fata care joacă bine,
Ad-o, Doamne, lângă mine;
Fata care joacă rău,
Să se ducă-ntr-un pârău!

*Maria Petreanu, 63 de ani; Târgu-Neamț, 1982;
Luminița Dumitru, elevă*

*

Nu mă călca pe opinci,
Că te fac să le mănânci;
Și-o pereche de obiele
Îs a tatei, nu-s a mele,
Mi-a făcut bine cu ele.

*

Frunzuliță foi de ceapă,
Cine-i om să se priceapă,
Căci omul de omenie
Se cunoaște dintr-o mie.

*Dumitru Ciocârlan, 63 de ani;
Grumăzești, 1980;
CED*

*

De urât, mă duc de-acasă,
Dar urâtul nu mă lasă;
De urât, mă duc în lume,
Și urâtul după mine.
Bea, urâtule, oțet,
Să te duci, să nu te văd!

*

Să trăiască măicuța,
Că mi-a făcut gurița
Să meargă ca melița,
Să mă pot distra cu ea.

*Natalia Gherasim, 82 de ani; Păstrăveni, 1979;
Claudia Gherasim, elevă*

*

Leliță cu ochii mari,
Ai dat boii pe pieptari;
Du-te, lelilițo, încolo,
Nu-mi mai face cu capu'
Că te vede bărbatu'
Și se uită pe sub gene,
Și pe mine nu mă vede.

Emil Nechita, 72 de ani; Țibucani, 1983;
Crina Munteanu, elevă

*

Hai, șili, șili, șili,
Că la vară om cosi
Unde-o fi iarba mai deasă
Și copila mai frumoasă,
Unde-o fi iarba mai rară
Și copila bălăioară.

Elena Dochița, 77 de ani; Târgu-Neamț
(Condreni), 1981;
Cristinel Șchiopu, elev

*

Moșii noștri, când trăiau,
Aveau case hârbuite,
Șurile descoperite,
Ocoale pline de vite.
Acum nu vezi vaci la casă

373

Numai aparat pe masă;
Fata,-n loc să mulgă vaca,
Mai întoarce-odată placa;
Decât cu lapte-n cofiţă,
Mai bine cu cizmuliţă;
Decât brânză şi smântână,
Mai bine cu ceas la mână;
Se-aud ceasuri ticăind
Şi maţele ghiorăind.

Elena Irimia, 57 de ani; Urecheni, 1984;
Vasile Irimia, elev

*

Săracul, bărbatul meu,
El munceşte şi eu beu;
El munceşte la câştig,
Iar eu beu cu sârg în târg;
El munceşte cu toporul,
Eu mă duc de-a rostogolul.

*

La joc eu mă-ndes, mă-ndes,
Dar cu coasa nu dau des;
Dau o coasă, rup o coasă
Şi mă duc la mândră-acasă.

*

Mărirta-m-aş, mărita,
Nu ştiu pâine-a frământa,
Când aş face-o câteodată,
N-am făină, nici lopată.

*

Măi, bărbate, măi, bărbate,
Eu nu sunt ca celelalte,
Să-mi dau cânepioara-n parte;
Cât o torc, o torc, o torc,
Cât rămâne o pun pe foc.

*Ileana Dochiţa, 75 de ani; Târgu-Neamţ
(Condreni), 1974;
Geta Huţanu, elevă*

*

Frunză verde de cicoare,
Se mărită fata chioarei,
Şi cunună popa hulă
Şi-i dă zestre-o barabulă,
Două gâşte-mbrobodite,
Două raţe potcovite,
Doi cocoşi cu ochii roşi;
Două muşte fac găluşte,
Doi purcei sunt vornicei,
Doi pândari sunt lăutari.

*

Ţine, lele, capul, drept,
Nu-l ţine, ca calu-n piept!
Calu-l ţine la trăsură
Şi tu-l ţii că eşti fudulă.

*

Am un bade cât un ied,
Dacă-l scap prin iarbă-l pierd;

De merge prin cositură,
Îi ajunge iarba-n gură;
Trag nădejde c-o mai creşte,
Când o prinde mâţa peşte.

*

Cât îi lumea şi pământu'
Nu-i ca popa de flămându';
El îngroapă doi-trei morţi
Şi-ţi ia doisprezece zloţi;
Şi citeşte Sfânta Carte,
Şi-ţi ia vaca cea cu lapte;
Şi-ţi citeşte-un sărindar
Şi-ţi ia grâul din hambar.

Petre Olaru, 59 de ani; Târgu-Neamţ (Conderni),
1981;
CED

*

- Haide, nevastă, la sapă!
- Vai, bărbate,-s rău bolnavă!
- Haide, nevastă, la vie!
- Vai, bărbate, rău mi-e mie!
- Hai, nevastă, la prăşit!
- Nu pot că m-am bolnăvit!
- Tu, nevastă, sapa-ţi şede!
- Sară-i ochii cui o vede!
- Tu, nevastă, biciu-n cui!
- Acolo a fost de când îi.
- Hai, nevastă, la băut!
- Bogda proste, mi-a trecut,
Fă-nainte, că te-ajung!
Eu atât mai zăbovesc

Numai cât mă-mbrobodesc,
Că am un caier de in
Şi mă duc să-l dau pe vin,
Cu inul mă-ncolboşesc,
Cu vinul mă-nveselesc;
Furca este boală grea,
Caieru-i şi mai belea,
Oca este draga mea.

*

De ţi-i bărbatul urât,
Leagă-i un curmei de gât
Şi-l du la târg, la vândut!
Cine ţi-o da o para,
Să fie măcar de lut,
Să te mântui de urât;
De ţi-o da un leu şi opt,
Să-l dai cu curmei cu tot.

Ioan Savinescu, 82 de ani; Târgu-Neamţ
(Humuleşti) 1977;
CED

*

Foaie verde de-alior,
Asta-i hora horelor,
Hora cea moldovenească,
Pe toţi să ne-nveselească!

*

Foaie verde baraboi,
Asta-i hora pe la noi;

Şi iar verde baraboi,
Prindeţi hora câte doi!

*

Haide, mândră,-n iarba mare,
Ca să-mi dai o sărutare!
Sărutarea eu ţi-aş da,
Da' mă vede mămica!

*

Dragu-mi-e leliţa mică,
Când se suie pe opincă
Şi cu mâna la canea,
S-ajungă la gura mea!

*

Liţa, foaie de lalea,
Mi-a ieşit în calea mea
O copilă mândruliţă,
Să-mi dea ochii şi guriţa!

*

Foaie verde mărăcine,
Joacă, mândră, lângă mine!
Şi iar verde mărăcine,
Joacă-mă, bădiţă, bine!

*

Uite-aşa se joacă fata:
Şi la stânga şi la dreapta,
C-aşa-i jocul strămoşesc,
Obicei moldovenesc!

*

Hai acuma să-nvăţăm
Bătuta să o jucăm!
Şi iar verde de trifoi,
Să jucăm ca pe la noi!

*

Foaie verde trei sulfine,
Joacă-mă, bădiţă, bine!
Am să te-nvăţ a juca
Şi tu, mândră,-a săruta!

*

Liţa, foaie pădureţ,
O bătaie, măi băieţi!
I-auzi una şi-o bătaie,
Din pământ să iasă paie!

*

Hai la joc, picioare moi,
Că mă fac de râs cu voi!
Uşurel şi pe săltate,
Cum se joacă pe la sate!

*

Crenguţă de busuioc,
Haideţi, măi flăcăi, la joc,
Să jucăm cu bucurie
La oamenii de omenie!

*

Liţa, foaie de lalea,
Bate talpa la podea,
Liţa, foaie trei scaieţi,
Jucaţi fete şi băieţi!

*

Foaie verde grâu mărunt,
Bate talpa la pământ!
Frunzuliță, foaie verde,
Hai la joc, băieți și fete!

*

Treci, bădiță, dealu-ncoace,
Nu am dorului ce-i face!
Crenguță de rozmarin,
Băiete să ne iubim!

*

Măriuță, uță, uță,
Adă caii la căruță,
Să mă duc la Ruginoasa
S-o aduc pe Mofturoasa!

*

Vai de cine s-o lăsa
Să-i moară ibovnica!
Să-i moară în postul mare,
Cu fasole și cu moare!

*

Lița, foaie trei scaieți,
Trageți hora-n două părți!
Luați seama, măi flăcăi,
Că la dreapta sunt bătăi!

*

De-ar ști mama că-s aici,
Mi-ar face pielea opinci,

De-ar şti mama că eu joc,
Mi-ar face pielea cojoc!

*

Fata mea de la Ceahlău
Am adus-o s-o joc eu,
Am adus-o şi-am s-o ieu,
Că-i frumoasă, curcubeu!

*

Liţa, foaia busuioc,
Luaţi fetele la joc,
Luaţi-le de mijloc
Şi jucaţi-le cu foc!

*

De când soarele-a apus,
Toate fetele s-au dus,
Au rămas femeile
Ca să joace horele!

*

Crenguţă de arţăraş,
Ăsta-i jocul „Ciobănaş",
Crenguţă de iasomie,
Ăsta-i joc ce-mi place mie!

*

Vai săracul ciobănaş,
Îmi aduce seara caş,
Dimineaţa, urdă dulce,
Mă sărută şi se duce!

*

Foaie verde pădureț,
După mine, măi băieți,
Și-ncă-odată pădureț,
Învârtiți-vă, băieți!

*

Bine merge roata mea,
Când îi dau câte-o nuia;
Și nuiaua-i de stejar,
Merge roata ca la car!

*

După mine, după mine,
Că eu știu ca s-o duc bine!
După mine, măi flăcăi,
Ca pe Valea Bistriței!

*

I-auzi una, bate bruma,
I-auzi două, bate rouă,
I-auzi trei, flori de tei,
I-auzi patru, joacă satu'!

*

Foaie verde de-alior,
Corăghește, fetelor !
Bate-o, bate-o la podele,
Să răsară floricele!

*

Luați-o acum voinicește
Să jucăm și corăghește!

Corăgheşte ştim juca
Şi mândruţa săruta!

*Mihai Melu, 37 de ani, Piatra-Neamţ, 18
decembrie 1996 Gh. Ţigău*

*

Acela nu-i gospodar,
Care n-are boi şi car,
Gardul, făcut din nuiele
Şi şura, două proptele.

*

De ce ai sprâncene multe
Şi le ţii posomorâte?
Mai bine mai puţintele,
Dar să mă joc eu cu ele.

*

Busuioc de pe cuier,
Luai fată de boier
Şi-mi dă blidul nespălat,
Şi lingura de sub pat.

*

Măi, bărbate, bărbătuţ,
Lasă-mă să am drăguţ,
Câ te-oi face să n-auzi
Oi băga câlţii-n ştiubei
Şi ţi-oi spune eu ce vrei!

*

- Nu te uita, lele, lung,
Că n-am coarne să te-mpung,

Nu mai face cu capu'
Că te vede bărbatu'!
- Lasă bărbatu' să vadă,
Numai lumea să nu vadă!

Gică Arsenoaia (Chiriac) 64 de ani; Crăcăoani -
Cracăul Negru, 10 martie 2008
Gh. Țigău

FOLCLORUL COPIILOR

Din câte cunoaştem, informaţii despre existenţa *jocurilor copiilor* în folclorul literar românesc datează de prin secolul al XVIII-lea, fiind consemnate de Anton Maria del Chiaro, călător italian şi secretar, din 1709, al unor domnitori ai Ţării Româneşti (Constantin Brâncoveanu şi Ştefan Cantacuzino).

Neîndoielnic, *folclorul copiilor* prezintă particularităţi care fac din el un gen de sine stătător. Este de spus că numărul textelor de acest fel este cu mult mai mare, în raport cu cel cuprins în antologia de faţă. Proprii îi sunt inspiraţia din lumea vegetală şi animală, din viaţa socială şi de familie, folosirea numerelor şi diminutivelor, simplitatea, naivitatea, vioiciunea şi, uneori, încifrarea.

Una, două,
Afară plouă;
Trei, patru,
Merg la teatru;
Cinci, şase,
Spală vase;
Şapte, opt,
Grâu-i copt;
Nouă, zece,
Un pahar cu apă rece,
Toţi ţiganii să se-nece.
Numai unul să rămâie,

Să se facă praf, tămâie,
Praf, tămâie, portocale,
Ieşi afară dumitale!

*

Ala-bala, portocala,
Ieşi, Gheorghiţă, la portiţă,
Că te-aşteaptă Talion,
Talion. fecior de domn,
Cu căruţa Radului,
Cu caii-mpăratului!

*Mihaela Fălticeanu, 18 ani; Târgu-Neamţ,
1984;
CED*

*

An-tan-tiri,
Ma-go-gan,
Caraş-caraş-se,
Principalo,
Marango!

*Copii de pe strada Comuna din Paris;
Târgu-Neamţ, 1985;
CED*

*

Un-de-ele,
Doi-de-ele,
Ca-ra-iele,
Princi!

Ghici!
Coto-roasă,
Cubcă!

*Nicuşor Dorneanu, 16 ani; Drăgăneşti, 1984;
CED*

*

Uni,
dini,
trini,
toni!
Pani,
iţca,
piţica!
Gredimani,
păsărichi,
pichi,
richi!

*Axenia Băluţ, 33 de ani; Ţibucani, 1984;
CED*

*

Unii,
donii,
tinii,
panii;
iţca,
piţca,
godimani;
solomon,

sodocan,
giurgiu,
clanț!

*

Unu, doi, trei, patru cinci,
Şase, şapte, opt, nouă, zece
Şi-un berbece;
Şi pintele, ş-alt berbece!

*Maria Manolache, 14 ani; Ţibucani, 1983;
CED*

*

Unja, mija, matica,
Sabie cu tastica;
Un mij, cotabij, bob,
Bobul vâjâie şi zboară,
Dumneata să ieşi afară!

*Liviu Ceauşu, 13 ani; Piatra-Neamţ, 1980;
CED*

*

Ala-bala, portocala,
Treci, bădiţă, la portiţă,
Că te-aşteaptă Tarion,
Tarion, fecior de domn,
Cu tichie de hârtie,

Cu pană la pălărie;
Cioc-boc, treci la loc!

*Eugenia Solomon, 64 de ani; Târgu-
Neamț, 1984;
Dragoș Dobreanu, elev*

*

Una, mara,
Două, para,
Trii, ru,
Pipine,
Solomon,
Socardon,
Podoghiță,
Geaurgeaua,
Cronț!

*

Una, doina,
Tui, saltele,
Pani, pani, ceaușele;
Tui, tui, papagal,
Cu trei pene de curcan,
Ieși, afară, băietan!

*

Una, lica,
Tutulica,
Titipană,

Gogomană,
Damte,
Damboi,
Pana cica,
Cica bete,
Gogomete,
Țuști, băiete!

Ioan Buruga, 56 de ani; Urecheni, 1982;
CED

*

Unilica,
Titilica,
Titipana,
Pogorana,
Daldel,
Daldevărul,
Pataciugă,
Ciugulete,
Bubulete,
Țânc!

Ștefan Racovanu, 13 ani; Piatra-Neamț, 31
martie 2008;
Gh. Țigău

*

Ungla,
Dungla,
Tricla,
Pucla,
Sagla,
Pagla,

Ciurubuc,
Păsărichi,
Pichi!

Mihai Iosub, 48 de ani; Târgu-Neamț,
1984;
CED

*

Unii,
Donii,
Trinii,
Panii,
Ciunga,
Runga,
Staravani,
Nicte,
Buf!

Copii din Strada V.I. Lenin; Târgu-Neamț, 1984;
CED

*

Una, două,
Rațele-s pe ouă;
Trei, patru,
Mergi la teatru;
Cinci, șase,
Roade oase;
Șapte, opt,
Mâncăm compot;
Nouă, zece,
Apa-i rece,

Sai într-un picior
Şi ieşi campion!

Luminiţa Stănică, 10 ani; Târgu-Neamţ,
1981;
CED

O găină pe gunoi,
Numără din doi în doi;
Doi, patru, şase, opt, zece,
Ieşi afară, măi berbece!

*

Cireşica fierbe mere,
Cireşul vine şi cere,
Cireşica nu se-ndură,
Cireşul vine şi fură!

*

Într-o magazie,
Stă un porc şi scrie;
A, B, C,
Ieşi afară, porcule!

Copii din Vânători -Lunca, 1985;
CED

*

Treci, ploaie călătoare,
Că te-ajunge mândrul soare,
Cu un mai,
Cu un pai,

Cu sabia lui Mihai,
Cu biciu-mpăratului,
Pe deasupra satului !

*

Melc, melc, codobelc,
Scoate coarne bourești
Și te suie pe buștean,
Și mănâncă leuștean,
Și te du la baltă,
Și bea apă caldă,
Și te du la Dunăre,
Și bea apă tulbure!

Maria Manolache, 14 ani; Țibucani, 1983;
CED

*

Cârr, cioară,
De la moară,
Cu făina-n poală,
Cârr, cârr, cârr, cârr!

*

Gură, gurărie,
Barbă, bărbărie,
Nas, călănas,
Ochi, codoochi,
Sprâncene, coțofene,
Frunte, fund de tăvălug,
Haț de țurțuruc!

393

*

- Cuţu, cuţu, na Grivei,
Măliguţă, dacă vrei,
Dacă nu, o pun în coş,
Şi-o dau mâine la cucoş;
Dacă nu, o pun în sac,
Şi-o dau mâine la gânsac!

Eugenia Solomon, 64 de ani;
Târgu-Neamţ, 1985;
CED

*

Măriuţă, tuţă,
Cintiţă, uţă,
Fugi într-o căruţă
Trasă de o mâţă;
Unde îi zbura,
Unde îi pleca,
Acolo m-oi mărita!

*

Melc, melc, codobelc,
Mergi la baltă
Şi te-mbată;
Şi te urcă pe buştean,
Şi mănâncă leuştean!
Melc, melc, codobelc,
Scoate apă din urechi,
Că ţi-aoi da parale vechi;
Şi te fă în rouă,
Că ţi-oi da parale nouă!

394

*

Gaiță din paiță,
Cu nasu-n opaiță,
Zbârrr-zbârrr, hârrr-hârrr!
S-a dus zborului,
În înaltul cerului,
În pădurea iedului.
Zbârrr-zbârrr, treci în șir!

*Copii din Strada Cetății; Târgu-Neamț, 1984;
CED*

*

He-he-he-he,
Vine Paștele,
Ouă roșii să mâncăm,
Haine noi să îmbrăcăm
Și în scrânciob să ne dăm!
He-he-he-he,
Vine Paștele,
Treci în spate, bre!

*Maria Amariei, 22 de ani; Târgu-Neamț
(Humulești), 1984;
CED*

*

Trinca,
Patinca,
Pitula,
Cri-cri-cri!
Clinca,
Patinca,

Pitula,
Să rămâi aşa,
Tango!

Stela Gliga, 17 ani;Târgu-Neamţ, 1985;
CED

*

Sanda, Sanda,
Intră-n joc,
Te-nvârteşte, răsuceşte
Şi depune
Coarda jos!

Copii din Drăgăneşti, 1981;
CED

*

Din Oceanul Pacific,
A ieşit un peşte mic
Şi pe coada lui scria:
Ieşi afară, dumneata!

Daniel Coşofreţ, 10 ani; Târgu-Neamţ
(Condreni), 1985;
CED

*

La popa, la poartă,
O pisică moartă;
Cine-o râde şi-o vorbi
Drept în gură i-o ţâşni!

Ion Oană, 49 de ani; Pipirig, 1982; CED

*

Ineluş, învârtecuş,
Ghici pe ce deget
L-am pus?
Dacă te-i uita,
Ochii ţi-or crăpa
În trei mii de bucăţele
Să te joci, noaptea, cu ele.

Copii din Ghindăoani, 1984;
CED

*

Ionescu din Crişani
Şi-a spart capul c-un lighean,
Şi s-a dus la farmacie,
Ca să cumpere-alifie;
Alifie n-a găsit
Şi c-o palmă s-a trezit.

Ana Daniela Iaţîşîn, 12 ani; Târgu-Neamţ, 1985;
CED

*

Domnu' doctor Ungureanu
Şi.a spart capul cu ligheanul;
Şi s-a dus la farmacie,
Ca să cumpere-alifie;
Alifie n-a găsit
Şi pe uşă a ieşit.

*

397

- Vrei bomboane?
- Nu mi-e foame.
- Vrei halva?
- Asta, da.
- Vrei rachiu?
- Chiu, chiu, chiu!

*

Am o călimară,
Plină cu cerneală,
Ghici care cerneală
Am în călimară?

Luminiţa Vartolomei, 12 ani; Timişeşti -
Preoteşti, 1984;
CED

*

Într-o zi, de dimineaţă,
Chinezoaica se sculă,
Se spălă pe mâini, pe faţă,
Şi chinezeşte-aşa cântă:
- Ani, laponi, lopan, pan,
pino,
Pelucio, pelucio, pelucio,
savaio!
Eşti o floare, eşti un crin,
Eşti parfumul cel mai fin
Şi, ca semn că te iubesc,
Colo, jos, mă iscălesc:

- Ani, laponi, lopan, pan, pino,
Pelucio, pelucio, pelucio, savaio!
Şi-ţi trimit din depărtare
Un buchet de lăcrămioare
Şi, pe fiecare floare,
Câte-o dulce sărutare:
- Ani, laponi, lopan, pan, pino,
Pelucio, pelucio, pelucio, savaio!

*Maria Axinte, 38 de ani; Târgu-Neamţ, 1980;
CED*

*

Printre munţi şi printre văi,
Trece un butoi
Şi, din toate fetele,
Tu ai nota doi.
Asta-mi place, asta iau,
Asta ţie nu ţi-o dau!
Printre munţi şi printre văi,
Trece-o apă rece
Şi, din toate fetele
Tu ai nota zece.
Asta-mi place, asta iau,
Asta ţie nu ţi-o dau!

*Valentina Chiţu, 12 ani; Târgu-Neamţ, 1985;
CED*

Nota Editorului

A fost un privilegiu să fiu inclusă în acest remarcabil proiect, dată fiind limitata mea experiență în ceea ce privește literatura folclorică. Gheorghe Țigău mi-a fost profesor de limba și literatura română în gimnaziu. Am absolvit cursurile facultății de producție cinematografică la California State University, Northridge, iar majoritatea vieții profesionale mi-am petrecut-o în jurul scenariilor de film și televiziune.

Profesorul Țigău a petrecut decenii urmându-și exhaustiv chemarea de dascăl, prin perspectiva catedrei de limba română din gimnaziu sau liceu. Dumnealui a fost cel care a introdus generații de elevi titanilor literaturii române.

Nu s-a limitat la predarea în clasă, extinzându-şi eforturile

intelectuale spre oamenii din jurul său.

Această carte este o culegere de texte folclorice

provenite de la locuitori din ţinutul Neamţului. Textele

conţin înţelepciune mireană, sfaturi, remedii pentru boli sau

inimi frânte, literatură pentru orice moment al vieţii, de la

nuntă şi schimbare de an, până la strigături satirice.

Mircea Eliade, istoric al religiilor şi scriitor, a

influenţat generaţii de oameni de litere prin teoria sa

intitulată Teoria eternei întoarceri. Această teorie susţine că

omul nu numai comemorează evenimentul religios ci

participă activ la acest eveniment transformând sinele şi

spaţiul de la profan la sacru prin participarea sa. Putem

extrapola această teorie, aplicând-o literaturii, aşadar omul

care participă la literatură prin redarea orală a textelor

folclorice, devine creator activ al culturii, laolaltă cu cei care re-scriu textele. Poveștile folclorice sunt modul cel mai informal de-a conserva o cultură, de-a transmite idei, de-a interpreta experiențe de viață. Actul de-a povesti servește precum vehicul pentru etică, valori sociale, diferențe culturale. Nu numai ascultătorul invață ci și povestitorul devine conștient de experiențele vociferate. De aceea o culegere de texte folclorice precum cea de față conține valoroase referințe la intimitatea sufletului românesc.

Multe religii susțin că suntem făcuți din același lut, că suntem părți al unui Întreg nemărginit. Cu siguranță suntem toți la fel din punct de vedere biologic, membri ai aceleași specii. Ceea ce diferă, ceea ce ne separă unul de altul, ceea ce ne face indivizi unici și de neconfundat este sufletul împreună cu mintea. Viață pe care o trăim este unica noastră oportunitate să facem tot ce ne stă în putere pentru a ne dezvolta potențialul specific fiecăruia dintre noi. Contra timp.

Pentru majoritatea dintre noi, potențialul este destul de limitat. Apoi se naște câte un Eminescu sau un Alecsandri, vreun Kogălniceanu sau Creangă, care dezvoltă nu numai propriul potențial, dar ajută întregi populații să se dezvolte prin contribuțiile lor sociale și culturale.

Profesorul Țigău continuă o tradiție intelectuală începută în perioada pașoptistă, în care poeți și scriitori români culegeau și clasificau folclor în efortul de-a stabili niște parametri ai incipientei culturi române. Mai târziu, cei care aveau har, rescriau poveștile culese în termeni moderni, găsindu-le corelații cu alte culturi europene precum cea franceză sau germană. Așa a făcut Eminescu în

Făt Frumos din Lacrimă. Aşa a facut Panait Istrati cu *Năzdrăvăniile lui Nastratin Hogea.* În timpul generaţiei paşoptiste cultura românească a făcut saltul calitativ de la una agrară şi orală la una industrială şi scrisă.

În 2015, Precum în 1848, România se află într-o stare de haos, o prelungită perioadă de tranziţie către stabilitate socială. Împreună cu asimilarea culturilor occidentale cu influenţele lor cele mai stridente, există posibilitatea ca România să reformuleze părţi ale culturii sale caracteristice, să scoată la iveală valori conservate în mod generaţional, care pot face parte dintr-o identitate naţională. Unicul mod în care România îşi va găsi un loc stabil pe harta Europei va fi dacă mai întâi îşi va afirma o identitate naţională uşor de recunoscut. Primul pas către afirmarea unei identităţi naţionale este cunoaşterea specificului național. Textele culese de Gheorghe Țigău sunt poeme, povești, zicători ce conțin detalii ale specificului național.

Toți avem potențialul de-a fi împliniți. Biologia nu ne-o putem schimba, dar sufletul și mintea sunt lutul nostru. Cu sufletul și cu mintea putem crea universuri noi. Cu sufletul și cu mintea putem crea religii și zei. Cu sufletul și cu mintea putem crea nemărginirea, infinitul sau dragostea. Cu sufletul și cu mintea putem crea cultura românească.

Așa cum pașoptiștii au extras cultura românească dintr-un stat arhaic și medieval, introducând-o culturii europene, cărți precum cea de față își fac datoria către literatura românească, salvând pentru cei care vor să asculte puncte de referință importante. Sperăm ca aceste puncte de referinţă să ajute pe cei ce vor eleva literatura românească la universalitate.

Raluca Sanders, Editor

Los Angeles 2015

Mulțumiri Centrului pentru Cultură și Arte „Carmen Saeculare" –director Carmen Năstase- și Bibliotecii Județene „G.T. Kirileanu"-director Dr. Adrian alui Gheorghe, scriitor- din Piatra Neamț pentru susținerea în editarea cărții.

GLOSAR
de termeni populari, arhaisme şi regionalisme

alămâie	lămâie
alior(alindor)	plantă otrăvitoare
amăgi (a)	a înşela
baci	cioban care conduce o stână
badana	bidinea
barabulă	cartof
batcă	nicovală mică, pe care cosaşul îşi ascute coasa, bătând-o
bănat	supărare
bârneţe	cingătoare la portul popular moldovenesc
boc	capătul subţire al buşteanului, găurit pentru a putea fi legat la plută de ceilalţi buşteni
boi	(aici) talie
botă	bâtă, ciomag
budăi	vas de lemn folosit la stână pentru lapte
budălău (burghilău)	(Vezi la **budăi!**)
bostan	(aici) pepene
bortă	gaură
bucălaie	oaie albă cu botul negru
bute	butoi
canoană	canon, chin
catană	soldat, oştean
cataligi	picioroange (prăjini cu suporţi pe care se pun picioarele, cu care se umblă la înălţime, în locurile noroioase, folosite şi în jocurile copiilor)
catargiu	meşter făurar
căina (a se)	a se plânge, a se tângui
cănit	vopsit
căuş	cupă de lemn
cheie	să piară
checheriţă	coropişniţă
chil	kilogram
chimir	cingătoare ţărănească lată, din piele, folosită de bărbaţi

chiroşniţă	pirostrie (ustensilă ţărănească făcută dintr-un cerc sau un triunghi de fier, sprijinit pe trei picioare, pe care se pun la foc ceaunul, căldarea sau oala)
chiti (a)	a lovi, a nimeri
ciotcoi	(aici) fiinţă imaginară malefică
chiotoare	(aici) colţul casei
codalb	(despre animale) care au coada sau vârful cozii de culoare albă iar restul de culoare mai închisă
comănac	(aici) căciuliţă
copaie	albie, covată, vas de lemn pentru spălar
corăghiască	dans popular moldovenesc
coson	monedă dacică de aur, valorând cât o pereche de boi
coşar	îngrăditură de nuiele (construcţie) pentru adăpostirea animalelor sau cerealelor
coviţa (a)	a guiţa
covată	albie sau ladă de scânduri în care curge făină la moară sau în care se frământă pâinea
curechi	varză
cuşmă	căciulă
cute	piatră cu care se ascute coasa
dalb	alb, curat, imaculat
dălcăuţ	ortac, prieten al plutaşului
delic	hoţ
deochea (a)	a vătăma sănătatea sau bunăstarea cuiva printr-o privire invidioasă
deuna	mereu
diniţi	oameni gospodari
dobă	tobă
dolii (a) pluta	a da pluta lin, a o scoate din curentul apei
draniţă	şindrilă
droagă	căruţă greoaie şi hodorogită
druşcă	tânără care o însoţeşte pe mireasă în ziua nunţii
dudău	cucută (plantă otrăvitoare)
duşumea	(aici) joc popular moldovenesc
felezui (a)	a curăţa locul de rămăşiţele grâului vânturat
feti	(aici) a naşte

găluşcă	(aici) sarma
găti (a)	(aici) a termina
gătej	vreasc, creangă subţire şi uscată
gâlcă	inflamarea amigdalelor
gânj	frânghie de nuiele folosită în plutărit
ghiaur	denumire dată de turci persoanelor de altă religie decât cea mahomedană
ghioagă	măciucă de lemn
ghiuj	om bătrân şi neputincios
gireadă	şiră de paie
granat	plantă erbacee aromatică, cu frunze lombate şi cu flori albe şi galbene
greiţari	bani
grindei	parte componentă a plugului cu tracţiune animală
gripănoasă	bolnavă de gripă
gros	(aici) închisoare
harbuz	pepene
harag	arac (par lung, ce serveşte la susţinerea plantelor agăţătoare)
harapnic	bici
haram	namilă
hăpcui (a)	a tăia, a reteza
hâd	urât
hram	sărbătoarea patronului unei biserici
huci	pădure mică, tânără, deasă
huhurez	pasăre răpitoare nocturnă, asemănătoare cu bufniţa
hurmuz	mărgea de sticlă imitând mărgăritarul
irmilic	monedă turcească de argint, mai rar din aur
Iţari	pantaloni bărbăteşti ţărăneşti, făcuţi din stofă ţesută în casă, în război
înturna (a se)	a se întoarce
învercinat	înverşunat
jidan	evreu
la (a se)	a se spăla
la câmp, la pădure	în limbajul plutaşilor, expresia înseamnă „la stânga, la dreapta"

laie	oaie cu lână surā sau neagrā, cu pete albe
laiță (laviță)	scaun lung, bancă țărănească
lăicer	covor țărănesc din lână
leasă	împletitură de nuiele în formă de grătar
lehoi	ființă imaginară malefică
liberat	flăcău lăsat la vatră din armată
liftă	nume de ocară dat cotropitorilor; ființă rea
lotru	hoț
majă	năvod
mălai	(aici) turtă de mălai (făină de porumb)
mărgări (a)	a înflori ca mărgăritarul
megieș	vecini
mertic	unitate de măsură tradițională pentru cereale și făină
moare	(aici) zeamă de varză
mornăi (a)	a mormăi
moroi	strigoi
muscăli (a se)	a deveni muscal, rus
năier	luntraș
năsălie	targă de lemn pe care se așază coșciugul cu mortul, pentru a fi transportat la biserică sau la cimitir
nemeș	nobil ungur
nestrugită	neprelucrată
nevăstuică	mic animal mamifer, carnivor
obială	bucată de pânză sau postav, cu care țăranii își înfășoară laba piciorului
oblânc	partea de dinainte a șeii, mai ridicată și mai încovoiată
obor	târg
obrinti (a se)	a se infecta
oca	veche unitate de măsură pentru capacități sau greutăți
orație	urare în versuri adresată la nunți
otavă	iarbă cosită a doua sau a treia oară
pasar	piper
pănură	țesătură; (aici) *a fi de pănură cu cineva* = a fi la fel cu cineva
păpușoi	porumb
pătular	culcuș improvizat din frunze, paie de fân, etc.

peteală	beteală
pitac	monedă austriacă de argint
pițuli	bani
plocăjoară	(de la **plocadă!**) țesătură de casă, mițoasă
poci (a)	a urâți
pocitoi	pocitanie
pocitură	(Vezi **potcă!**)
poiată	cotețul păsărilor
pol	bancnotă de 20 de mii de lei
poloboc	butoi
postată	porțiune de teren cultivată
poteră	grup de oameni cu misiunea de a prinde pe răufăcători
potcă	încurcătură, necaz, belea, ceas rău
potică	cărare
pozdrea	puzderie
prăsădi (a)	(aici) a împrăștia
prăsele	cele două părți care acoperă mânerul cuțitului
pui	(aici) cusătură pe ie în formă de pui
puică	piculină, instrument muzical din lut, în formă de pui de găină
purcede (a)	a porni
pușchea	veziculă dureroasă, localizată pe cavitatea bucală, mai ales pe limbă
răschiară	(de la **a răspieri!**) să răspiară
râncheza (a)	a necheza
ruguma (a)	a rumega
Rusalim	Ierusalim
sancă	spirit al răului
săcela (a)	a țesăla
scăciță	scăfiță (diminutiv de la **scafă,** strachină de lemn scobit)
scoace (a)	a răscoace
scoarță	covor țărănesc de lână, așezat pe perete sau pe pat
sfădi (a se)	a se certa
sireap	iute, năvalnic, greu de stăpânit
spată	parte componentă a războiului de țesut
staroste	cel care conduce ceremonialul nunții
stambă	(aici) îmbrăcăminte
steclă	sticlă
stoler	tâmplar
stolnic	(Vezi la **staroste!**)
strămătură	lână mătăsoasă, moale

strânsură	proieminență apărută la sugari sub braț sau în zona inghinală
strecătoare	strânsură
strujan	cocean de porumb
strungă	(aici) calea, curentul, pe care trebuie să apuce pluta
suman	veston de stofă țărănească
struț	(aici) mănunchi de flori
șprangă	cablu de sârmă folosit la legatul plutelor
șugui (a)	a glumi
talancă (talangă)	clopot
talici	streașină
tăbâltoc	săculeț
tânjală	proțap folosit pentru a lega de jug unelte
tigreancă	femeie vitează
tingire	vas adânc (de aramă sau de fontă), în care se gătește mâncarea
trufeș	trufaș
țapină	unealtă de oțel și lemn folosită în pădure și la plutărit
țuiac	țăruș puternic cu un capăt ascuțit, prevăzut cu protecție metalică, pentru ancorarea plutelor
uimă	inflamare a ganglionilor limfatici de la gât sau de la subsuori
ultoană (hultoană)	măr, pom fructifer
ursită	destin, soartă
ușor	(aici) tocul ușii
vădană	văduvă
văduoi	văduv
vătale	parte componentă a războiului de țesut
vășușcă	vițică
Viflaim/Vefleem	Bethleem
vismă	(Vezi **uimă!**)
vornic	(Vezi la **staroste** și **stolnic!**)
vornicel	tânăr care îl însoțește pe mire în ziua nunții

Referințe critice

„Culegerile de folclor ale profesorului Gheorghe Țigău dau măsura unei culturi populare sătești, vii și viguroase, în ciuda vicisitudinilor de tot felul la care este expusă.

Aplecându-se cu căldură ș i înțelegere asupra folclorului literar nemțean, oameni ai locului, între care și Gheorghe Țigău, au strâns cu osârdie texte populare, pentru a scăpa de la pierzanie patrimoniul cultural local, făcând un serios serviciu comunităților pe care le reprezintă ș i folcloristicii, prin crearea unui tezaur documentar de mare valoare, deschis cercetărilor prezente și viitoare.

Pornită din inițiativă strict personală, lucrările autorului acestuia sunt, asemenea altora de acest fel, purtătoarele unui mesaj destul de clar: oricât de agresiv ar fi tăvălugul globalizării, mondializării, ștergerii diferențelor micile comunității locale par să aibă forța de a-și conserva identitatea, desigur, nu cu certitudinea cadrului eminescian, care își clama identitatea („Iar noi codrului ne ținem,/Cum am fost așa rămânem"), în raport cu efemeritatea omului „schimbător, pe pământ rătăcitor", dar, cel puțin pe durata previzibilă a timpului în care trăim."

(prof. univ. dr. Nicolae Constantinescu, Universitatea din Bucureşti, în revista „Adevărul literar și artistic", Bucureşti)

„Lucrările de literatură populară apărute sub semnătură profesorului nemțean Gheorghe Țigău sunt de perpetuă actualitate și merită toată atenția cititorilor.

Pline de mesaj mitologic, de puritatea sufletească și de artă poetică sunt între altele, doinele, cântecele lirice, baladele ș i legendele, strigăturile adunate în cărțile sale, modalități eficiente de satisfacere a trebuințelor morale și estetice.

Lectura acestor cărți ilustrează faptul că, în cultura populară de pe meleagurile nemțene, supraviețuiesc obiceiuri ș i practici magice străbune, alături de practici cultice creștine. Mai mult, logica lăuntrică a culturii populare din acest spațiu spiritual moldav ne oferă, sub aspect ideatic, o viziune profundă de a înțelege lumea și sensul vieții umane. De aceea, activitatea de conservare a acestor creații se cuvine continuată în numele ideii de valoare, prin care descoperim peste timp ce este frumosul, binele și adevărul."

(Prof. univ. dr. Ștefan Munteanu, Universitatea „George Bacovia" din Bacău, în revista „Ateneu", Bacău)

„Apariția, în 2013, sub îngrijirea profesorilor Ermina Dobreanu ș i Gheorghe Țigău, doi împătimiți iubitori ai culturii populare literare, a culegerii de folclor *Floarea de fragă ș i Șoimul* , constituie un veritabil eveniment spiritual, pentru că lucrarea atinge mai multe standarde de calitate.

În primul rând, prin reunirea tuturor genurilor și categoriilor de creații din folclorul popular, autorii creează o imagine completă a zonelor folclorice din județ ș i a conținutului lor.

În al doilea rând, selecția făcută a reușit să pună în fața cititorului creațiile populare ajunse, prin șlefuire continuă, la a fi adevărate ș i memorabile nestemate ce demonstrează, dacă mai era cazul, geniul poetic al creatorului anonim: poporul român.

În al treilea rând, se regăsesc în aceste creații motivele folclorice existente în literatura populară de pe întreg teritoriul românesc. Astfel, Meșterul Manole nemțean este meșterul Toma, doar că acesta nu-și sacrifică iubita, ci se zideşte pe el la temelia mănăstirii, „ca oştean pentru credinţă" (*Balada meşterului Toma*).

În al patrulea rând, deosebit de inspirat şi deloc întâmplător este titlul culegerii. *Floarea de fragă şi Şoimul* este o creaţie unică în cultura populară românească, relevând esenţa vieţii, unitatea în diversitate, dar Şi concepţia populară potrivit căreia pe pământ este loc pentru fiecare, aşa cum a fost creat el de Dumnezeu, afirmată ca o regulă şi nu ca o resemnare, pentru „Că e lumea-ncăpătoare/ Pentru pasăre şi floare."

În această carte de căpătâi a identităţii spirituale nemţene, textele selectate vorbesc de iubire şi credinţă, de putere şi sacrificiu, de durere şi bucurie, despre oameni, fapte, sentimente şi semnificaţia lor. Şi din toate acestea este plămădit Omul, după chipul ş i asemănarea Creatorului."

(Prof. Constantin Horia Alupului-Rus, folclorist, în „Mesagerul de Neamţ")

„Textele populare publicate de profesorul Gheorghe Ţigău, multe dintre ele de o uimitoare frumuseţe, sunt dovada cea mai clară că lumea rurală îşi mai păstrează nobila capacitate de a conserva datini, obiceiuri şi mitologii, ale căror obârşii, care vin din negura vremurilor, s-au pierdut, dar mai sunt vehiculate oral, în diferite variante, unele îmbogăţite, modificate, actualizate sau localizate de diferiţi autori anonimi, iar autorul acestor culegeri, conştient de frumuseţea lor, le redă cu bucurie celor interesaţi de fenomen.

Cercetător temeinic al domeniului, Gheorghe Ţigău are meritul de a scoate la lumina tiparului frumuseţi nebănuite ale folclorului literar nemţean. Aflăm în culegerile sale - acesta fiind un merit special - texte din categoria celor mai puţin uzitate ultimii ani, descântecele.

De o frumusețe stranie, multe dintre ele par a avea o poeticitate aparte și înțelesuri tainice, precum și trimiteri spre mituri recunoscute sau încă nedescifrate de cercetători."

(Nicolae Sava, poet, în ziarul „Ceahlăul", Piatra-Neamț)

„Acest OM cu inima mare și suflet frumos, pe măsura ființei sale, îndrăgind oameni și locuri din ținutul legendar al Neamțului, care-i aduc aminte de meleagurile natale muscelene, asemenea personajelor din basmele noastre sau din mitologia greco-romană, a mers pe celalalt tărâm, acela al indiferenței și uitării, pentru a readuce la viata frumoasele răpite de smeii vitregiilor timpurilor, transformând o întreagă împărăție în cărți de aur, inspirat intitulata *La pârâul dorului, La fântână, la izvor, Floarea de fragă și Șoimul.*

Impresionante în cărțile menționate sunt puritatea, simplitatea, autenticitatea, armonia ș i muzicalitatea acestor creații care îngemănează adâncă simțire ș i înalte idealuri.

Cu siguranța, folclorul literar nemțean își va păstra încă pentru mulă vreme sevele poetice ș i vigoarea, întrucât apele Bistriței, Moldovei ș i Siretului, codrul, frunzele, câmpul cu flori, izvorul ș i pârâul, păsările cerului, oamenii ș i dorurile lor vor dăinui cât va dăinui pământul românesc.

Și cum să nu fie așa, câtă vreme cei care au transmis pietre prețioase ale sufletului românesc moldav ne-au dat colinde, doine, cântece, balade ș i legende care ne transformă viața în adevărate duminici".

(Petruț Andrei, poet, în revista „Visătorii", Vaslui)

„Cărțile de folclor literar nemțean publicate de profesorul Gheorghe Țigău sunt valoroase, pentru că aduc în prim-plan frânturi din creația populara românească de dincolo de vremuri și lumi. Citindu-l, ni se deschide un orizont temporal și spațial ce ține de rădăcina multimilenară a neamului românesc,

Îndeletniciri străvechi (păstoritul, plutăritul, etc), găsindu-și ecouri durabile în creația populară, iar, în ceea ce privește stările sufletești, ele răzbat din versul popular cu aceeași putere ca în poezia cultă.

Nu întâmplător, marii noștrii poeți, de la Alescandri la Eminescu și Blaga, au cules folclor literar și s-au adâncit adesea în marea de cuvinte turnate în balade și doine de acest neam.

Dincolo de toate transformările care se produc în lumea aceasta, singurătatea singurătate va rămâne, jalea jale, iubirea iubire. Toate trăirile ce antrenează adâncimile ființei noastre se vor regăsi etern în creațiile populare, care vor fi tezaurizate pentru noi și pentru cei de după noi."

(Dan Iacob, eseist, în revista „Ochiul public", Iași)

„Neobosit iubitor al creației populare, profesorul Gheorghe Țigău contrazice teza potrivit căreia resursele folclorului au fost epuizate, că baladele, legendele și doinele nu mai au greutatea și semnificația celor culese de marii folcloriști, de la Anton Pann încoace.

Notabile sunt, în cărțile semnate de acest autor, numeroase texte grupate pe genuri și specii literare, începând cu cele legate de obiceiurile de Crăciun și Anul Nou, de evenimentele importante din viața omului și continuând cu creațiile epice, lirice, dramatice, etc.

La o lectură atentă, descoperim particularitățile geografice, istorice, spirituale și artistice proprii Ținutului, acea specificitate, către individualizează textele culese și publicate, multe dintre ele adevărate bijuterii poetice.

Cât timp vom mai avea pe pământul românesc astfel

de creatori anonimi ş i de creaţii, folclorul românesc va înflori, întineri, va avea prospeţime, va dăinui."

(Constantin Cucu, prozator, în ziarul „Vestea", Piatra-Neamţ)

Indicele localităților de proveniență a textelor

Alexandru cel Bun-Bistrița	*183*
Alexandru cel Bun- Pârâul Secu	*299*
Bălțătești-Valea Seacă	*69, 99*
Bârgăoani-Ghelăești	*90*
Bicaz-Izvorul-Muntelui	*262*
Bodești	*295*
Bodești-Corni	*162, 163*
Bodești-Oșlobeni	*151, 152*
Borca	*39, 115, 120, 122, 136, 149, 173, 200*
Borca-Sabasa	*27, 73, 112, 122, 125, 134, 139, 143, 152, 156, 157, 158, 160, 161, 172*
Brusturi	*147, 158, 164, 306, 324*
Brusturi-Șoimărești	*77, 86*
Brusturi-Târzia	*303*
Cândești	*46*
Cândești-Vădurele	*150, 151, 158, 161*
Crăcăoani-Cracăul Negru	*93, 176, 261, 312, 334*
Dobreni-Sarata	*209*
Dragomirești-Borniș	*84*
Drăgănești	*336, 344*
Drăgănești-Orșești	*261*
Drăgănești-Șoimărești	*77, 86, 163, 301, 321*
Farcașa	*148, 165*
Făurei-Budești	*154*
Gârcina-Almaș	*92, 231, 232, 235*
Gârcina-Cuiejdi	*54, 78, 88*
Girov-Popești	*51*
Ghindăoani	*345*
Grințieș-Moci	*144, 185*
Grumăzerști-Topolița	*41*
Hangu	*279*
Hangu-Potoci	*265, 268*
Hangu-Buhalnița	*268*
Ion Creangă-Stejaru	*19, 253*
Mănăstirea Văratic	*291*

Mărgineni	*126, 146, 153, 155, 164, 165*
Negrești	*294*
Păstrăveni	*53, 318, 329*
Păstrăveni-Rădeni	*240*
Piatra-Neamț	*12, 22, 24, 25, 35, 48, 135, 156, 271, 297, 311, 338, 339*
Piatra-Neamț (Sarata)	*83, 226*
Piatra Șoimului	*188, 229, 234, 247*
Poiana Teiului-Livezi	*305*
Poiana Teiului-Poiana Răchiții	*18, 118*
Poiana Teiului-Ruseni	*17*
Răucești	*9, 43, 80, 145, 146, 157, 160, 173*
Răucești-Oglinzi	*71, 95, 149, 151*
Roman	*295*
Roznov-Slobozia	*172*
Români-Bărc	*217, 228, 255, 260*
Români-Goșmani	*195*
Ruginoasa	*229, 230, 232*
Ștefan cel Mare	*10*
Tarcău	*20, 36, 51, 100, 264*
Tazlău	*81*
Tămășeni-Adjudeni	*116, 123, 124, 274*
Târgu-Neamț	*29, 103, 169, 200, 201, 203, 206, 208, 288, 289, 291, 292, 303, 304, 305, 306, 328, 336, 338, 340, 342, 343, 344, 345, 346, 347*
Târgu-Neamț (Blebea)	*67, 289*
Târgu-Neamț (Condreni)	*33, 204, 278, 302, 306, 315, 316, 326, 330, 331, 332, 344*
Târgu-Neamț (Humulești)	*64, 68, 87, 94, 104, 127, 287, 288, 301, 318, 328, 333*
Târgu-Neamț (Țuțuieni)	*26, 104, 123, 323, 325*
Timișești	*70, 290*
Timișești-Dumbrava	*285*
Timișești-Plăieșu	*31, 102, 166, 167, 210*
Timișești-Preotești	*346*
Țibucani	*166, 274, 275, 301, 310, 314, 232, 329, 337, 342*
Urecheni	*65, 96, 98, 330, 339*
Vânători	*292, 294, 317, 322*
Vânători-Lunca	*341*

Vânători-Mănăstirea Neamț   *128, 283, 313*
Vânători-Nemțișor   *60, 309, 314, 322*

Indicele numelor folclorofonilor

Abonculesei Aglaia	*323*
Adiaconiței Gheorghe	*70*
Agafiței Ion	*126*
Albeață Aglaia	*234, 247*
Albescu Mihai	*90*
Agapie Maria	*127*
Agăpescu Ioan	*99*
Ailenei Domnica	*231, 232*
Alungulesei Elena	*144*
Amarei Neculai	*325*
Amarinei N. Ana	*268*
Amariei Maria	*129, 343*
Ambrosă Constantin	*302*
Ancuța Agurița	*17*
Andrei Ion	*217*
Andrei Maricica Ștefania	*294*
Andrei-Ionașcu Maria	*255, 260*
Andrei-Tudor Maria	*226, 271, 297*
Andronic Tofan, Vasile Anton	*29*
Archir Nicolae	*94*
Arsenoaia (Chiriac) Gică	*312, 334*
Arsenoaia Gheorghiță	*176*
Arsenoaia Ioana	*261*
Axinte Maria	*346*
Azoiței Anica	*274, 313*
Azoiței Casandra	*283*
Balu Ion	*188*
Baran Ioana	*150, 151, 158, 161*
Barcan Aglaia	*146*
Bălău Ortansa	*156*
Băluț Axenia	*237*
Bălțătescu Ana	*285*

Bejan Vasile   *39, 115, 122*
Bârzu Ioan   *306, 316, 326*
Bicăjanu Eugenia   *165*
Bocăneţ Elena   *288*
Bozoancă Aglaia   *19, 254*
Buduroieş Elena   *162, 163*
Burugă Ioan   *339*
Butuc Cristian   *81*
Buţuraş Elisabeta   *136*
Cajban Ion   *120, 246*
Carnariu Alina   *295*
Catană Gheorghe   *113*
Cazacu Petru   *22, 24, 135, 154*
Ceauşu Liviu   *338*
Cenuşă Elena   *264*
Ciocan Aglaia   *240*
Ciocoiu Anica   *275*
Ciocârlan Dumitru   *319, 329*
Ciubotă Neculai   *243*
Chirilă Ana   *287*
Chirileasa Sergiu   *295*
Chi□u Valentina   *347*
Coadă Aurica   *154*
Cobuz Vasile   *242*
Copii din Drăgăneşti   *344*
Copii din Ghindăoani   *345*
Copii din Târgu-Neamţ   *336, 340, 343*
Copii din Vânători   *341*
Cojocaru Constantin   *200, 240*
Coşofreţ Daniel   *344*
Cosău Vasile   *9*
Coţofan Paraschiva   *21, 102, 210*
Cotârgăşanu Valentin   *73, 238, 251*
Covrig Aneta   *229, 232*
Crăciun Ioan   *83*
Cristescu Elena   *26*
Cuptor Vasile   *195*
Darie Gheorghe   *84*
Diaconu Vasile   *286, 308, 313, 324*
Dochiţa Ileana   *330, 331*
Dorneanu Cristina   *305*

Dorneanu Nicuşor	*336*
Drozman Varvara	*27, 122, 134, 139, 152, 160, 161, 172, 217, 220, 241, 245, 273*
Eproxa (maică la M-rea Văratic)	*291*
Fălticeanu Mihaela	*336*
Făgăşel Ion	*43*
Gavriloaia Silvia	*147, 158, 168*
Găboroi Constantin	*229*
Găină Vasile	*148, 165*
Gângă Maria	*173*
Ghiuzan I. Maria	*116, 124, 274*
Gherasim Natalia	*318, 329*
Gordoabă Ion	*263*
Gliga Stela	*344*
Gomoană Maria	*71*
Grădinaru Marghioala	*169, 324*
Grigoraş Ana	*157, 160*
Grigoraş Constantin	*173*
Grigorie Ileana	*35*
Grosu Victoria	*10*
Humă Bogdan	*93*
Humă Doriţa	*151, 152*
Iacoboaia Ioan	*317*
Iaţîşîn Daniela Ana	*345*
Ionaşcu-Andrei Maria	*228*
Ioniţă Ecaterina	*303*
Iosub Mihai	*69, 34*
Irimia Elena	*65, 330*
Irimia Vasile	*98*
Iurea Gheorghe	*209*
Jimboreanu Anişoara	*118*
Luca Veronica	*125, 156*
Luchian Gheorghe	*261*
Lungu Valică	*301*
Lupu Catrina	*143, 158, 253*
Manolache Maria	*317, 342*
Manolache Silvia	*166, 310, 314*
Marcu Vasile	*36*
Melu Mihai	*311*
Meluţ Albert	*123*

Mihai Ion	*265*
Mihai Verginia	*267*
Mironescu Aglaia	*51*
Moisă Maria	*46*
Moisă Petru	*53*
Moroşanu Catinca	*12*
Movilă Ana	*149*
Năstase Costică	*153, 164*
Năstase Vasile	*200*
Neagoe Tincuţa, Neagoe Emil	*299*
Neamţu Neculai	*203, 208*
Nechita Emil	*323, 329*
Negură Ioana	*262*
Negură Maria	*264*
Negru Ion	*100*
Nica Maria	*51*
Niculiţă Maria	*264*
Oană Ion	*345*
Olaru Maria	*204, 302*
Olaru Petru	*315, 332*
Onea Gheorghe	*183*
Ostahie Anghelina	*172*
Panaite Catinca	*166, 167*
Pasalău Vasile	*87*
Perşu Neculai	*293*
Petraru Maria	*304*
Petreanu Maria	*328*
Pietraru Sultana	*288*
Pintilie Costică	*67*
Plop Anica	*149, 157*
Popa Maria	*165*
Popoaia Zenovia	*279*
Potolincă Paul	*92*
Preutu Agripina	*163*
Preutu Vasile	*77, 86, 301, 321*
Racovanu Ştefan	*339*
Rădoaia Ana	*145*
Roşu Elisabeta	*104*
Roşu Neculai	*64*
Rotaru Petre	*54, 78*

Ruscanu Natalia	*136, 173*
Salomir Eugenia	*238, 342*
Salomir Ioan	*95*
Saraiduc Smaranda	*306*
Savin Maria	*103*
Savinescu Ioan	*68, 104, 127, 305, 328, 333*
Savinescu Petre	*318*
Stanciu Ileana	*20, 36*
Stănică Luminița	*340*
Stănoaia Maria	*103, 129, 303*
Surdu Maria	*146, 155*
Șoșa Ionuț Marian	*25*
Tătaru Frosinica	*10*
Tărâță Maria	*201*
Tărâță Mirela	*289*
Tulan Ion	*60, 285, 309, 314, 322*
Țăranu Dumitru	*244*
Ungureanu Elena	*303*
Ungureanu Margareta	*33*
Ursu Maria	*291*
Urzică Nicolae	*322*
Urzică Vasile	*294*

Indicele numelor celor care au cules textele

Amarei Nicoleta	*285*
Amariei Manole	*325*
Bălțătescu Ofelia	*285*
Bălu Camelia	*274*
Bârzu Nicu	*315, 326*
Buțuraș Elena	*136*
Ciocârlan Minuța	*319*
Colecția Ermina Dobreanu (CED)	*26, 29, 31, 33, 65, 68, 69, 70, 71, 87, 94, 95, 96, 98, 99, 102, 103, 104, 127, 128, 129, 166, 167, 169, 201, 203, 204, 206, 208, 210, 286, 303, 304, 305, 306, 308, 313, 314, 322, 324, 328, 329, 332, 333, 336, 337, 339, 340, 341, 342, 343, 344, 345, 346, 347*

Colecţia Gheorghe Ţigău (CGŢ)	9, 10, 17, 19, 20, 35, 36, 39, 41, 43, 46, 48, 51, 53, 54, 73, 77, 78, 80, 81, 83, 84, 86, 88, 90, 92, 100, 118, 120, 125, 126, 132, 139, 143, 144, 145, 146, 147, 149, 150, 151, 152, 153, 154, 155, 156, 157, 158, 160, 161, 162, 163, 164, 165, 172, 173, 188, 217, 220, 229, 230, 232, 234, 235, 238, 240, 241, 243, 244, 245, 246, 247, 250, 253, 255, 260, 261, 262, 264, 265, 267, 268, 271, 273, 311, 312, 338
Corbu Daniel	322
Curcă Ticuşor	287
Dobreanu Delian	64, 67, 285
Dobreanu Dragoş	60, 238
Dumitru Luminiţa	328
Gherasim Claudia	318, 329
Grădinaru Valentina	324
Humulescu Ioan	291, 292
Huţanu Geta	331
Iaşîşîn Daniela	289, 290
Ioniţă Rodica	291
Irimia Vasile	330
Iurea Liviu	209
Lăcătuşu Daniela	313
Munteanu Crina	275, 323, 329
Muraru Cristina	317
Onea Doina	183
Petrăchescu Manuela	285
Savinescu Ioan	281, 318
Stănoaie Oana	131
Şchiopu Cristinel	330
Tanasă Elena	148
Tudoran Valentina	172
Tulan Gheorghe	309, 313
Vartic Mirela	218, 289

Bibliografie

1. *** *Dicţionar universal ilustrat,* vol. I-XII, Editura „Litera", Bucureşti 2010;

2. Academia Republicii Populare Romîne, *Istoria literaturii române* vol. I., Editura Academiei, Bucureşti, 1964;

3. Densuşianu, Ovid, *Flori alese din cântecele poporului,* Bucureşti, 1920;

4. Eminescu, Mihai, *Literatură populară,* vol. I-II, Editura „Minerva", Bucureşti, 1979;

5. Teodorescu, G. Dem, *Poezii populare române,* Bucureşti, 1885.

Ediție îngrijită de Raluca Sanders

Los Angeles 2015

CreateSpace, an Amazon.com Company

www.ingramcontent.com/pod-product-compliance
Lightning Source LLC
Chambersburg PA
CBHW070846280626
47161CB00017B/2444